南法·摩納哥

普羅旺斯·蔚藍海岸

no.82

Southern France & Monaco
Provence-Côte d'Azur

北海
North Sea

荷 蘭
Netherlands

比利時
Belgium

德
Germany

瑞 士
Switzerland

法 國
France

大西洋
ntic Ocean

義大利
Italy

普羅旺斯
Provence

蔚藍海岸
Côte d'Azur

地中海
Mediterranean Sea

MOOK NEW Action

南法・摩納哥
普羅旺斯・蔚藍海岸

MOOK NEWAction no.82

Southern France & Mona
Provence-Côte d'Azur

OCOUEL Alain - Vaucluse Provence

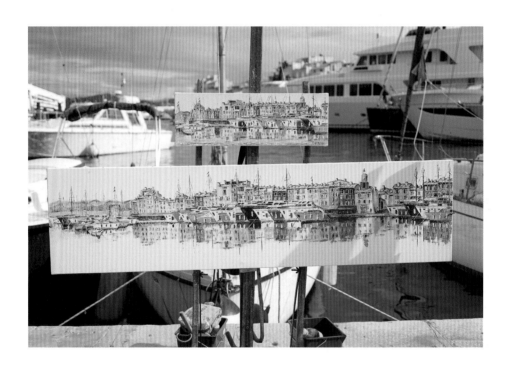

本書所提供的各項可能變動性資訊，如交通、時間、價格、地址、電話或網址，係以2024年1月前所收集的為準；但此類訊息經常異動，正確內容請以當地即時標示的資訊為主。
如果你在旅行中發現資訊已更動，或是有任何內文或地圖需要修正的地方，歡迎隨時指正和批評。你可以透過下列方式告訴我們：
寫信：台北市104中山區民生東路二段141號9樓MOOK編輯部收
傳真：02-25007796
E-mail：mook_service@hmg.com.tw

符號說明

☎ 電話　　💲 價格　　🚗 所需時間　　🏨 住宿
📠 傳真　　🔗 網址　　📏 距離　　f Facebook
🏠 地址　　@ 電子信箱　　🚅 如何前往　　◎ Instagram
❤ 時間　　❗ 注意事項　　🚇 市區交通　　◯ Line
🈺 休日　　🈯 特色　　ℹ 旅遊諮詢

Welcome to Southern France

歡迎來到南法

每個人心中都有一個法國夢，如果巴黎是浪漫的代名詞，那麼南法想必就是陽光普照的人間天堂，瀰漫著薰衣草香氣的甜蜜夢境。

正式名稱為「普羅旺斯—阿爾卑斯—蔚藍海岸大區」(Provence–Alpes–Côte d'Azur)的南法，擁有風情萬種的魅力。擁有如詩如畫田野風光的普羅旺斯，遍地綻放的薰衣草、向日葵交織成繽紛花絨毯，散發蜂蜜香氣的杏花，初春的艷黃含羞草開滿山谷，讓塞尚、雷諾瓦、畢卡索等各派系藝術家流連忘返，選擇在此落腳定居。

來到蔚藍海岸，晴空萬里下綿延的漫長沙灘和海岸線，以及由美食和好酒交織的豐盛地中海餐桌，使得這裏成為世界最炙手可熱的夏日度假勝地，無所不在的悠閒氣息，光是走在海岸線，就讓人自由地飛起。

從大名鼎鼎的亞維儂、尼斯、坎城、馬賽，到讓人留連忘返的普羅旺斯山城、蔚藍海岸魅力小鎮；從狂歡繽紛的慶典，到閒情逸致的市集……南法的獨特風采在這片富饒的土地上，用歷史、文化、美食交織出獨特而動人的故事。

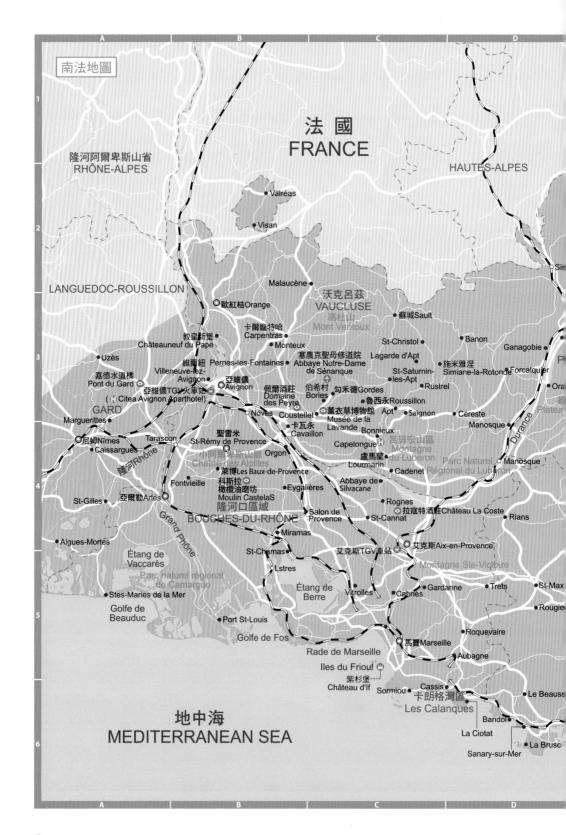

南法地圖

法 國
FRANCE

RHÔNE-ALPES
隆河阿爾卑斯山省

HAUTES-ALPES

• Valréas

• Visan

LANGUEDOC-ROUSSILLON

• Malaucène

沃克呂茲
VAUCLUSE
馮杜山
Mont Ventoux

• 歐紅桔Orange

• 蘇城Sault

卡爾龐特哈
Carpentras

• St-Christol

• Banon

• Ganagobie

• Monteux

教皇新堡
Châteauneuf du Pape

塞農克聖母修道院
Abbaye Notre-Dame
de Sénanque

Lagarde d'Apt

• Uzès

維爾紐
Pernes-les-Fontaines

St-Saturnin-
les-Apt

施米雅涅
Simiane-la-Rotonde

Forcalquier

嘉德水道橋
Pont du Gard

Villeneuve-lez-
Avignon

亞維儂
Avignon

佩爾酒莊
Domaine
des Peyre

伯希村
Bories

勾禾德
Gordes

魯西永
Roussillon

• Rustrel

• Ora

亞維儂TGV火車站
(Citea Avignon Aparthotel)

Noves

Coustellet

薰衣草博物館
Musée de la
Lavande

Apt

• Saignon

• Céreste

GARD

卡瓦永
Cavaillon

Bonnieux

• Manosque

• Marguerittes

尼姆Nîmes

Tarascon

聖雷米
St-Rémy de Provence

Orgon

Capelongue

盧馬蘭
Loumarin

呂貝宏山區
Montagne
du Luberon

Parc Naturel
Régional du Luberon

• Manosque

• Caissargues

隆河Rhône

小阿爾卑斯山脈
Chaîne des Alpilles

萊博Les Baux-de-Provence

科斯拉
橄欖油磨坊
Moulin CastelaS

Cadenet

• Fontvieille

Abbaye de
Silvacane

• St-Gilles

亞爾勒Arles

• Eygalières

Rians

隆河口區域
BOUCHES-DU-RHÔNE

Salon de
Provence

• Rognes

拉寇特酒莊Château La Coste

• Miramas

St-Cannat

• Aigues-Mortes

Étang de
Vaccarès

Parc naturel régional
de Camargue

St-Chamas

艾克斯TGV車站

艾克斯Aix-en-Provence

Lstres

Montagne Ste-Victoire

• Stes-Maries de la Mer

Golfe de
Beauduc

Port St-Louis

Étang de
Berre

Vitrolles

Cabriès

• Gardanne

• Trets

• St-Max

• Rougie

Golfe de Fos

Rade de Marseille

馬賽Marseille

• Roquevaire

• Aubagne

地中海
MEDITERRANEAN SEA

Iles du Frioul

紫杉堡
Château d'If

Sormiou

Cassis

卡朗格灣區
Les Calanques

• Le Beauss

• Bandol

La Ciotat

• La Brusc

Sanary-sur-Mer

8

義大利
ITALY

Ubaye • Barcelonnette
• Seyne-les-Alpes

• La Foux d'Allos
Vallée la Tinée

上普羅旺斯阿爾卑斯省
ALPES DE HAUTE-PROVENCE

Parc National
du Mercantour

• La Javie
• Beauvezer • St-Martin d'Entraunes
Vallée des
Merveilles
○ Digne-les-Bains
• Valberg La Colmiane • St-Martin-Vésubie
Thorame-Haute
• Saorge

CE-ALPES
D'AZUR
St-André-
les-Alpes
Annot
AnPuget-
Théniersnot
St-Jean-la-Rivière
Roya

Barrème
Entrevaux
Coaraze
Castillon

Parc Naturel
Régional du Verdon
• Castellane
阿爾卑斯濱海省
ALPES-MARITIMES
卡普代
Cap d'Ail
蒙頓Menton

• Bauden
• Bargeme
聖保羅
Saint-Paul-
de-Vence
尼斯
Nice
埃茲
Eze
摩納哥Monaco
埃茲火車站
Cap Martin

瓦爾VAR
• Bargemon
Gourdon
Cagnes-sur-Mer
卡納須梅
費哈岬Cap Ferrat
羅斯柴爾德花園別墅
Villa & Jardins Ephrussi de
Rothschild

Mentmeyan • Aups
• Tourtour
Villecroze
• Callas
格拉斯Grasse
Tourrettes
畢歐Biot
卡納須梅
火車站
畢歐火車站
凱伊洛斯別墅
Villa Kérylos

• Salemes
Cotignac
Draguignan
安布布Antibes
瓦洛希Vallauris
坎城Cannes
安提布岬
Cap d'Antibes
濱海自由城
Villefranche sur Mer

Carcès
Lorgues
Les Muy
Mandelieu-La
Napoule
列航群島Îles de Lérins

Baume
Le Thoronet
Argens
Fréjus
• Miramar

Brignoles
Le Cannet des Maures
St-Aygulf
Saint-Raphaël Valescure
Les Bateaux
de Saint-Raphaël

Gonfaron
Ste-Maxime

Cogolin
聖托培St-Tropez

Ramatuelle

• Le Lavandou
• Hyères • Cabasson
Îles d'Hyères

de Porquerolles
Île du Levant
Île de Port-Cros

N

9

必去南法理由

蔚藍海岸夢幻假期

面對著陽光明媚的地中海，蔚藍海岸氣候宜人、海水湛藍，非常適合度假，除了自然風光，這裡還有美食、賭場和讓人流連忘返的購物區。當然，也別錯過夢幻國度摩納哥，蒙地卡羅的奢華魅力，唯有親自早訪才能親身體會。

品嘗地中海料理美饌

強調使用新鮮食材和大量海鮮、香草入菜的地中海料理，在世界美食之林自成一家。隆河美酒搭配普羅旺斯鮮蔬香草、蔚藍海岸新鮮捕撈上岸的蝦貝漁獲，還有蒙頓的柑橘、自產橄欖油……南法名廚聯手端出的地中海鮮蔬百匯，帶來最高的美食饗宴。

法國最美小鎮

法國官方認證的「最美小鎮」，如世界文化遺產經過嚴格評選和維護，是旅遊南法必訪的景點。每個小鎮都有濃厚的人文歷史和獨一無二的魅力，目前法國共有159座最美小鎮，而普羅旺斯—阿爾卑斯—藍色海岸大區就有22個城鎮榜上有名！

必買南法香氛雜貨

香水、陶器、手工雜貨和薰衣草香氛……讓人眼花撩亂的生活精品，讓重視生活品質的你買到心花怒放。此外普羅旺斯的豐美自然，帶給調香師無限靈感，迪奧香水中最經典的玫瑰原精，就是普羅旺斯的山城格拉斯應運而生。徜徉在夏季花海，一起探訪香水工作室，一窺法國香水的秘密吧！

藝術的創作聖地

自然豐美的鄉間風情，晴空萬里的湛藍海岸線，南法是畢卡索、梵谷、塞尚、雷諾瓦等藝術家鍾愛的靈感之地，跟我們走一趟印象派路線，見證畫家當年感動的美景，拜訪山城中大大小小的美術館，來一趟性靈的療癒旅程吧。

繽紛熱情的南法市集

透過普羅旺斯充滿活力的市集，發現這片土地的精髓，揭開每座城鎮的獨特日常。陶醉於當地美食和手藝的魅力，感受南法充滿熱情的生活哲學。

旅行計畫
Plan Your Trip

Top Highlights of Southern France
南法之最

光影採石場
Carrières des Lumière

偉大藝術家的畫作被投影到7,000平方公尺的空間中，從地板到天花板，充分利用了採石場凹凸不平的白色牆面，透過優秀的音樂編排和動態效果，讓原本平面的畫作「活」了起來，彷彿直接走進了畫作裡。(P.98)

最美小鎮
Les Plus Beaux Villages de France

盧馬蘭
Lourmarin (P.90)

魯西永
Roussillon (P.91)

畢歐
Biot

1997年，畢歐憑藉其卓越的手工吹製玻璃技藝而榮獲「藝術與工藝之城」(Ville et Métiers d'Art)的稱號，如今是法國玻璃藝術的中心。畢歐工廠獨創的「泡泡」玻璃杯，更成為他們引以為傲的專利，成功取代因工業革命而式微的陶瓷業，成為當地主要的經濟來源。(P.231)

普羅旺斯市集
les Marchés de Provence

體驗普羅旺斯生活的最佳方式，當然少不了繽紛色彩、熱情洋溢的普羅旺斯市集！南法的城鎮一週裡每天都有不同的市集，從日常的農夫市集、花卉市集，到收藏家最愛的二手市集、古董市集，還有文青必逛的藝文市集⋯⋯(P.54)

勾禾德
Gordes (P.92)

萊博
Les Baux-de-Provence
(P.97)

埃茲
Èze (P.196)

埃茲
Èze

這座中世紀城市擁有許多傳統的房屋，供工匠、藝術家和廚師們工作。城堡的最高點是異國花園，可以俯瞰蔚藍海岸的無敵海景。(P.198)

魯西永
Roussillon

位於古老的赭石礦附近，魯西永以其獨特的赭紅色聞名，因此也被稱為「紅土城」。赭石峭壁在陽光下呈現多樣的紅色色調，與翠綠的松樹形成明顯的對比。在魯西永，赭石無處不在：在風景中、在房屋的牆上，同時也深深根植於這個村莊的歷史中。(P.91)

教皇宮 / 亞維儂
Palais de Papes /
Avignon (P.69)

古代劇場 / 歐紅桔
Théâtre Antique /
Orange (P.106)

最佳地標
The Best Landmark

格拉斯
Grasse

從16世紀起，格拉斯就是香水重鎮，鎮內古意盎然，結合了義大利熱內亞貴族及普羅旺斯鄉村的建築，加上昔日興盛一時的皮革業遺跡，走在石板街上，不難想像當年小鎮的風華。每年5月的玫瑰花節及8月的茉莉花節，更是格拉斯的夏季盛事，吸引許多觀光客前來一睹花城美貌。(P.240)

守護聖母院
Notre-Dame de la Garde

　　守護聖母院位於馬賽制高點，屬於新拜占庭建築風格，約40公尺的鐘樓上方聳立著飾以金箔的聖母與聖嬰像，高11公尺的聖母在陽光的照射下閃閃發光，懷抱聖嬰的她面海而立，彷彿看顧著遠方海面上未歸的水手。(P.158)

©HOCQUEL_Alain_-_Vaucluse_Provence

塞農克聖母修道院
Abbaye Notre-Dame de Sénanque

　　塞農克修道院建於1148年，知名的主要原因是薰衣草，修道院外有一整片薰衣草花田，花開時，紫色花海與白色修道院形成普羅旺斯經典畫面，也因此，塞農克修道院被公認是法國最美的修道院之一。(P.92)

最佳博物館和美術館
The Best Museums &Art Galleries

拉寇特酒莊 / 艾克斯
Château La Coste /
Aix-en-Provence
(P.140)

歐洲和地中海文明博物館 /
馬賽
MuCEM / Marseille
(P.155)

紫杉堡
Château d'If

　　紫杉堡是位於馬賽西南方3.5公里外的小島，為提供砲兵駐守而建於1528年，但始終未成為軍事用地。1580年成為監獄，囚禁重要的政治犯。大仲馬(Alexander Dumas)著名小說《基度山恩仇記》(Le Comte de Monte-Cristo)，便是以這裡為背景，寫下主人公的傳奇故事。從紫杉堡眺望，馬賽港的明媚風光一覽無遺。站在塔頂，聆聽海鷗叫聲、呼嘯風聲與潮水拍岸聲響，彷彿重回小說情境。(P.161)

梅格基金會 / 聖保羅 Fondation Maeght / Saint–Paul de Vence (P.211)	畢卡索美術館 /安提布 Musée Picasso / Antibes (P.228)	海洋博物館 /摩納哥 Musée Océanographique / Monaco (P.261)

教皇宮
Palais de Papes

　　欣賞亞維儂城最佳的位置在隆河 (Le Rhône)對岸，而矗立於古城頂端的正是教皇宮，以一種君臨天下的姿態俯瞰其轄區。歷屆教皇和反教皇將原有主教的府邸改建成教皇宮，內部極度豪華奢靡，外圍以宏偉的城樓作為防禦，並以重兵駐守，儼然皇室的氣派，10座塔樓雄據宮殿四周，看管著占地廣達15,000平方公尺的面積。(P.69)

節慶宮
Palais des Festival et des Congrès

　　位於港口邊的巨大建築，就是坎城影展的中心一節慶宮，眾所矚目的金棕櫚獎就是在此頒發。位在節慶宮旁的地面上，來自世界各地的參展明星按照年代順序留下自己的手印，如果無緣一睹本人風采，就找出你最愛的明星手印與他合影留念吧！(P.218)

@VILLEFRANCHE-SUR-MER#5

最美風景
The Most Beautiful Landscape

聖貝內澤橋 / 亞維儂
Le Pont Saint–Bénézet / Avignon (P.72)

塞農克聖母修道院 / 勾禾德
Abbaye Notre–Dame de Sénanque / Gordes (P.92)

蒙地卡羅與蒙地卡羅大賭場
Monte-Carlo et Casino de Monte-Carlo

　　青銅色屋頂的挑高建築，搭配著華麗的裝飾雕刻，蒙地卡羅大賭場可說是美好年代風格建築的最佳詮釋。場館內部設計美輪美奐，四周無不裝飾著金色的雕像、青銅鑄造的燈具、描繪19世紀當地風景的壁畫、色彩繽紛的彩繪玻璃……讓人眼花撩亂，即使不賭博，光把它當成收藏19世紀奢華的博物館來欣賞，都值回票價！(P.262)

守護聖母院 / 馬賽
Notre-Dame de la Garde /
Marseille (P.158)

紫杉堡 / 馬賽周邊
Château d'If /
Around Marseille (P.161)

濱海自由城 / 尼斯周邊
Villefranche sur Mer /
Around Nice (P.183)

Top Itineraries of Southern France
南法精選行程

普羅旺斯特色5日遊

●行程特色

　普羅旺斯洋溢人文風情的小鎮，一直深受國人喜愛，城鎮間有著綿密的火車和巴士網絡聯結，因此交通相當方便。國人前往旅遊不妨以馬賽為起點，接著一路往北遊覽艾克斯和亞維儂，並以亞維儂為前往亞爾勒、尼姆和歐紅桔等地的據點，不但可以減少班吊行李和換旅館的麻煩，最後還能搭乘TGV前往巴黎或回到馬賽。

　旅程從熱鬧非凡的馬賽舊港開始，經過走入記憶塞尚風景的艾克斯，然後來到南法藝文之都的亞維儂，欣賞豪奢的教皇宮，以及周邊如教皇新堡(Châteauneuf du Pape)、歐紅桔(Orange)、勾禾德(Gordes)等小城如詩如畫的景致，最後再以梵谷曾經居住的羅馬古城亞爾勒為終點，結束精實豐富的南法之旅。

●行程內容

Day 1：馬賽Marseille

Day 2：艾克斯Aix-en-Provence

Day 3：亞維儂Avignon

Day 4：亞維儂周邊 Around Avignon

Day 5：亞爾勒Arles

縱橫普羅旺斯7天

●行程特色

　除了走訪馬賽和亞維儂等必遊景點，普羅旺斯可以遊覽的地方還很多，如果時間充裕，可以在馬賽多待一天，搭乘渡輪前往紫杉堡，延伸腳步拜訪卡朗格灣區和隆夏宮。另外，也別錯過擁有全歐洲保存最完善競技場的尼姆，和展現古羅馬水利工程鬼斧神工的嘉德水道橋，洋溢一派樸實田園風光之美的聖雷米，以及法國知名演員都曾在古代劇場登台演出的歐紅桔等等。喜愛印象派的旅客，也可以跟著梵谷、塞尚等畫家的足跡，到亞爾勒、聖雷米，以及艾克斯尋找畫家眼中的風景。

　如果能在亞維儂多待上一天，不妨自駕或報名當地旅行團探訪周邊城鎮，像是教皇新堡品酒之旅，如果碰到6~8月前往，也別忘了拜訪塞農克聖母修道院的薰衣草花田，走一趟普羅旺斯最迷人的花旅行。

●行程內容

Day 1：馬賽Marseille

Day 2：馬賽Marseille

Day 3：艾克斯Aix-en-Provence

Day 4：亞維儂Avignon

Day 5：亞維儂周邊 Around Avignon

Day 6：尼姆Nîmes

Day 7：亞爾勒Arles

普羅旺斯最美小鎮6天

●行程特色

呂貝宏山區(Luberon)與小阿爾卑斯山區(Alpilles en Provence)，座落著許多寧靜優美的小山村，包括譽為普羅旺斯版黃石公園的魯西永、以薰衣草盛開的塞農克聖母修道院、石砌屋舍櫛比鱗次的山城勾禾德等，尤其由法國官方認證的「最美小鎮」(Les plus beaux villages de France)，經過嚴格評選和維護，是旅遊南法必訪的景點。

以卡瓦永作為據點可以輕鬆探索這兩個區域，出發參訪各小鎮都非常方便。萊博除了欣賞懸崖峭壁上的中古世紀小鎮，不可錯過的還有震撼人心的光影採石場(Carrières de Lumière)，一起走進藝術大師的繪畫世界裡。勾禾德灰白的層層建築襯著藍天甚是好看，紫色花海與白色的賽農克修道院形成普羅旺斯經典畫面。接著漫遊於魯西永豐富的赭石景觀，在陽光下呈現百變的赭紅色，與翠綠的松樹形成明顯的對比。最後來到盧馬蘭以文藝復興城堡和熱鬧的藝文活動聞名的小鎮。

由於小鎮大多都位於山區，部分小鎮依舊可以搭巴士前往，最方便的方式還是開車，可以選擇自駕或是到飯店或各地旅遊局諮詢包車服務。

●行程內容

Day 1：卡瓦永Cavaillon

Day 2：萊博Les Baux-de-Provence

Day 3：勾禾德Gordes

Day 4：魯西永Roussillon

Day 5：盧馬蘭Lourmarin

Day 6：艾克斯Aix-en-Provence

蔚藍海岸精緻度假7天

●行程特色

蔚藍海岸充滿悠閒氣氛的藝術小鎮不少，確實應該多花點時間在這裡停留，其中尼斯除了夏卡爾和馬諦斯博物館外，還有馬塞納博物館也相當值得一看，另外在城堡花園居高賞景，或是前往另一座鷹鷲村埃茲欣賞絕美的海岸線，還是卡納須梅一探雷諾瓦的工作室，然後再到藝術小鎮聖保羅，欣賞梅格格基金會的大師收藏。與蔚藍海景平行的海岸公路，是租車自駕的絕佳路線，如果不租車，搭乘607、608號巴士可從尼斯暢遊蒙頓、摩納哥。不妨在摩納哥多停留一日，前往熱帶植物園，享受頂級飯店和美食，或是到蒙頓看看考克多的博物館與結婚禮堂。至於坎城則是前往安提布、瓦洛希和格拉斯等地的據點，特別是前兩者留下了不少畢卡索的蹤跡，格拉斯則以香水工坊著稱。

●行程內容

Day 1：尼斯Nice

Day 2：埃茲Èze

Day 3：聖保羅Saint-Paul de Vence

Day 4：蒙頓Menton

Day 5：摩納哥 Monaco

Day 6：坎城 Cannes

Day 7：坎城 Cannes

When to go
最佳旅行時刻

蔚藍海岸和普羅旺斯一帶為地中海型氣候，冬季氣候溫暖多雨，夏天晴朗炎熱。南法晴天比率極高，夏季晴朗無雲，天氣雖熱但因為濕度低，感覺仍十分乾爽，吸引世界各地遊客來此享受陽光海洋。秋冬為南法的雨季，特別是10~11月是年平均降雨量最多的月份。冬季時有強風來襲，直到4月前有時還是會遇到陰雨連綿或強風不止的壞氣候。

普羅旺斯
Provence

　　石灰岩質的山丘勾勒出此區起伏的地形，在大量河流的灌溉下，色彩繽紛的花朵、各色拼布般的農地和果樹，創造了全法國最詩情畫意的鄉村景色。

　　每年冬季吹起的米斯特拉強風是當地最大的特色，屬於地中海氣候的它擁有較它區更長的日照時間，因而成為畫家的孕育之地，其年均溫類似蔚藍海岸。

蔚藍海岸
Côte d'Azur

　　位於法國最東南方的蔚藍海岸，是一片由沙灘和斷崖等地形組成的海岸線，除了一系列濱海度假城鎮外，還坐落著一個小但是富有的國家——摩納哥(Monaco)。

　　由於北面阿爾卑斯山的阻隔了來自北歐的寒風，使得此區終年氣候溫暖舒適且陽光普照，特別是夏日艷陽高照，卻因乾燥而不悶熱，夏季平均溫度介於20~27℃，冬季則在5~12℃。

南法**主要節慶**活動

重視生活的法國人，除了元旦、復活節、勞工節、國慶日和聖誕節等重大國定假日公休外，各地也可能依不同宗教節日或假期而彈性調動，其中特別是蔚藍海岸和普羅旺斯兩地，素以嘉年華和戲劇／音樂節聞名，成為遊客拜訪當地的一大亮點，屆時總湧進大量人潮，因此想此時前往共襄盛舉的人，別忘了預先規畫好住宿與交通等行程。

月份	節慶	
1月	元旦 Jour de l'An	1月1日歡迎新年
2~3月	尼斯嘉年華 Carnaval de Nice	世界三大嘉年華之一，於每年的封齋節前週二(Mardi Gras)舉行，活動為期15天，有著各色主題的熱鬧遊行。
2~3月	蒙頓檸檬節 Fête du Citron à Menton	這個為期2~3週的活動經常和尼斯嘉年華重疊日期，其中以金黃柑橘大遊行最引人注目。
3~4月	復活節 Pâques	3月底至4月初 (春分月圓後第一個週日)
3~4月	復活節翌日 Lundi de Pâques	3月底至4月初 (復活節隔天)
5月	勞工節 Fête du Travail	5月1日
5月	二戰紀念日 Capitulation de l'Allemagne et Fin de la Seconde Guerre mondiale	5月8日
5月	耶穌升天日 Jeudi de l'Ascension	5月某週四 (復活節後第39天)
5月	聖靈降臨日 Lundi de Pentecôte	5月中至5月底某週一 (復活節後第50天)
5月	坎城影展 Festival de Cannes	世界三大影展之一，通常於5月中的週三開始，於週日結束，為期約12天。
5月	摩納哥一級方程式賽車 Monaco F1 Grand Prix	將一般道路轉為賽道的摩納哥一級方程式賽車，於每年5月下旬舉行，為期4天。
7月	環法自行車賽 Tour de France	每年7月初舉辦的大型公路單車比賽，歷時23天，賽程環繞法國一周。
7月上旬	亞爾勒傳統服飾節 Fête du Costume	7月的第一個週日，身著傳統服飾的女孩們希望能在比賽中脫穎而出，成為亞爾勒羅馬劇場中被加冕的皇后。
7月中旬	安提布／Juan Les Pins 爵士音樂節Jazz à Juan	歐洲最古老的爵士音樂節之一，為期約11天，每年總吸引無數大師前來獻藝。
7月	國慶日 Fête Nationale Française	7月14日
7~8月	亞維儂藝術節 Festival d'Avignon	因露天演出而聲名大噪的亞維儂藝術節，於每年7月上旬到8月初展開為期三週的活動，表演多達600場。
7~8月	歐紅桔音樂節 Les Chorégies d'Orange	於每年7月上旬到8月初展開的歐紅桔音樂節，以古代劇場為舞台，演出古典樂、大合唱和戲劇等表演。
8月	聖母升天日 Assomption	8月15日
9月底~10月初	聖托培帆船賽 Les Voiles de Saint-Tropez	為期10~15天的聖托培帆船賽是聖托培夏天最熱鬧的活動之一，每年有200~300艘船前來參加。
11月	萬聖節 La Toussaint	11月1日
11月	一戰終戰紀念日 Armistice de la Première Guerre Mondiale	11月11日
12月	聖誕節 Noël	12月25日

南法・摩納哥交通攻略

國內航空Domestic Flight

六角形的法國擁有密集的陸上交通網絡，再加上航空票價過去始終居高不下，使得國內航空通常侷限於商務客或時間有限的短期旅人。然而，近年來因為廉價航空的盛行，大大拉近了火車票和機票的距離，也因此讓國內航空具備優勢。

傳統航空

創立於1933年的法國航空公司(Air France)，於2003年和荷蘭皇家航空合併，成為世界上最大的航空公司之一，它同時提供國際和國內線航班的公司，服務品質及飛機等級都有一定的水準。目前法航有從台灣直飛法國的航班，每週三班從台北飛往巴黎。

法國航空公司
🆅 www.airfrance.com

廉價航空

廉價航空(Budget Airline/ Low Cost Flight)的出現，無疑是歐洲航空業復甦的推手之一，巴黎機場管理局(ADP)表示，廉價航空在巴黎機場的空運量逐年增加，讓搭飛機旅行不再高不可攀，只要提早訂票，通常都能拿到非常優惠的價格，以歐洲知名廉價航空公司易捷航空(easyJet)來說，2個月前訂票，從巴黎到尼斯的含稅單程機票在淡季不到€45。

當然，一分錢一分貨是不變的道理，廉價航空在各方面極力壓低成本，服務上自然也大打折扣，例如只接受網路訂票、只用電子機票(e-ticket)、飛機上的餐飲需另外購買等。另外部分廉價航空會停靠距市區較遠的小型機場，所以買票時要連同市區至機場的交通費用及時間一併考慮。

◎搭機小提醒

沒有劃位：通過安檢後，就別到處亂逛了！廉價航空大部分採取先上飛機先選位的方式，如果想要保證優先登機也很簡單，花點錢就能當VIP！

行李限額：行李重量管制嚴格，超重行李會收取高額費用，買票時要看清楚各項限制，以easyJet為例，只能攜帶一件登機隨身行李(Hand Bag)，任何大型託運行李皆須加價。

自備飲料食物：不想購買機上偏貴的飲料食物，就自己準備。

攜帶個人證件：雖然是國內線飛機，外國旅客搭乘還是要檢查有效護照。

更改及賠償：若有需要更改日期、時間或目的地，每更動一次都要收取手續費。此外，若遇上班機誤點或臨時取消，也沒辦法幫你安排轉搭其他航空，也不太會有食宿的補償，對旅客比較沒保障。

◎**怎麼買票最便宜**

廉價航空採用浮動票價，也就是票價高低會根據市場需求而調整，原則上越早買票越便宜，但若是熱門旅遊季節，很少出現令人心動的好價格。網路上有不少好用的比價網站，可省去到處比價的時間。

鐵路系統Railway

搭乘火車移動舒服又快速，其中特別是以巴黎為中心朝四面八方延伸的快速火車，更是當地旅遊交通工具中的首選！法國鐵道總長度超過33,760公里，依地區鐵路系統就依照行政區畫分成22區，擁有超過七千座火車站，由於網絡密集且其複雜，常讓自助旅行生手摸不著頭緒。其實，只要善用訂票網站或火車

© COLOMBE Production

通行證，就能輕鬆搭火車遊法國！

法國的鐵路系統是由法國國家鐵路局(Société Nationale des Chemins de Fer Français，簡稱SNCF)負責規畫建造，路線以巴黎為中心，向四面八方放射鋪展，包含高速火車(Train à Grande Vitesse，簡稱TGV)路線，和通達各城鎮的一般火車路線。在這些一般火車路線中，全國性的跨區路線被稱為「大路線」(Grande Ligne，簡稱GL)，僅限於單一地區內行駛的路線則統稱「地區性快速運輸系統」(Transports Express Régional，簡稱TER)。

這些綿密的路線，構成法國幾乎無所不達的鐵路系統，特別是1960年代法國國家鐵路局投身於高速火車研發計畫，更造就了傲視全球的TGV子彈列車。如今，在法國搭火車旅遊絕對是一種享受，特別是省卻市區和機場間的來往接駁，省卻候機登機的等待時間，串連起法國各點間更加暢行無阻的旅遊方式。

火車票

很多台灣旅客對法國的點對點彈性票價感到陌生而頭痛，火車票價除了受到實際距離和艙等的影響，購買時間點、票種限制、搭乘時段也會影響價格，基本上提早訂票、固定行程或是多人同行都能享有折扣。

如果沒時間研究複雜的鐵路系統和票價，不妨購買火車通行證，行程彈性又不怕錯過火車，可省卻不少煩惱。

歐洲火車通行證全面改成電子票

不需再擔心手殘寫錯火車班次、時間、日期等，或是害怕把通行證弄丟了，因為歐洲火車通行證全面改成電子票了！只需下載Rail Planner App就能隨身攜帶和檢視你的車票細節了。

第一步：在 Rail Planner App中載入電子票Add a new Pass

第二步：連結旅程Connect to a Trip

第三步：啟用你的火車通行證 Activate your Pass

第四步：新增班次Add a new Journey

第五步：查票Show Ticket

◎火車通行證

火車是歐洲國家主要的交通工具之一，遊客除了可以購買法國火車票在該國境內搭乘火車旅遊；亦可經

由歐洲其他城市乘坐火車進入法國。若是想搭火車旅行歐洲多個國家，亦可考慮購買「全歐火車通行證」(Eurail Global Pass)，可以一次遊覽33個國家，包括奧地利(包含列支敦士登)、比利時、保加利亞、克羅埃西亞、捷克、丹麥、芬蘭、法國(包含摩納哥)、德國、英國(包含英格蘭、蘇格蘭、威爾斯)、希臘、匈牙利、愛爾蘭(愛爾蘭及北愛爾蘭)、義大利、立陶宛、盧森堡、馬其頓、荷蘭、挪威、葡萄牙、羅馬尼亞、斯洛伐克、斯洛維尼亞、西班牙、瑞典、瑞士、土耳其、波蘭、波士尼亞與赫塞哥維納、塞爾維亞、愛沙尼亞、拉脫維亞以及蒙特內哥羅。

火車通行證的購票及詳細資訊可洽詢台灣歐鐵火車票總代理飛達旅遊或各大旅行社。

飛達旅遊Go by Train

⌂台北市中山區南京東路三段168號10樓之6
☎(02) 8161–3456分機2 ○線上客服：@gobytrain
🌐www.gobytrain.com.tw

如何退換票？

火車通行證只要處於未啟用或完全未使用的狀態，才能夠辦理退票。

若是向飛達旅遊購買歐洲火車通行證，會免費提供用票上的教學文件，也可以透過LINE或視訊等方式，取得真人客服諮詢。

點對點火車票Point-to-Point Ticket

點對點火車票就是指一般單獨購買某段行程的車票。精打細算的旅客，若早一點計畫好行程，且有把握不會改變，提早於網路購買，有可能比火車通行證更划算！

◎**如何買票**

購票可以透過火車站內的人工售票窗口、自動售票機或網路購票。法國境內幾乎任一火車站都能購買當日及預售全區的車票，你可以先上網查詢希望搭乘的火車班次後，利用自動售票機或到窗口購票，有些城市會有英文的窗口，可多加利用，英文在法國不一定行得通，建議先將搭車的日期、時間、班次、起站、目的地、車種和廂艙都寫到紙上交給售票人員，可以減少錯誤並節省時間(見下表)。拿到車票後請核對一遍，如果有錯誤一定要當場更換，而更簡單的方法是透過網站事先購票，有時還會撿到意想不到的優惠票價。

巴士Bus

當前往布列塔尼、諾曼第、普羅旺斯和蔚藍海岸這些區內擁有許多火車無法到達的當地小鎮時，巴士便成為重要的交通工具。

法國的巴士，主要用來補足鐵路網的不足，因此多區域巴士都是由法國國家鐵路局經營，再與各地的地方公車接駁，這些巴士通常用來連接各省或各地區間的城鎮，或是鄰近省份的城鎮交通。由於搭乘巴士花費的時間通常比火車長，所以法國當地除觀光巴士外，沒有長途的跨省跨區巴士，如果你想從巴黎前往波爾多、里昂或史特拉斯堡，就必須搭乘Eurolines等跨國巴士公司經營的長途巴士。

巴士站

各城市的巴士總站為法文的Gare Routière，長途巴士多在此發車到站。巴士總站有時候與鐵路站連

買票小幫手

Aller (去程) / **Retour**(回程)

Départ (起點) : _____

Arrivée (終點) : _____

Date(日期) : ___ / ___ / ___ (日/月/年)

A partir de (出發時間) :___ h

Classe(艙等): □ **1 ère** (頭等艙) / □**2nde** (普通艙)

Passagers (乘客) :____**Adult** (大人) +____**Enfant** (4~12歲兒童)

Tarjets directs uniquement (指定搭乘直達車)

結，有時則距離市中心有一段距離，一些連繫近郊鎮或市區的巴士並不會停靠。像是連繫蔚藍海岸主要城鎮的620號巴士，在起站尼斯的發車點是Parc Phœnix站而非巴士總站，規劃行程時要多留心。另外在南法搭乘鄉鎮巴士時，遊客很容易一個不留神就錯過了下車站，可以先把欲下車的地點拿給司機看，請司機到站時提醒下車。

巴士種類

◎長途巴士

Eurolines雖然主要經營歐洲各大城市間的跨國巴士路線，不過也經營各個國家大城間的長程路線，以法國為例，除上述城市外還有馬賽和里昂、Grenoble和史特拉斯堡等非首都、但熱門旅遊城市間的長途巴士。此外，票價也比火車票便宜，有機會可省下約1/3的費用。

除Eurolines外，以西班牙為根據地的Alsa是另一家經營跨國巴士的公司，它也經營多條法國國內的長、短途巴士路線，行經包括巴黎、亞維儂、安錫、蒙貝利耶、尼姆、杜爾、奧爾良等城市。值得注意的是，這類巴士公司如果搭乘短程，價格可能會和搭火車差不多，班次也沒有火車多，因此在選擇時不妨多上網比較。

Eurolines

🌐www.eurolines.com

Alsa

🌐www.alsa.es

Flixbus

🌐global.flixbus.com

◎區域巴士和地方公車

區域巴士穿行於地區或省區之間，許多都是由法國國鐵旗下的子公司經營，至於地方公車則連接城市及其郊區，大多由當地政府的交通部門經營，兩者間相輔相成，適合近距離城市間的往來，或前往火車到不了的地方，票價也隨各地而異。

區域巴士和地方公車通常都有各自的回數票或優惠票卡，價格比以現金支付便宜，不過如果你在當地只待1~2天的時間，或是不常搭乘當地交通工具，其實只需在上車時準備足夠的現金向司機買票即可。

如何買票

除了巴士站的服務窗口、自動售票機或是直接上車向司機購票外，有的還可以透過網站預先購票，對行程比較緊湊的人，或許預先能確定行程會是比較好的選擇。目前大部分巴士公司也有推出自家的APP，除了查看時刻表也可以直接透過APP購票，價格會比和司機購票便宜，但介面語言主要是法語和英語。

租車Location de Voitures

普羅旺斯和蔚藍海岸擁有許多迷人的小鎮，想要拜訪這些地方，儘管可搭乘區域巴士或地方公車，不過有時班次並不多，這時租車就提供另一種讓旅程更彈性的選擇。不過由於法國駕駛習慣和路況和台灣不太一樣，因此行前最好先做足功課，才能享受租車旅行的樂趣！

在哪裡租車

法國的機場都有租車公司，如果已安排好行程，建議事先在網路上預約，不但可以先挑選車型、指定自排車、還能享有預約優惠價，能仔細閱讀價格計算方式及保險相關規定也比較安心。

在國外租車旅遊，最重要的不外乎能挑到車輛種類齊全、有完善事故處理機制、值得信賴的租車公司，如果能事先預約，通常比較能挑選到心目中的理想車種。目前只要是擁有網站的租車公司，基本上都可以透過網路預約，國際大型連鎖公司如Hertz、Avis、Europcar還能選擇A地租車、B地還車，路上故障需維修服務也比較方便，此外部份大型連鎖公司在台灣還設有分公司，更能無障礙的溝通處理預約作業，減少因語言產生的誤解，到當地只需要辦理手續、取車即可。其他像是Ada、Sixt和Budget，在法國各地也遍布租車點。

Hertz

🌐www.hertz.com.tw

Avis

🌐www.avis.tw

Europcar
🌐 www.europcar.com
Ada
🌐 www.ada.fr
Sixt
🌐 www.sixt.fr
Budget
🌐 www.budget.com

租車價格

租車價格由各公司自定，根據車種、C.C.數、租車天數而變動，可事先上網比價，通常在週末時租車公司會推出優惠促銷，值得好好利用。需注意的是，有些便宜的優惠方案，會限制每日行駛的里程數，超過里程需加收額外費用，如果知道自己的移動距離較遠，記得選擇不限里程的方案。此外，以下幾個因素也和租車價格有關：手排車比自排車便宜，同一地還車也比A地租車、B地還車便宜，高級汽油車比柴油車便宜，越少人駕駛也越便宜等。

租車注意事項

必要證件：租車時須準備有效護照和國際駕照，另外也需攜帶中文駕照。

車子種類：不同車款會有駕駛年齡和持有駕照年限的

規定，請事先查明。

押金：租車時會要求使用信用卡預扣押金作為保證。

確認車子性能：領到車子後一定要現場先檢查車子各項性能是否正常，包含外觀、煞車、雨刷、車燈，並問清楚油箱位置和汽油種類再上路。

還車：拿到車時油箱通常是滿的，還車時也會要求加滿後還車，否則會要求收取額外的加油費和服務費。

道路救援：記得請租車公司留下緊急連絡及道路救援的24小時電話。

加油：務必在還車前先把油加滿，因為沒有滿油的話，會被收取不足的油錢，而租車公司的油價絕對比石油公司高很多。如果不想花時間找加油站，也可以在租車前預付油資(Fuel Purchase Option)，以相對優惠價格購買整缸汽油，即不需要滿油還車。

臨櫃辦理

每家公司標準不太一樣，一般規定年滿21~25歲可租車。若事先已於網路上預約，需要準備以下證件臨櫃取車：

- 租車的預約確認單
- 國際駕照
- 台灣駕照 (一年以上駕駛經歷)
- 網路預約時作為擔保之用的信用卡(請務必攜帶網路預約時的信用卡)

保險

租車時一定要購買保險，包含車輛損害賠償、乘客傷害保險等，若多人駕駛，要在保險簽名欄上簽下每一個人的名字才算生效，這些細節都別忽略。

租車的保險都是以日計價，租得愈久，保費愈貴。第三責任險 (Liability Insurance Supplement，簡稱LIS) 是強制性，此外，比較需要考慮的有碰撞損毀免責險 (CDW)、竊盜損失險 (TP)、人身意外保險 (PAI)、個人財產險 (PEC)，可視個人國內保險的狀況決定是否加保。

雖然交通意外不常發生，但在人生地不熟的地方開車，A 到刮傷時有所聞，因此強烈建議 CDW 一定要保。希望獲得全面保障的話，強烈建議直接投保全險 (Full Protection)，也就是所有險種一次保齊。若是駕駛不只一位，一定要把所有駕駛都寫上，否則會影響到保險理賠。

注意事項

交通規則和台灣大同小異，法國是右駕，且道路標示清楚，只是市區中單行道很多，如果可以，建議在當地租用 4G 行動上網，使用 Google Map 或其它導航系統，或者也可租用 GPS 並開啟導航模式，以

💡 法國自駕小筆記

◎時速限制

法國的時速限制如下：

高速公路：最高130km/h

國道或快速道路：110km/h

一般道路：80km/h

市區道路：30~50km/h

◎自駕常見法文單字

高速公路：Autoroute

收費站：Péage

道路施工：Chaussée deformer

國道：Route Nationale

出口：Sortie

入口：Entrée

停車場：Parking

禁止通行：Route barree

車輛壅塞：Bouchon

緩慢駕駛：Ralentir

路滑：Chaussée glissante

下幾點須多加注意：

- 務必禮讓行人和腳踏車。
- 圓環一律是逆時針方向單行，圓環內的車輛有優先行駛權，出圓環記得打方向燈。
- 路上少有測速照相，但會有警察取締。高速公路交流道常設有測速照相機，開車時要多留心。
- 加油時禁止使用手機。
- 觀光旺季海灘是旅遊人潮眾多地方，也是小偷最多的地方，千萬不要把貴重物品留在無人看管的車上。
- 南法人開車速度偏快，高速公路或快速道路上往往會超過最高速限，有時候還會比較沒耐心，但出門在外安全為重，不要和他們一起飆起來，特別是要注意禮讓行人。

加油

先確認車子使用哪種汽油，法文柴油是gazole或diesel，無鉛汽油是sans plomb，分成SP95、SP95-E10、SP98、Excellium SP98等，要加哪種油先向租車公司確認。

加油站大多採自助式，可選擇直接使用信用卡付費(建議預先向信用卡公司申請開通信用卡Pincode密碼，大多數無人加油站刷卡時需要輸入)，或是至加油站附設的便利商店內付費。若是選擇商店付費，需要先進入商店預先購買指定的加油金額，或是先告

知店員使用的油槍號碼，再回到車子旁自行拿油槍加油，可以用現金或信用卡付費。加油前請先確認汽柴油種類以及油箱位置。

另外要提醒的是，南法鄉間加油站數量有限，建議看到就先加油，不要等到油錶亮紅燈了才加油。

道路救援

道路上如果發生拋錨、爆胎、電瓶或汽油耗盡等狀況時，車鑰匙上通常會有道路救援的免付費電話號碼，而道路救援的費用則會在還車後顯示在信用卡簽單上(拋錨停在路肩時，別忘了在車後100公尺放置三角警示牌)。若是具有責任歸屬的交通事故，除了通知租車公司外，也必須報警處理，並在警察前來勘驗前，保留事故現場。

停車

南法地狹人稠，尤其旅客貴重行李較多，建議與其找路邊停車格，最好就是直接把車停入停車場。法國停車場很多，在市中心、火車站、購物商場等地都能找到停車場。進入停車場時會提供一個票根，記得要隨身攜帶，因為許多停車場需要票才能出入。取車時以信用卡或現金在繳費機器付款，離場時放入繳完停車款項的票根或塑膠硬幣即可。

市區停車要先確認該路段停車規定，路邊付費停車

格都採用先繳費制,停車格附近一定能找到售票機,通常最多可預付2小時停車費,投幣後會列印出有效時間的停車單,只要把停車單夾在擋風玻璃內側即可。

每小時停車費依路段不同,通常在週日和20:00~8:00之間為免費停車,但這是要依照實際標示,若沒有照規定執行,可能需要繳納一倍以上罰金!

過路費

法國高速公路需要收費,其收費方式分為統一價格(未取票)和依里程計算(拿票),可以現金、信用卡和儲值卡支付。依里程計算的路段,上交流道後會先經過取票機,出交流道時再於收費站付款。付款通道會以圖形標示,電子收費以橘色標示「t」,信用卡圖示代表僅收進用卡,歐元圖示代表僅收現金,有些機器只接受硬幣,不接受鈔票或找零。如果怕繳費有狀況,就選擇「綠色向下箭頭」與「t」圖示的收費道,代表各種收費方式皆可。

法國道路系統概況

法國的道路系統主要可分為高速公路(Autoroute)、國道(Route Nationale)、省道(Route Départementale)和一般道路4大類。高速公路以紅色的大寫字母A標示,行駛速限為每小時110~130公里,其收費方式分為統一價格(未取票)和依里程計算(拿票),可以現金、信用卡和儲值卡支付。國道以紅色的大寫字母N標示,一般行駛速限為每小時100公里,但靠近市區時會降至50~80公里,必須特別注意路標。省道以黃色的大寫D字標示,一般行駛速限為每小時90公里,但靠近市區時降低。由於國道和省道不用收費,因此不趕時間的人可以選擇這兩種道路系統,不但可以省錢,還可以欣賞沿途的風景。

法國國道諮詢網: www.autoroutes.fr
米其林道路諮詢網: www.viamichelin.com

Hertz租車暢遊南法最便利

在法國,Hertz租車公司在各大機場、市區或火車站都設有租車服務站,且在台灣有旅行社代理。對想要租車旅行,又擔心不知如何臨櫃辦理手續的旅客來說,在出發前先預約租車,絕對是省時、方便又能享有優惠折扣!

(02) 2731 0377　　www.hertz.com.tw

出發前上網預訂

確定了旅行計畫後,可以事先在中文版的台灣官網上輸入日期、取車地點、還車地點,瀏覽自己偏好的車型,最後試算總費用。確定無誤後,輸入駕駛者的護照英文姓名,就可在線上完成預定。如果想購買額外的項目,如全險、第二駕駛人等都可在抵達後,於櫃檯直接辦理。

抵達後:確認與取車

前往Hertz 服務櫃台,辦理取車。這時需出示以下文件:
· 英文版的租車預約確認單
· 駕駛人的國際駕照
· 駕駛人的台灣駕照(一年以上駕駛經歷)
· 網路預約時作為擔保之用的信用卡

取得租車合約與車鑰

以信用卡過卡後,就會收到租車合約與車鑰。服務人員會以平板電腦展示並解釋所租車輛的外觀與車況,同意後,可直接在平板電腦上確認簽名。

確認車況

拿到鑰匙後,記得先檢查車體有無損傷,是否與平板電腦上的數位車況檔案一致,以及油表是否加滿。如果有問題,可立即反應給服務人員並加以修改,以免還車時產生糾紛。此外,若對租借的車輛很陌生,或不清楚該加哪一種油,任何問題都可直接請服務人員協助,以免之後上路時手忙腳亂。

出發上路

發動引擎,接著調整好座椅與照後鏡,弄清楚每個按鍵的位置,然後就可以出發上路了。

還車

還車前先加滿油,駛入指定地還車地點。Hertz在南法的還車點通常位於停車場內,在標示Hertz的指定停車格內停好車後,等候服務人員做最後確認,或攜鑰匙到櫃台辦理手續。大城市的據點通常都有自助還車服務,只要將車輛停妥,把車鑰匙丟到寫著還車的信箱中就可以了。

南法百科
Southern France Encyclopedia

History of Southern France
南法歷史

地中海文明

　　地中海是孕育歐洲文明的搖籃，而地中海畔的普羅旺斯和蔚藍海岸，可說是位在文化發祥的十字路口。西元前600年希臘人來到南法，帶來橄欖與葡萄酒，逐步打造馬賽、尼斯、安提布成為貿易港口。

羅馬時期

　　羅馬人在西元前2世紀開始進軍南法，在前125年征服普羅旺斯後，將南法全境收入羅馬帝國麾下。普羅旺斯(Provence)地名的由來，即為「羅馬行省」(Provincia Romana)之意。西元前122年羅馬執政官蓋猶‧塞克斯都‧卡維努斯(Caius Sextius Calvinus)在征服高盧途中，發現普羅旺斯某處湧泉有治病功效，於是在此建造南法第一座城市，泉水後來被命名為賽克斯泉(Aquae Sextiae)，而這座城市也就是現在的艾克斯‧普羅旺斯。

　　年西元前52年，羅馬皇帝凱撒大帝(Gaius Julius Caesar)進占高盧(Gallia)，成功征服這裡的凱爾特人，羅馬帝國展開了統治法國的歲月。南法經歷蓬勃的城市發展，亞爾勒的羅馬競技場 (Amphithéâtre)、歐紅桔的古代劇場(Théâtre Antique)、尼姆近郊的嘉德水道橋(Le pont du Gard)陸續落成。

普羅旺斯王國建立

　　西元476年，西羅馬帝國滅亡，法國被法蘭克人占領，建立墨洛溫王朝(Mérovingien, 486~751)，並統合法蘭西王國。西元532年，普羅旺斯成為法蘭克王國旗下領地。西元843年，查理曼大帝(Charlemagne)簽訂凡爾登條約(Traité de Verdun)，將法國分給三個兒子，最年幼的兒子查理二世(Charles II le Chauve)獲得勃艮地與普羅旺斯地區，普羅旺斯王國成立。

亞維儂教廷時期

　　西元1309年，羅馬教會因長久內鬥，法國出身的教皇克雷蒙五世(Clement V)遂出走羅馬梵諦岡，選定亞維儂為駐地，開始了亞維儂教廷時期（Avignon Papacy）。教皇受法國國王控制，駐於亞維儂的教皇宮(Palais de Papes)，直至1377年才遷回梵諦岡。

　　然而教廷回歸羅馬不久，教團又因派系分裂，形成梵諦岡與亞維儂雙教皇的局面，法國籍的樞機主教團仍在亞維儂推舉出「反教皇」(Anti-Papes)，並繼續行使教皇職權，直到1417年，這之間又產生了兩位反教皇。

　　在亞維儂教廷期間，普羅旺斯無論宗教、人文和藝

術都蓬勃發展，成為重要的文化中心。

普羅旺斯的興盛與動盪

1434年，雷內一世(René d'Anjou)統治艾克斯，在他的治理下農業、經濟穩定發展，雷內一世引入文藝復興時代的藝術和人文風尚，讓普羅旺斯的文化藝術全面開花，馬賽港也在此時發展成重要貿易港口。

16世紀到17世紀歷經黑死病與各領主間的權力鬥爭，1789年法國大革命爆發，封建制度廢除，亞維儂教皇宮遭湧入的民眾毀壞，華奢宮殿被洗劫一空。

之後法國又陸續經歷拿破崙一世(Napoléan Bonaparte)加冕為帝，波旁王朝的路易十八(Louis XVIII)復辟，以及拿破崙的侄子路易‧拿破崙(Louis Napoléan Bonaparte)稱帝為拿破崙三世等歷史動盪。

藝術與度假勝地

1860年，拿破崙三世和薩丁尼亞國王簽定合約，數百年來不斷被義大利與法國爭奪搶佔的尼斯，最終成為法國的領地。19世紀中葉開始，蔚藍海岸四季溫和的氣候，吸引歐洲各國的王公貴族前來避冬，打造許多奢華的別墅和宮殿。

隨著風景畫流行，畫家們被南部的豐饒自然與曲折海景招喚，走出畫室來到當時被稱為「另一個義大利」的普羅旺斯和蔚藍海岸寫生，逐漸孕育出19世紀末的印象派。直到20世紀中期，這裡成為塞尚(Cézanne)、雷諾瓦(Renoir)、梵谷(Van Gogh)、馬諦斯(Matisse)、畢卡索(Picasso)等畫家居住和創作的中心，透過他們的作品，南法的光影自然逐漸被大眾知悉。

富豪度假天堂

1834年英國大法官布魯厄姆爵士(Lord Brougham)在前往義大利途中，發現當時還是漁村的坎城，在坎城落腳興建別墅，自此以後蔚藍海岸逐漸發展為著華度假的代名詞，私人沙灘與高級旅館林立。1863年摩納哥的蒙地卡羅大賭場(Casino de Monte-Carlo)開幕，1946年坎城舉辦第一屆影展，讓蔚藍海岸成為星光閃耀的名流勝地。2013年馬賽入選為歐洲文化首都(European Capital of Culture)，舊港西部區域內的古蹟與建築重新活化，變身結合古蹟、裝置藝術與博物館的歐洲和地中海文明博物館(MuCEM)，其他城市也與知名建築家和設計師合作打造文化地標，展現屬於南法的設計新風貌。

World Heritage of Southern France
南法世界遺產

在法國目前52個世界遺產當中，普羅旺斯和蔚藍海岸這塊區域占了8處，從羅馬時代到近代，不只是令人讚嘆的奇景，還能從中體會歷史的流動、文明的進程與智慧的累積。過往的歷史讓它們今日散發更精采的風貌，也讓人在拜訪這些珍貴景點時，會有更多的認識與體會。

①歐紅桔古代劇場與凱旋門

Roman Theatre and its Surroundings and the "Triumphal Arch" of Orange

登錄時間：1981年

遺產類型：**文化遺產**

牆面寬103公尺寬、高37公尺的古歐紅桔古代劇場(Théâtre Antique)，是世界上保存最好的羅馬劇場之一；而凱旋門(Arc de Triomphe)是奧古斯都統治期間的遺跡之一，約於西元1世紀前後建立。

②亞維儂歷史中心：教皇宮、主教團和亞維儂橋

Historic Centre of Avignon: Papal Palace, Episcopal Ensemble and Avignon Bridge

登錄時間：1995年

遺產類型：**文化遺產**

14世紀，教皇從羅馬逃往亞維儂，入駐教皇宮(Palais des Papes)，期間經歷7位教皇，直到1377年才遷回。留下的雄偉城牆和宮殿，成為重要的歷史遺跡。建於12世紀末的聖貝內澤橋(Le Pont Saint-Bénézet)，因1668年隆河氾濫沖毀僅剩一小段，橋上還殘留著祭祀著「貝內澤」的小禮拜堂，和教皇宮同時登錄世界遺產。

① 歐紅桔古代劇場與凱旋門
Roman Theatre and its Surroundings and the
"Triumphal Arch" of Orange

嘉德水道橋
Pont du Gard (Roman Aqueduct)
④

亞維儂歷史中心：
② 教皇宮、主教團和亞維儂橋
Historic Centre of Avignon:
Papal Palace, Episcopal Ensemble and Avignon Bridge

⑧ 尼姆方形神殿
The Maison Carrée of Nîmes

法國聖雅各朝聖之路
⑥ Routes of Santiago de Compostela in France

③ 亞爾勒的羅馬遺跡
Arles, Roman and Romanesque Monuments

柯比意的建築作品
The Architectural Work of Le Corbusier
⑤

蔚藍海岸旅遊之都尼斯 ⑦
Nice, Winter Resort Town of the Riviera

⑤ 柯比意的建築作品
The Architectural Work of Le Corbusier

③亞爾勒的羅馬遺跡

Arles, Roman and Romanesque Monuments

登錄時間：1981年

遺產類型：**文化遺產**

　　作為中世紀歐洲文明化的古都，亞爾勒是一個極佳的例證。它留下重要的羅馬遺跡，如聖托菲姆教堂及迴廊(Église St-Trophime et Cloître)、共和廣場裡的方尖碑(Obélisque)、羅馬劇場(Théâtre Antique)、羅馬競技場(Les Arènes)和地下柱廊(Cryptoportiques)、康斯坦丁浴場(Thermes de Constantin)。

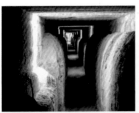

④嘉德水道橋

Pont du Gard (Roman Aqueduct)

登錄時間：1985年

遺產類型：**文化遺產**

　　具有2,000年歷史的水道橋，全長17公里，部份築於地下的引水渠，將Uzès一處泉水輸送到尼姆(Nîmes)，而水道橋為主要連結部份。

⑤柯比意的建築作品—對現代主義運動的卓越貢獻

The Architectural Work of Le Corbusier, an Outstanding Contribution to the Modern Movement

登錄時間：2016年　遺產類型：**文化遺產**

　　柯比意(1887-1965)是20世紀最偉大的建築師之一，瑞士裔法國人，他致力讓居住在都市擁擠空間的人能有更舒適的生活環境，是功能主義建築的泰斗，被譽為現代建築的開拓者，瑞士法郎的10元紙幣就是柯比意的肖像。

　　在2016年世界遺產大會把柯比意的17座建築作品納入世界遺產，橫跨歐、亞、美三大洲、比利時、法國、德國、瑞士、印度、日本、阿根廷等7個國家。這些建築充分展現了一種新的建築語言，與過去的建築完全全產生一個斷點，也反映出20世紀的現代主義運動的解決方式，是以發明新的技術，來回應社會的需求，而且是全球性的。

　　由於柯比意大多數時間都在法國活動，所以法國入選的遺產也最多，包括法國巴黎的羅氏與納雷宅邸(Maisons La Roche et Jeanneret)和摩利托出租公寓(Immeuble locatif à la Porte Molitor)、佩薩(Pessac)的弗呂日市(Cité Frugès)、普瓦西(Poissy)

的薩佛伊別墅(Villa Savoye et loge du jardinier)、馬賽的光明城市(Unité d'Habitation)、孚日聖迪耶(Saint-Dié-des-Vosges)的聖迪耶工廠(La Manufacture à Saint- Dié)、鴻香(Ronchamp)的聖母教堂(Chapelle Notre-Dame-du-Haut de Ronchamp)、羅屈埃布蘭卡馬爾坦(Roquebrune-Cap-Martin)的柯比意棚屋(Cabanon de Le Corbusier)、里昂的聖瑪麗亞修道院(Couvent Sainte-Marie-de-la-Tourette)、菲爾米尼(Firminy)的菲爾米尼文化中心(Maison de la Culture de Firminy)，共12處。

⑥法國聖雅各朝聖之路
Routes of Santiago de Compostela in France

登錄時間：1998年
遺產類型：**文化遺產**

　　中世紀時，數百萬名基督徒前往西班牙的聖地牙哥朝拜聖雅各(St Jacques)的聖骨匣。他們冀望透過旅程得到救贖，並帶回象徵聖雅各的扇貝。在橫跨法國的途中，於某些集合點和歇腳的庇護所留下足跡。

⑦蔚藍海岸旅遊之都尼斯
Nice, Winter Resort Town of the Riviera

登錄時間：2021年　遺產類型：**文化遺產**

　　尼斯位於阿爾卑斯山腳下，瀕臨地中海，鄰近義大利邊境，其充分利用溫和的氣候和濱海地形，從18世紀中葉開始，這裡吸引了許多貴族來此過冬度假，1832年，尼斯制定了城市規劃方案，旨在提升尼斯對外國旅人的吸引力。由於它連接歐洲鐵路網絡，便利的交通吸引各國遊客在冬季湧向這座城市，這也致使位在中世紀老城區外的新區迅速發展起來，尼斯充分利用天氣條件、沿海景觀的作為，以及冬季遊客帶來的多元文化影響，形塑了尼斯的城市發展和不拘一格的建築風格，促成了尼斯成為國際化冬季度假勝地。

⑧尼姆方形神殿
The Maison Carrée of Nîmes

登錄時間：2023年
遺產類型：**文化遺產**

　　建立於1世紀的方形神殿，當時的尼姆還是羅馬帝國的殖民地Nemausus，方形神殿是羅馬早期在行省中興建的君主崇拜相關神殿，主要供奉奧古斯都英年早逝的子嗣。神殿除了鞏固羅馬對征服領土的控制，也象徵了Nemausus對奧古斯都王朝的忠誠。奧古斯都將古羅馬從共和國轉變為帝國，拉開了「羅馬治世」的序幕，神殿建築及其精緻的裝飾都體現了他的思想理念。

Best Taste in Southern France
南法好味

百年來，法國南部的陽光、空氣、水以強大的魅力吸引全世界的遊客，事實上，真正融合法南天地靈氣的是無與倫比的佳餚美味，以絕對尊重新鮮食物原味的精神，加上藝術家的調理手法，構成美食不朽的傳奇。如果你錯過法國南部的食物，等於錯過最精華的部份。巴黎人常說南法人太閒散，但是面對這麼棒的美食香果，任誰都想要好好享受吧！

酥卡Socca

名為酥卡「Socca」的鹹餅是一種類似披薩的薄餅，用鷹豆和橄欖油作成，也可加上蔬菜或肉，熱騰騰的鹹味Socca又香又脆，是尼斯人最愛的庶民點心，可以在當地的傳統市集中發現其蹤跡。

洋蔥塔Pissaladière

南法式「Pizza」，將炒過的鯷魚、洋蔥和番茄等佐料放在薄餅上，吃一口香氣便充滿整個味蕾，讓人回味無窮。一般當成前菜或點心。

大蒜Ail

大蒜與橄欖油是普羅旺斯料理的兩大主角，大蒜主要用途是提味，它那種獨特的辛辣氣息能夠與普羅旺斯的料理形成相輔相成的美好效果，你可以在許多著名料理中發現大蒜的蹤跡，例如橄欖油蒜泥蛋黃醬(Aïoli)和番紅花蒜泥蛋黃醬(Rouille)等，據說尼斯特產的粉紅色大蒜尤為蒜中極品。

包捲Farci

「Farci」在法文中有填充或塞肉餡的意思，在普羅旺斯當地也指一種以橄欖油烹調的可口小菜「包捲」，口味眾多，包括有沙丁魚熟菜包捲(Sardines Farcies au Vert de Blettes)、蕃茄醬汁迷你尼斯式包捲(Petits Farcis Niçois, Coulis de Tomate)等，或是任何只要是包了東西的都可稱為是「Farci」，這道菜不一定要上餐廳，在許多路邊小店和市場攤位就可買到。

香料Epices

從8、9世紀開始，香料的運用已經成為法國料理不可或缺的調味品了，甚至可以說，法國料理的箇中滋味與精華都在於香料的使用是否成功，長年陽光普照的普羅旺斯尤為重要，這些香料彷彿吸收了全部的陽光，然後在醬汁及濃湯中悠悠地釋放，普羅旺斯常用的香料包括普羅旺斯百里香(thyme)、茴香(fennel)、迷迭香(rosemary)、薄荷(mint)、胡荽(coriander)、月桂葉(feuille de laurier)、香薄荷(sariette)，通常都是用在熬湯或烤肉上。

黑松露 Truffe noire

　　南法是黑松露重要產區，松露獵人訓練松露犬，在11月產季入山採收，一直到隔年1月都是黑松露的產期。除了各種松露料理，浸泡黑松露的松露橄欖油和松露醬，也是當地必買的高級食材。

橄欖油蒜泥蛋黃醬和番紅花蒜泥蛋黃醬 Aïoli et Rouille

　　橄欖油蒜泥蛋黃醬是由蛋黃、大蒜、橄欖油攪拌調製而成，通常是飯前搭配法式硬麵包的沾醬。切片的麵包烤得香酥，薄薄地舖上一層蒜味蛋黃醬，咀嚼時齒頰間有著些微的辛辣蒜味，香到令人難忘；另外，也可以搭配鹽醃醃鱈魚、白煮蛋、蝸牛或生菜沙拉，和使用在料理中，例如在海鮮濃湯中加入橄欖油蒜泥蛋黃醬，可增加獨特的風味。Aïoli如果加入了番紅花，則成了番紅花蒜泥蛋黃醬，顏色略呈淡紅色，一般在大啖馬賽魚湯之前，便會提供麵包和Rouille，兩相搭配可提鮮外並可增加食慾。

橄欖與橄欖油 Olive et Huile d'Olive

　　由羅馬人傳入的橄欖，在地中海料理中扮演要角，本區的橄欖油又香又醇，醃製橄欖有數百種做法，是南法人最愛的風味之一；而橄欖油亦是南法地區三餐必備的重要原料，重要性可比中國料理不可少的沙拉油，普羅旺斯人大多將橄欖油淋在沙拉上和其他香料一起攪拌當作醬汁，有的時候就直接沾著法式硬麵包來吃。

尼斯沙拉 Salade Niçoise

　　尼斯沙拉可說是囊括了法國南部的鄉野極品，橄欖、青豆、蕃茄、萵苣、蛋和鯷魚，每家餐廳有不同的變化方式，各憑廚師喜好和新鮮食材而定。據當地尼斯人說，最正統的尼斯沙拉不放水煮馬鈴薯，只加入新鮮蔬菜。雖然說尼斯沙拉通常被列為前菜，不過份量相當驚人，以亞洲人的食量，大概兩人共享剛剛好。另有把尼斯薩拉變成三明治的Pan Bagnat，在兩片圓麵包中鋪滿尼斯沙拉一起食用。

馬賽魚湯Bouillabaisse

　　這種過去漁夫將賣不完的魚混合烹調的馬賽魚湯，時至今日成為到馬賽的必嘗佳餚。一般馬賽魚湯利用產自地中海的5~7種魚來料理，再加入橄欖油、番紅花、月桂葉、蕃茄、迷迭香、百里香、蛋汁、大蒜和蔥調味，不但色澤呈現褐黃色，也因集合了所有海鮮精華，喝起來帶著濃郁厚實的口感，與一般散發清香味的魚湯大不相同。馬賽魚湯第一道上湯，第二道則可以品嘗新鮮魚肉。

燜菜Ratatouille

　　這是一道義大利風格的前菜，以橄欖油、香草、大蒜去燉煮多種蔬果，像是洋蔥、茄子、蕃茄、和青椒，鹹鹹辣辣的口味常被拿來作為開胃菜，又黃又綠又紅的配色讓人看了食慾大開。

奶油鱈魚醬Brandade de Morue

　　尼姆的特產奶油鱈魚醬，是以馬鈴薯、奶油和橄欖油加上大蒜製成，一般做為 醬搭配麵包食用，吃起來可口開胃。

燜牛肉Daube de Boeuf

　　燜牛肉和尼斯牛肚(Tripe à la Niçoise)是以當地的紅酒燉煮，味道皆香濃卻不黏膩，是南法的名菜要角。

蔬菜蒜泥濃湯 Soupe au Pistou

　　用羅勒醬、大蒜、橄欖油來調味，因此這道濃湯又稱作羅勒蔬菜蒜泥湯，烹煮時以蔬菜或是豆類作為湯的基底，吃不慣重口味馬賽魚湯的人，這道倒是不錯的選擇。

海鮮／魚 Fruits de Mer/Poisson

緊鄰地中海的蔚藍海岸擁有許多新鮮的海產，遊客在這裡樂陶陶地大啖龍蝦和淡菜，是餐廳裡最常見到的景象。普羅旺斯式淡菜千層酥(Feuilleté de Moules à la Provençale)、香芹蒜泥香煎花枝(Poêlées de Calamars en Persillade)和石斑魚排佐馬鈴薯(Pavé de Mérou sur sa Pomme de Terre Écrasée)，或是當地地中海盛產的名魚——海魴(Saint-Pierre)，都是值得試試的海鮮料理。

尼斯蔬菜派 Tourte aux blettes

尼斯在地的特色小吃，是使用一種用俗稱「火焰菜」的恭菜製作內餡，口感十分清爽。特別的是，這種派可以做成鹹食，也可以加糖做成甜派，做點心的時候有點甜鹹回甘的口感，風味相當特別。

羊奶乳酪Fromage de Chèvre

在一些餐廳，吃完主菜之後，服務生會推出擺滿各種乳酪的推車供你選用。其中羊奶乳酪品質極佳，如果你不怕那種腥羶濃郁的味道，不妨品嘗看看。這是羊奶自然發酵後濃縮形成的完美乳酪，可以切成薄片搭配葡萄酒直接吃，或是加上辣椒粉、葡萄乾、小茴香等食用。另外，普羅旺斯的綿羊乳酪(Fromage de Brebis)、藍黴乳酪(Fromage Moisi)也非常有名。

檸檬塔 Tarte aux Citrons

因為蔚藍海岸的柑橘類水果太精采，所以檸檬塔這道甜點也成為南法的經典之一。檸檬塔通常是以派餅作為餅皮，裡頭塞入濃郁的檸檬乳糊，味道不會太甜太膩，卻是一端出來的時候就能聞到它的芳香。

普羅旺斯粉紅酒 Vin Rosé

普羅旺斯的粉紅酒是一種粉紅色的葡萄酒，冰到沁涼飲用，是夏天最道地、最內行的佐餐飲料。酒精濃度約13%。

茴香酒 Pastis

這種以茴香調味的開胃酒，牛奶色的顏色和特殊的甜味，讓人一不小心就會喝上不少。由於它本身其實蠻烈的，味道又很重，因此一般人飲用多會加入冰塊或是半杯水來沖淡，南法人最喜歡一邊在廣場上玩滾鐵球，一邊享用這種開胃酒來助興。

隆河葡萄酒
Le vin de la vallée du Rhône

隆河流域是法國第二大葡萄酒產區，南法地區包括亞維儂、亞爾勒、歐紅桔等地都是重要產地，其中教皇新堡法定產區的葡萄酒，更是隆河酒款中的佼佼者。使用14種法定葡萄搭配釀造的隆河葡萄酒，具有酒體甜美果香富裕的特徵，無論紅酒白酒都十分適合佐餐。

開 車 不 喝 酒 ， 安 全 有 保 障

常見法文菜單關鍵字

類型	中文	法文
三餐	早餐	Petite Déjeuner
	午餐	Déjeuner
	晚餐	Dîner
前菜Entrée	松露	Truffe
	蘆筍	Asperge
	蘑菇	Champignon
	生野菜	Crudités
	鵝肝	Foie Gras d'Oie
	鴨肝	Foie Gras de Canard
	生蠔	Huître
	燻鮭魚	Saumon Fumé
	小蝦	Crevette
	螃蟹	Crabe
	蝸牛	Escargot
海鮮 Fruits De Mar	魚	Poisson
	鰻魚	Anguille
	鰈魚	Sole
	金槍魚	Thon
	鱈魚	Cabillaud
	鱒魚	Saumon
	梭鱸	Sandre
	紅皮金線魚	Rouget
	大螯蝦	Homard
	大龍蝦	Langouste
	馬賽魚湯	Bouillabaise
肉類Viande	雞肉	Poulet
	鴨肉	Canard
	酒燜雞肉	Coq Au Vin
	牛肉	Boeuf
	牛排	Bifeck
	小牛肉	Veau
	帶骨牛排	Côte de Veau
	菲力牛肉	Filet de Boeuf
	豬肉	Porc
	羊肉	Agneau
	羔羊腰肉排	Carré d'Agneau
	羊腿	Gigot d'Agneau
	兔肉	Lapin
點心Dessert	蛋糕	G âteau
	塔	Tarte
	冰淇淋	Glace
	奶油泡芙	Religieuse
水果Fruit	鳳梨	Ananas
	櫻桃	Cerise
	草莓	Fraise
	覆盆子	Framboise
	蘋果	Pomme
	檸檬	Citron
烹飪方式	自製	à la maison
	生的	Cru
	新鮮的	Frais
	煎	Poele
	蒸	à la vapeur
	煮	Bouilli

Best Buy in Southern France
南法好買

法國南部得天獨厚的自然環境孕育出不同於其他地方的物產，挾帶著陽光充足、蔬果富饒的優勢條件，法南出產最新鮮的果醬、最可口的甜點、最香醇的美酒，加上是優良的花卉生產地，並利用橄欖油、棕櫚油的當地原料，所製造年的薰衣草製品、香水、香皂，又都是送人自用都很適合的伴手禮；另外，到這裡別忘了買塊普羅旺斯印花布，帶回最原汁原味的田園風情。

香水Parfum

　　格拉斯位於地中海和阿爾卑斯山南坡之間，氣候非常適合製作名貴香水的花卉生長，如玫瑰、茉莉和紫羅蘭。從16世紀開始，格拉斯就是香水重鎮，因此，來這裡除了可以參觀香水坊，也可以買些香水和相關產品，把南法的香氣帶回家。

薰衣草產品
Lavender Produit

　　在夏季的時候，開滿普羅旺斯鄉間的紫色薰衣草，是南法地區最受歡迎的花草，因此不管是香皂、香水、還是薰香包，薰衣草通常是最快賣完的香味。

草本保養品
Soin de la Peau

　　成功打進台灣市場的歐舒丹(L'Occitane)，是國人耳熟能詳的沐浴、香氛品牌，主打萃取自普羅旺斯的天然花草香，另一個同樣引進台灣的Olives & Co.，則主打地中海橄欖製品，它除了香皂、乳液、護唇膏等用品外，還跨足橄欖相關食品。除了拜訪這些國際品牌的發源地，在普羅旺斯還有更多使用天然花卉香草做成的保養品牌，送禮自用都非常合適。

香皂 Savon

　　普羅旺斯和蔚藍海岸的大小市集或街上商店，都可以看到各種顏色和造型的香皂，不論是薰衣草、香草、玫瑰香味，都非常受到歡迎。而其中名氣最響亮的自然是馬賽肥皂(Savon de Marseille)，只以橄欖油或棕櫚油兩種原料製成，每塊含油量均高達72％，用起來保溼滋潤、自然舒適，從臉到腳都可以使用，而且不僅適合大人，連小嬰兒、小朋友用也不傷肌膚。

糖漬水果
Fruits Confits

　　主要以較堅硬的水果如蘋果、桃李、奇異果為主，其中Madeleine產的桃子、Corsican的橘子、馬賽的無花果、Serteau的洋梨、心型櫻桃、玫瑰杏仁及普羅旺斯的甜瓜製成。製作時將這些精挑細選的頂級水果去皮後浸在糖水之中，讓水果的水份被糖份所取代，然後便會呈現出晶瑩透明的光澤。

可利頌Calissons

　　呈圓菱船形的可利頌是艾克斯知名的特產，它以融和了40％的杏仁和60％的瓜果或桔子類的水果乾，再外覆糖霜製成，顏色淡黃有點像軟糖，吃起來則是更為軟Q不黏牙，並帶著杏仁和甜瓜的香氣，令人回味無窮。

果醬Confiture

　　以檸檬節聞名的蒙頓，除了檸檬塔，還有新鮮的水果果醬，最棒的當然還是首推以柑桔類作成的果醬，慕名前來採購。苦橘(Orange Amère)、三種柑桔(Trois Agrumes)、檸檬(Citron)是最歡迎的三種口味。

尼斯石頭Nice Stone

　　這指的不是真的石頭，可是尼斯特有的糖果，因為形狀酷似天使灣邊一顆顆石頭的尼斯巧克力，因而稱為尼斯石頭，雖然口味各自不同，有的是用桔子乾、咖啡當內餡，有的是裹白色糖粉的巧克力球，有的是漆上彩色糖衣的糖漬水果乾，但是形狀一定是尼斯的石頭狀。

籐籃Panier

　　在崇尚自然生活的南法，籐籃是居家必備的生活雜貨，每到陽光滿溢的周末，市集上總是能看到居民們人手一籃，逛市場、喝咖啡，簡單方便而不失優雅。市集和精品店中販賣著各種裝飾精美可愛的籐籃，有的用草編，有的則裝飾花布內襯，讓人愛不釋手。

牛軋糖Nougat

　　在蔚藍海岸一帶的城鎮，很流行一種法式牛軋糖，它包裹著碎杏仁、核桃或胡桃，吃起來香香甜甜的，而且外形也比較大塊，如果不買一包包直接裝好的，則可以到店裡指定所需分量切下來，再依重量秤重購買。

杏仁脆餅乾
Croquants Villaret

　　杏仁脆餅乾是尼姆的特色點心，它是一種以杏仁、檸檬和蜂蜜做成的手指狀餅乾，吃起來硬硬脆脆的，常讓人一口接一口無法停止。

陶器Poterie

陶器是南法生活不可或缺的必需品，裝飾橄欖花紋的美麗陶盤，手感厚實的陶杯，還有以陶瓷做成的門牌等，都是市集中常見的商品。南法人相信蟬會帶來好運，因此會在家中擺放五彩繽紛的陶蟬做裝飾，也成為了當地特產。此外許多陶藝家愛上南法的好天氣，落腳聖保羅、聖雷米、瓦洛希等小鎮設立工坊，在露天市集與街角的工作室中，很容易就能夠邂逅獨一無二的陶藝作品。

玻璃製品Verre

畢歐是製造歐洲玻璃工藝品的大本營，更有許多著名的玻璃工匠出身於此，像是的香精油瓶，大多產自本地。現在畢歐玻璃工廠每年生產10種顏色、200多種造型的玻璃製品，而號稱畢歐靈魂的「泡泡」玻璃杯，更成為他們自豪的專利。

滾鐵球Boules de Pétanque

在法國南部盛行的滾鐵球遊戲，受歡迎的程度就連下雨天也想在室內玩，於是在馬賽等地的紀念品店中，可以看到迷你版的滾鐵球，除了當地人可在家過癮外，也是遊客收藏當地風情的好伴手禮之一。

普羅旺斯印花布 Sud Étoffe

普羅旺斯花布雖然稱不上時尚流行，但對喜歡田園風的人來說，卻有著讓人難以抗拒的吸引力，特別是其明亮的顏色——向日葵的鵝黃、薰衣草的豔紫和地中海的湛藍，讓整個空間和視野跟著鮮活了起來。來到普羅旺斯，不妨挑些印花漂亮的衣服、餐巾、桌布和袋子吧！

普羅旺斯人偶 Santon

聖誕節時，普羅旺斯當地人喜歡在家以彩色小泥偶裝飾耶穌誕生等場景，他們大多穿著色彩鮮明的普羅旺斯傳統服飾，戴著鄉間的藤帽或是提著藤籃，女性服飾的花色大多是亮紅色或是鵝黃色，上有規則簡單的花紋。

Festivals in Southern France
全城瘋節慶

在度假天堂南法，一年到頭都有豐富的節慶活動，從歷史悠久的春之祭典尼斯嘉年華、世界藝術盛會亞維儂藝術節、眾星雲集的坎城影展，到其他城市舉辦的爵士音樂節、劇場藝術節、攝影展等，五花八門精彩紛呈的活動讓人目不暇給。

尼斯嘉年華
Carnaval de Nice

每年2~3月間，法國有些地方可能還下著瑞雪，南部地區卻已是陽光普照，尼斯居民甚至已換上性感華麗的衣服，以歡欣鼓舞的心情，迎接一年一度的嘉年華慶典。尼斯的嘉年華不但是法國最大的年度盛事，也名列全球最受矚目的三大嘉年華之一，很多人甚至是先聽過這個嘉年華，才對尼斯產生興趣與好感。

從遠離肉到狂歡

尼斯嘉年華起源甚早，最初開始於1294年的2月，當時是天主教徒在傳統的封齋節來臨前的40天所舉辦的盛大宴會活動，以迎接下來清心戒欲的日子，時間前後包括2個禮拜和3個週末。「Carnival」這個字源自義大利文「Carne Levare」，也就是「遠離肉」的意思，只是這個慶典活動最初僅限王宮貴族參與，直到18世紀開始，受到義大利威尼斯嘉年華的影響，這項活動才出現於尼斯民間，每逢嘉年華期間，大家換上奇裝異服、帶著面具在街上狂歡舞蹈，瘋狂製造與享受熱鬧的氣氛。

今日尼斯嘉年華的首次活動開始於1873年，之後除了因第一和第二次世界大戰、波斯灣戰爭停辦外，活動一年比一年盛大，後來演變成為全國，甚至是國際性的慶典活動，每年至少吸引120萬人的共襄盛舉，期間眾人可以不受拘束的縱情狂歡，展現南法人的熱情與快樂。

非常主題引燃話題

尼斯嘉年華每年都會設定不同的主題，讓所有活動圍繞著該題目發展，不過早期主題經常重覆，像從1873年連續9年和1888年皆是「小丑嘉年華」(Carnival en Polichinelle)，到了20世紀後才固定更換主題。近年來的話題有時環扣時事，例如2001年的「第三千禧年之王」(King of the Third Millenium)、2002年的「歐元國之王」(King of Euroland)、2005年「反常的氣候之王」(King of the Deranged Climate)。主題有時也和卡通活動漫結合，像是2008年的「蝙蝠王、大人物和其它假面鼠」(King of the Ratapignatas, Raminagrobis and Other Packs of Masked Rats)，讓大人、小孩都能同歡。而2019年的尼斯嘉年華，則以「電影之王」(Roi du Cinéma)為主題，世界知名的電影明星、話題大作，都成為遊行的矚目焦點。

歷時10多天的嘉年華並不是天天都有活動，它最重要的盛會是開幕晚會——迎接嘉年華之王(Arrival of His Majesty the King)、花車遊行(Flower Parade)、嘉年華遊行(Carnival Parade)、點燈遊行(Parade of Lights)，以及閉幕式——焚燒和煙花匯演(Incineration and Firework Display)，分別在3個週末和4個平日輪番舉行，其中除了開幕式和閉幕式是唯一一場，其他的都會重覆舉辦。

全民狂歡嘉年華

開幕晚會時，以17公尺高的「嘉年華之王」為嘉年華揭開序幕，人偶從亞伯一世花園(Jardin Albert 1er)走到主會場之一的瑪西納廣場，再由市長倒數宣告嘉年華正式展開。

接下來在週六、日的下午會各有一場花車遊行(Flower Parade)、「嘉年華遊行」(Carnival Parade)，夜晚則有一場點燈遊行(Parade of Lights)。其中花車遊行是尼斯嘉年華的重頭戲，由當年選出的年輕貌美的尼斯小姐，帶領共40組的表演團體和花車，在蔚藍海岸的英國人散步道展開遊行活動，每年的主題創意就會在這些花車遊行表演中展露無遺，而花車上的人也帶著燦爛的笑容，不斷向群眾拋出含羞草、玫瑰、百合等花卉，整個會場陷入一片花海，彷彿也正式將春天帶到尼斯。尼斯嘉年華和其他嘉年華的最大不同，也在於它徹徹底底是個全民活動，不論男女老少，甚至是2、3歲的小朋友，都有可能穿上特殊裝扮，成為遊行隊伍中的主角。

點燈遊行是尼斯嘉年華會的另一項高潮，這天晚上，「嘉年華之王」引領著巨型人偶在瑪西納廣場周邊展開遊行，這些人偶除了國王曾在開幕式亮相，其他在之前可是完全保密，直到當天才露面，再搭配著熱烈的搖滾音樂和聲光，讓整個城鎮頓時陷入瘋狂。整個嘉年華會在最後一個週日結束，當天晚上，「嘉年華之王」人偶會被帶至海邊燃燒，意謂明年將在「重生」，接著在繽紛燦爛的煙火當中，所有人相約明年再會。

坎城影展
Festival de Cannes

每年5月中旬舉辦的坎城影展，其構想源起於1939年，然而直到二次大戰結束後、1946年才首度舉行。最初只有當地藝術家以及居遊南法的名人參加影展，後來規模日益擴大，成為與柏林影展、威尼斯影展齊名的世界三大影展之一，在國際影壇具有重要影響力。

世界電影嘉年華

影展舉辦的5月中到6月初，是坎城最閃耀的季節，每年影展都吸引超過75個國家的電影、500家電視媒體、來自世界各國的記者和攝影師前來共赴盛會，在這段期間，交通總是進入癱瘓狀態，飯店也是在一年前就預約爆滿。坎城影展通常於星期三開幕、隔週星期天閉幕，為期約兩週的時間內大小試映會、競賽和宣傳活動不斷，記者的鎂光燈總是隨著巨星登場、以及各種電影派對而閃個不停。

象徵影展的金棕櫚

坎城影展的主要獎項有「金棕櫚獎」、「審查委員特別獎」、「最佳演技獎」、「最佳導演獎」，影展期間主要有6項活動，分別是「正式競賽」、「導演雙週」、「一種注視」、「影評人週」、「法國電影新貌」、「會外市場展」。期間除了影片競賽之外還會舉辦市場展，可說是全球影人的大型買賣市集。

最高獎項的象徵「金棕櫚」(Palme d'Or)採用於1955年，因為棕櫚是坎城的市徽，而美麗的金棕櫚葉更在80年代以後廣泛出現在各種宣傳媒體上，成為影展的代名詞。

蒙頓檸檬節
Fête du Citron

距離尼斯不遠處的蒙頓，幾乎和尼斯嘉年華同時間舉行盛大的慶典─蒙頓檸檬節。由於當地良好的氣候和環境讓蒙頓盛產檸檬和柑橘，1929年，一位飯店業者為了要歌頌上天賜給他們的黃色果實與慶祝豐收，便在Hôtel Rivera的花園舉辦了柑橘花卉展覽，沒想到大受好評，於是打從1934年開始，官方便於每年2月舉辦為期約2~3週的蒙頓檸檬節。

上天恩賜的金黃果實

每年的檸檬節期間，會吸引超過24萬人前來狂歡同樂，甚至連在英國的維多利亞女王都曾慕名前來，替這個平靜的小鎮帶來許多歡樂與榮耀。檸檬節年年主題不同，過去經常選定迪士尼童話故事或漫畫主角，如「丁丁歷險記」(Tintin)、「愛麗絲夢遊仙境」(Alice in Wonderland)，這幾年開始將焦點放在全世界，像是「西班牙與歐洲國家」(European Country with Spain)、「印度」(India)，2019年則以「奇幻世界」(des mondes fantastiques)為主題。

而當地居民也會在這段期間，用掉130噸以上的檸檬和柑橘，替這個節慶增色加分，它們或許成為家家戶戶門前的裝飾品，也可能是市集或路邊攤小販銷售的產品，再或是餐桌上不可或缺的精采配角。但最精采的，莫過於就在遊客服務中心對面的比歐維花園(Jardins Biovès)內的靜態展覽(Citrus Exhibition)，和在陽光大道(Promenade du Soleil)的花車遊行。

跟著檸檬遊行去

靜態展覽是在花園裡依序擺設了以一顆顆柑橘手工結紮而成的大型展覽物，呼應著相關主題，該展覽除平日白天開放外，週五晚上還會特別點燈展示。至於花車遊行則是檸檬節的重頭戲，3場固定在週日下午舉行的「金黃柑桔大遊行」(Corsos des fruits d'or)，數十個來自當地或國外的表演團體和觀眾，將蔚藍海岸的陽光大道擠到水洩不通，到處都是音樂和歡呼聲，整個小鎮頓時陷入一片歡樂氣氛當中。

雜耍藝人或樂儀團隊跟著柑橘、檸檬和花卉裝飾的花車上，或以性感迷人的服裝，或以熱情精采的表演，贏得無數的尖叫與掌聲，而整個大道上無數金黃色的柑桔在湛藍的海天一色下，更顯亮麗迷人。在同一地點的平日2個晚上，會特別舉辦夜光遊行(Corsos Nocturnes)，另外花園也會舉辦特別點燈活動(Jardins de Lumière)，炫目燈光和璀璨煙火讓蒙頓星空也顯得閃亮不凡。

蒙頓檸檬節INFO

地點：蒙頓的比歐維花園和陽光大道
電話：08 92 43 88 88
時間：每年約2月中旬舉行，為期約2~3週。
票價：座票全票€29、14歲以下€12，站票全票€16、6~12歲€8
免費：6歲以下兒童
網址：www.fete-du-citron.com
注意：購票可上官網或現場購買，相關資訊也可上官網或向蒙頓旅遊局服務中心洽詢。

©F.Olliver

亞維儂藝術節
Festival d'Avignon

每年7月上旬到8月初之間，亞維儂全城會變身為熱鬧非凡的展演場，國際第一流劇場工作者競演的亞維儂藝術節(Festival d'Avignon)以及更具實驗性與前衛演出的外亞維儂藝術節(Festival OFF Avignon)同時展開，成為每年世界劇壇一大盛事。

劇場新視界

亞維儂藝術節創始於1947年，法國劇場導演尚‧維拉(Jean Vilar)受邀在亞維儂教皇宮演出，他推出的三部劇作獲得廣大迴響，戲劇節遂從短期公演逐步擴大，到今日演變成表演工作者的年度盛會。

作為表演藝術的殿堂，來自世界各地的藝術家無不發揮創意，推出各種充滿實驗性的作品。藝術節活動分成「IN」和「OFF」兩種，被稱為「IN」的亞維儂藝術節由主辦單位邀請世界知名劇團，在教皇宮、歌劇院等各大公演場地演出。至於「OFF」的外亞維儂藝術節則是新進表演團體的發表空間，無論在街頭、小型劇場或咖啡廳，表演團體只要能夠租借到演出空間即可參與，這些團體的演出往往更自由大膽，發揮表演的無限可能性。

整座城市都是公演場

藝術節以教皇宮為主會場，教皇宮中庭設置超過2千個座席，演員在古老城牆與燈光襯托下，帶來各種身歷其境的演出，許多知名團體的壓軸戲碼就是在這裡上演。

包含外亞維儂，為期約3週的藝術節期間，大小演出共超過了300場。在教皇宮、歌劇院、修道院迴廊、隆河的船上……藝術家們以戲劇、舞蹈、演講、說唱甚至行為藝術等方式呈現，幾乎24小時不停歇。除了市區內處處都可以看到展覽、研討會、戲劇等，活動也延伸到近郊城鎮，整座城市籠罩在藝術嘉年華的氛圍中。

The Floral Journey
四季花旅行

薰衣草的迷人香氣瀰漫空中，燦爛的向日葵、白色嬌巧的橙花，以及玫瑰、蠟菊、含羞草，對南法的印象總是伴隨著花朵芬芳，彷彿鼻尖也縈繞著香氣。特別是普羅旺斯一年到頭花開不斷，明媚陽光下各色各樣的花朵為大地點綴燦爛色彩，跟隨著大自然的調色筆，走一趟五彩繽紛的花旅行吧！

薰衣草 *Lavande*

時間：6月底~7月底
地點：勾禾德(Gordes)、索村(Sault)、聖雷米(St-Rémy)

要說普羅旺斯的代表色彩，肯定是薰衣草的粉紫色。薰衣草是普羅旺斯重要的栽培作物，產區主要位於亞維儂、亞爾勒、艾克斯之間的山村。從6月底開始，薰衣草逐漸盛開，蔓延到地平線盡頭的薰衣草田，彷彿為大地鋪上紫色的絨毯，和青藍色的天空、成熟麥田與盛開向日葵，以及古樸農莊構成浪漫無比的田園風情畫。

薰衣草和普羅旺斯的生活息息相關，薰衣草有驅蟲、鎮定的效果，可舒緩和失眠或頭痛，安定神經。乾燥薰衣草做成香包，放置枕畔可以帶來一夜好眠，萃取精油還能做成各種香氛產品。

各地薰衣草產區串連成一條薰衣草之路，如果在花期造訪，可從亞維儂或亞爾勒、艾克斯出發，租車自駕悠遊於鄉野田間，或參加當地的薰衣草賞花團。比較有名的薰衣草景點，包括山城勾禾德週邊、以種植薰衣草有名的塞農克聖母修道院(Abbaye Notre-Dame de Sénanque)，以及擁有最大種植面積的索村(Sault)。另外位於聖雷米，梵谷曾經居住養病的聖保羅療養院(Saint-Paul de Mausole)也種植了大片薰衣草，療養院和薰衣草相互襯景，景色優美如畫。

杏花 *Fleur d'amande*

時間：2月底~3月中
地點：瓦朗索爾(Plateau De Valensole)、教皇新堡(Châteauneuf du Pape)、艾克斯(Aix-en-Provence)周邊

　　杏花是普羅旺斯的春日禮讚，每到3月氣溫回暖，各地杏仁樹一齊盛開綴滿樹梢，淡粉色的花朵嬌俏可愛，還散發出令人陶醉的蜜香，和櫻花、桃花相比有著不同的浪爛漫魅力。畫家梵谷(Vincent Van Gogh)旅居亞爾

勒與聖雷米時也曾經醉心於杏花之美，創作出名畫《盛開的杏花》(Almond blossom)，以藍天下生機盎然的杏花，作為祝賀弟弟西奧（Theodorus van Gogh）長子誕生的禮物。

　　在亞維儂和艾克斯附近的鄉村，很容易可以看見杏花芳蹤，其中海拔500公尺以上的瓦朗索爾是南法主要的杏仁產區，每到初春就會看見盛開的杏花連綴成淡粉色的花海。在普羅旺斯重要的葡萄酒產區教皇新堡，從高低起伏的丘陵地眺望，也可以欣賞點綴在綿延的葡萄園中，杏花滿開的美景。

玫瑰 *Ros*

時間：5月
地點：格拉斯(Grasse)、摩納哥(Monaco)

　　在香氛的國度普羅旺斯，花朵之王玫瑰是重要的香精原料。世界上知名產區如土耳其、大馬士革、匈牙利都是重要玫瑰產區，但是沒有一款如格拉斯特產五月玫瑰(Rose de Mai)那麼特別，這種生產於格拉斯山區的品種是唯一在五月綻放的玫瑰花，產量少而香味細膩，必須在清晨採摘，24小時之內蒸餾萃取。大名鼎鼎的Dior花漾迪奧與香奈兒N°5，其香氣的祕密就是源自於此。

　　五月造訪格拉斯，在周遭山區或國際香水博物館等花園別墅中，可以一親玫瑰的嬌妍芳澤。另外在摩納哥的葛莉絲凱莉王妃玫瑰花園內，也種植了數千株各種類的玫瑰花，欣賞玫瑰的同時也回憶起王妃的優雅風範。

向日葵 *Tournesol*

時間：6月底~7月底
地點：亞爾勒(Arles)

　　在盛夏擁抱陽光恣意盛開的向日葵，彷彿一顆顆明媚的小太陽，在南法田園合唱著歡騰的夏日交響曲。時序進入炎熱7月以後，南法各地鄉村都可看到向日葵蹤影，尤其在普羅旺斯，迎風搖曳的向日葵與陽光、麥浪共舞，一望無際的燦爛金黃充滿視覺震撼力。

　　分散各地的賞花景點中，以羅馬古城亞爾勒周遭的田園山村最受歡迎，彼時向日葵和薰衣草同時盛開，如果幸運的話，可以同時欣賞紫色薰衣草與艷黃色向日葵在大地的撞色演出。

含羞草 *Mimosa*

時間：1月底~3月初
地點：蔚藍海岸沿線、格拉斯(Grasse)

　　如果紫色薰衣草是普羅旺斯的代表花卉，那麼來到碧海青天的蔚藍海岸，2月初春綻放的含羞草，想必就是蔚藍海岸的最佳代表。

　　雖然被稱為含羞草，但這種每逢冬末春初便會滿樹綻放艷黃花朵的樹種，和我們一般所認知樹葉會合起來的品種有所不同，正確來說它是屬於含羞草科的銀葉金合歡，上個世紀有人從澳洲引進南法種植，從此含羞草變成為了蔚藍海岸的代表花卉。含羞草有種蘊含草本的特殊清香，是作為香氛的重要原料，除了蔚藍海岸，格拉斯附近山區也是主要產區，以含羞草萃取釀製的花蜜、香水、香氛精油等，都是遊覽南法的必買產品。

　　滿樹盈黃隨著海風搖曳的含羞草，彷彿宣告著冬盡春來，2月底蔚藍海岸的納普勒(Mandelieu La Napoule)會舉辦含羞草嘉年華，而在尼斯嘉年華，含羞草也是裝飾要角，不僅街道上、商店內到處插著鮮花，百花遊行中還會向民眾丟撒含羞草，熱鬧迎接春日。

　　觀賞含羞草可與蔚藍海岸的兜風路線結合，當地觀光

局推薦一條從博爾默勒米莫薩(Bormes-les-Mimosa)到香水之城格拉斯的蔚藍海岸含羞草路線(Route du Mimosa sur la Côte d'Azur)，沿著曲折的海岸線欣賞海天一色，山坡上爆發的黃色含羞草花渲染視野，與湛藍海洋相互借景，讓人心曠神怡。

Open Markets in Southern France
南法市集巡禮

盛開的鮮花，農家清晨的鮮採蔬果，還有各式各樣的美食和雜貨，普羅旺斯的露天市集充滿著陽光的味道、山區的氣息，整個南法最鮮豔的顏色、最濃郁的香味、最有活力的景色都在這裡。

歐紅桔
Orange

交通：從遊客服務中心步行約3~5分鐘
時間：週四及週日8:00~12:30

　　每週四的熱鬧市集中在Rue de la République上，上百家的小販擺出各式各樣的商品，從蔬果、魚肉、熟食、香料、起士、衣服到裝飾品、玩具應有盡有，令人眼花撩亂。因為歐紅桔不算大都市，物價相形之下便宜很多，不妨選購一些伴手或戰利品。週日另有一個小市集，位於Place Bruey上。

其他必訪市集

卡瓦永（Cavaillon）：4~9月每週三、週四16:30~19:00，南法少數於傍晚開市的農夫市集，週三還會有餐車出沒。

盧馬蘭（Lourmarin）：每週五上午，在舊城中心林蔭道上舉辦的雜貨市集。4~10月每週二17:00~20:30於La Fruitière Numérique則有農夫市集。

勾禾德（Gordes）：每週二及12~3月的週六上午，當地農家和工坊會將自家生產的蔬果、果醬、糖果等在舊城區販賣。

聖雷米（St-Rémy）：每週三和週六上午在舊城區共和廣場（Place de la Republique）舉行。6~9月的週二晚上則有藝術市集（Marché des Créateurs），集結了許多當地藝術家的創作。

卡爾龐特哈（Carpentras）：11~3月每週五早上8:00在遊客中心前有松露市集，這裡可以看到當地商家用傳統桿秤秤重，而且只限現金交易。

亞爾勒
Arles

交通：從遊客服務中心步行約3分鐘
時間：週三及週六8:30~12:30

　　有機會千萬別錯過亞爾勒的市集活動，可以見識當地居民最生活化的一面。每週六上午，從Blvd. des Lices一路到Blvd. Georges Clémenceau，可以看到上百個攤販集合於此，這是普羅旺斯境內最「長」的市集，全長約2公里。賣的東西從水果、蔬菜、香料、橄欖到衣服、鞋子、繪畫等五花八門，這裡的小販也保有南法人的熱情與友善，他們歡迎你免費的參觀或試吃，即使交易不成笑容仍在。每週三上午在Blvd. Emile Combes上亦有市集，但規模較小，賣的商品也以食物和服飾為主。

　　每月的第一個週三在Boulevard des Lices有跳蚤市集，集結了豐富寶藏的商家，從古董傢俱、畫作、二手書、明信片，到各種小飾品、珠寶、舊布料等應有盡有。

尼姆
Nîmes

交通：從遊客服務中心步行約3~5分鐘
時間：週一至週六7:00~13:00、週日及國定假日7:00~13:30，遇部份特殊活動或節慶會調整時間。

　　這座啟用於1885年的圓頂市場（Les Halles），是當地最大的室內市集，每天早上，當地居民便會來這裡購買各種食材，各家攤販不論是賣蔬果、海鮮、乳酪、麵包、醬料、甜點或熟食的，生意都很好，其中有一種稱做Caladons的杏仁蜂蜜餅乾，是尼姆的特產，在許多甜點店面都可以買得到。La Crémerie des Abeilles的甜點、餅乾，Olives Daniel的奶油鱈魚醬（Brandade de Morue）都是值得花點時間排隊的人氣商品。

艾克斯
Aix-en-Provence

交通：從遊客服務中心步行約3~10分鐘

時間：Place Richelme市集每日8:00~13:00；Place des Prêcheurs市集每周二、四、六、日8:00~13:00。

艾克斯是普羅旺斯最早的市集城市，最大的市集位於Place Richelme上，歷史已超過好幾世紀，每天早上一開市，攤位上擺滿當地盛產的蔬果、特產，依季節不同帶來繽紛多變的時鮮美味，橄欖油、大蒜、蜂蜜、羊奶起士、薰衣草、桃子、檸檬，即使只逛不買，也令人覺得心滿意足。另一個市集則位於Place des Prêcheurs，逢週二、四、六早上開市，到了週日則成了花市。

索格島
L'Isle sur la Sorgue

交通：從遊客服務中心步行約3~5分鐘

時間：週四及週日7:00~13:00(1/1和12/25休市)

索格島被譽為法國的二手商品、古董和設計之都，這座有著流水和水車的小鎮，每週四在舊城區都會舉行露天市集，另外週日則是普羅旺斯最知名的古董市，販賣各種老件和生活雜貨。每年8月的第一個週日農夫市集會搬到水上，當地人穿著傳統服裝、坐在索格島傳統船隻 Nègo Chin上，是南法獨一無二的市集。

Artists in Southern France
追隨藝術家的足跡

南法是藝術家鍾愛的靈感泉源，更是孕育出印象派的搖籃。優美的自然風光、變換閃爍的太陽光影讓畫家們流連忘返，從19世紀到20世紀中期，舉凡塞尚、梵谷、畢卡索等畫家都曾在此居住，留下一幅幅感動人心的鉅作。

保羅・塞尚
Paul Cézanne, 1839~1906

地點：艾克斯、聖維克多山

保羅・塞尚1839年出生於艾克斯舊城區，受銀行家父親栽培攻讀法律的他並沒有照著父親的期望走，休學前往巴黎學畫。後來回到家鄉四處寫生作畫，突破過去西方繪畫追求真實性的風格，轉而表現自我和形式美感，成為各種當代繪畫流派的開路先鋒。塞尚在艾克斯成長，並度過創作黃金期，往昔寫生與生活的足跡被規畫成塞尚之路(La Route Cezanne)，而畫作中多次出現的聖維克多山，也成了遊客造訪的景點。

保皮耶・奧古斯特・雷諾瓦
Pierre-Auguste Renoir, 1841~1919

地點：卡納須梅

當代印象派大師雷諾瓦以蕩漾光影，洋溢著甜美氣氛的人物畫馳名於世，他在1907年來到雷諾瓦市郊的寇蕾特(Collettes)別墅中，在妻子愛琳(Aline)和三個兒子的陪伴下，度過人生最後的時期。

熱愛大自然的雷諾瓦，在被老橄欖樹林包圍，種植了各種柑橘和花卉的莊園別墅中盡情作畫，儘管飽受手濕之苦，他依舊在攙扶下到庭院寫生，甚至晚年右手幾乎無法持筆時，更將畫筆綁在手上，在輪椅上繼續作畫，直到他1919年12月3日過世的前一天。

文森·梵谷
Vincent van Gogh,1853~1890

地點：亞爾勒、聖雷米

　　梵谷在1888年來到亞爾勒居住，雖然只有短短1年，卻是他人生中最豐富多彩的創作高峰，他在此完成的油畫高達200多幅，從他寫給弟弟西奧的信件中，可看出他對南法的由衷熱愛。熱鬧溫暖的南法風情激起梵谷雀躍豐盛的靈感，也吸引好友高更也來此停留，然而雙方卻因為理念不合而爭吵不休，最後梵谷割下一隻耳朵送給了在妓院打工的年輕女僕，高更遠走南法從此決絕。而後梵谷移居至聖雷米的精神療養院，直到生命結束的前一年。

巴布羅·畢卡索
Pablo Picasso,1881~1973

地點：艾克斯、聖維克多山

　　保羅·塞尚1839年出生於艾克斯舊城區，受銀行家父親栽培攻讀法律的他並沒有照著父親的期望走，休學前往巴黎學畫。後來回到家鄉四處寫生作畫，突破過去西方繪畫追求真實性的風格，轉而表現自我和形式美感，成為各種當代繪畫流派的開路先鋒。塞尚在艾克斯成長，並度過創作黃金期，往昔寫生與生活的足跡被規畫成塞尚之路(La Route Cezanne)，而畫作中多次出現的聖維克多山，也成了遊客造訪的景點。

分區導覽
Area Guide

How to Explore Southern France
如何玩南法各地

諾曼第、皮卡迪和北部
Normandie, Picardie et Nord
盧昂Rouen
聖米歇爾山
Mont Saint-Michel
巴黎
Paris
漢斯Reims
亞爾薩斯和洛林及香檳亞丁區
Alsace, Lorraine et Champagne-Ardenne
史特拉斯堡
Strasbourg
布列塔尼
Bretagne
漢斯Rennes
巴黎及大巴黎地區
Paris et Ile-de-France
科瑪
Colmar
坎佩Quimper
奧爾良Orléans
第戎Dijon
伯恩Beaune
羅亞爾河谷地
Vallée de la Loire
南特Nante
勃艮第
Bourgogne
利摩日
Limoge
克雷蒙費朗
Clermont-Ferrand
大西洋海岸
Atlantique
利穆贊和奧維涅
Limousin et Auvergne
里昂
Lyon
安錫
Annecy
夏慕尼
Chamonix
波爾多
Bordeaux
聖艾米里翁
St-Emilion
隆河─阿爾卑斯
Rhône-Alpes
普羅旺斯
Provence
庇里牛斯和朗格多克
Pyrénées et Languedoc-Roussillon
土魯斯Toulouse
亞維儂
Avignon
尼姆Nîmes
亞爾勒Arles
馬賽Marseille
摩納哥Monaco
坎城Cannes
尼斯Nice
蔚藍海岸Côte d'Azur
卡爾卡頌Carcassonne

亞維儂Avignon

　　這裡是普羅旺斯最熱鬧的城市之一，同時也是歐洲的藝術文化重鎮，歷經600年歷史的古老城牆緊緊環抱著整座亞維儂城，牆外則是淵源流長的隆河(Le Rhône)。14世紀時羅馬教廷分裂，亞維儂成為教皇駐地，直到15世紀初才結束分立局面。歷屆教皇和反教皇將原有主教的府邸改建成教皇宮，雄偉建築成為普羅旺斯的代表地標。從教皇廣場可欣賞教皇宮和聖母院外觀，而當地最知名的景點均位於附近，因此總是遊客如織。

亞爾勒Arles

　　在古羅馬時期，亞爾勒便是這一帶的重鎮，眾多保存至今的羅馬時代遺跡，此外，這個小鎮更因19世紀時梵谷的造訪而發光發熱。亞爾勒的羅馬競技場可說是普羅旺斯保留得最完整的羅馬遺跡之一，由兩層樓、50座拱門形成，可容納2萬多人觀看，攀上最高樓層，可以俯瞰整個亞爾勒的市容。梵谷紀念藝廊就位於場旁的小巷裡，外觀和一般公寓沒有兩樣，裡頭收藏了世界各地藝術家向梵谷致敬的作品。

馬賽Marseille

　　馬賽是法國第二大城，也是最主要的港口。這座面對地中海的天然良港早在希臘時代便開始發展船運，停滿船舶的舊港區是城市中心，熱鬧狹窄的18世紀巷道與拜占庭式的雍容建築圍繞，讓馬賽瀰漫著雜亂而優雅的獨特美感。

　　在舊港區之外，不要錯過新落成的歐洲和地中海文明博物館，這個將昔日聖貞堡壘改建並在對面另建J4建築的博物館，是馬賽目前最引以為傲的地標，光是建築本身就美得讓人驚嘆。

摩納哥Monaco

　　位於法國臨地中海岸東邊的摩納哥，擁有高低起伏的地勢和許多壯麗的海峽，儘管面積只有1.95平方公里，卻是全球國民所得最高的國家，舉世聞名的一級方程式賽車，是當地享譽國際的年度盛事。無論你賭博與否，都應該走一趟蒙地卡羅大賭場，欣賞它金碧輝煌的內部裝飾，1878年出自巴黎歌劇院建築師迦尼葉(Charles Garnier)的設計，讓人幾乎以為置身皇宮，收藏了美好年代最動人的風情。

坎城Cannes

　　蔚藍海岸最耀眼的一顆珍珠——坎城。海岸線私人沙灘、高級餐廳與飯店雲集，呈現比尼斯更為豪華絢爛的氣氛。每年初夏在節慶宮舉辦的坎城影展，讓這片濱海度假城眾星雲集，成為全球矚目的焦點。除了漫步在濱海的小十字大道上體驗上流度假風情，也可以沿坎城舊港走入舊城區，穿梭於蜿蜒的巷弄間，感受石板路的魅力，一探城市在輝煌星光背後原始的生活風貌。

尼斯Nice

　　尼斯是法國第五大城市，從19世紀維多利亞時代開始，因終年氣候和煦且海水潔淨湛藍，使得尼斯一直是最受歐洲貴族歡迎的度假地。雖然以濱海度假勝地著稱，尼斯卻擁有兩座聞名全球的美術館—馬諦斯博物館和夏卡爾博物館，這兩位20世紀的現代藝術大師，都被尼斯澄澈的天空和海水所深深吸引，而蔚藍海岸所象徵的狂放、自由以及不受拘束的天堂情境，一一重現於他們的畫作中。

普羅旺斯

Provence

文／墨刻編輯部　圖／墨刻攝影組

多年前，當外國人對這個地方還感到十分陌生時，英國作家彼得·梅爾(Peter Mayle)卻發現了這片人間仙境，並且以《山居歲月》一書描述有關它美好的一切，從此大家被這裡的舒適氣候、溫暖人情以及悠閒生活深深感動，全球也掀起一股「普羅旺斯熱」。

每到薰衣草花開時節，遊人徜徉紫色花海，浪漫氣氛無與倫比，不過同樣吸睛的，是此區過去曾是古羅馬的行省，迄今留下許多珍貴的歷史古蹟，值得細細造訪。梵谷和塞尚這兩位印象派大師，也在這裡創作出精采的藝術作品，不妨跟隨他們的足跡，感染藝文氣息。就算撇開這些不談，普羅旺斯的田園料理、節慶活動和風土民情，也同樣讓人不經意地深深愛上。如果旅行是想體驗意想不到的生活，那麼選擇普羅旺斯準沒錯！

普羅旺斯地區

普羅旺斯之最Top Highlights of Provence

塞農克修道院
Abbaye Notre-Dame de Sénanque
塞農克修道院為法國最美的修道院之一，一望無際的薰衣草花田和白色修道院，更是普羅旺斯的經典畫面。(P.92)

魯西永Rousillon
魯西永所在之處是全球最大的赭石礦(ochre)蘊藏地，因紅赭石景觀而被稱為「紅土城」，其天然的紅黃色也吸引了許多藝術家前來購買石礦用以製作調色原料。(P.91)

教皇宮Palais de Papes
亞維儂曾經是教廷的所在地，為了匹配教皇的權力地位，教皇宮修建得氣派又華麗，是亞維儂最熱門的景點。(P.69)

聖雷米St-Rémy
聖雷米擁有普羅旺斯招牌的田野風光，瀰漫著樸實又安逸的氣息，吸引了梵谷從亞爾勒移居此地，也因此造就了聖雷米濃濃的藝術氛圍。(P.100)

守護聖母院
Notre-Dame de la Garde
聖母院的位置在馬賽的制高點，可以俯瞰整個港口和城區，是馬賽最不可錯過的美景。(P.158)

嘉德水道橋
Pont du Gard
外觀優雅的嘉德水道橋興建於西元前45年，是古羅馬水道橋中最高的一座，由上中下三層共49座圓拱組成。(P.130)

● 亞維儂

亞維儂
Avignon

文 ● 墨刻編輯部
攝影 ● 墨刻攝影組

亞維儂是普羅旺斯最熱鬧的城市之一，同時也是歐洲的藝術文化重鎮。一出火車站，看到亞維儂的第一個印象，是長約5公里的古城牆，雖然牆的高度僅有從前的一半，依舊緊緊環抱著整座亞維儂城，這片城牆大部份興建於14世紀，城牆外則是淵源流長的隆河(Le Rhône)。

在這個充滿著古老氣息的城鎮中，許多建築、古蹟、教堂、鐘樓、博物館隱身於巷弄裡，非常適合以散步的方式細細品味其歷史況味，因此亞維儂觀光局特別規畫出45分鐘到2小時不等的4條漫步路線，讓你可以用最短的時間與過往的光輝歷史展開近距離的接觸。除此之外，亞維儂周邊還有不少精采的延伸旅遊點，特別是位於東邊一整片布滿薰衣草、葡萄園與石灰岩的山區，展現了普羅旺斯典型的田園風光，同時也保存了豐富的中世紀建築遺跡。

INFO

如何前往

◎火車

從巴黎里昂火車站(Gare de Lyon)搭TGV直達火車於亞維儂TGV站(Avignon TGV)站下，車程約2小時40分鐘，每小時約1~2班。或從巴黎里昂火車站(Gare de Lyon)搭火車經里昂(Lyon)轉車，亞維儂TGV站(Avignon TGV)下，全程約3.5小時，每日10班以上。

從馬賽火車站(Marseille-St-Charles)搭TGV或TER直達火車於亞維儂TGV站(Avignon TGV)或亞維儂市中心站(Avignon Centre)下，車程分別為約30分鐘和約2小時，每小時皆約1~3班。。

從坎城(Cannes)或尼斯火車站(Nice Ville)搭TGV直達火車於亞維儂TGV站(Avignon TGV)站下，車程分別約2.5~3小時和約3~3.5小時，皆約每1~2小時一班。

班次、時刻表及票價可上網或至火車站查詢，車票可上網、至火車站櫃台購買，或先在台灣向飛達旅遊購買法國火車通行證(France Rail Pass)。

飛達旅遊
- 台北市中山區南京東路三段168號10樓之6
- (02) 8161-3456分機2
- 線上客服：@gobytrain
- www.gobytrain.com.tw

法國國鐵
- www.sncf.com

◎巴士

亞維儂和周邊城鎮均有巴士往來，從尼姆(Nîmes)車程約1.5小時、從歐紅桔(Orange)車程約1小時、從艾克斯(Aix-en-Provence)車程約1.5小時、從馬賽(Marseille)車程約2小時(需轉乘1次)。班次、時刻表及票價可上網查詢。

亞維儂巴士總站PEM Gare Routière
- 5 Avenue Monclar 84000 Avignon
- www.pemavignon.fr

火車站、巴士站至市區交通

◎從火車站到市區

亞維儂有兩個火車站，一個位於市區的亞維儂市區火車站(Avignon Centre)，出火車站後往前走即進入市區；另一是亞維儂TGV火車站(Avignon TGV)，距離市區約6公里，可搭TER火車往返，車程約5分鐘，約每30分鐘一班。

◎從巴士總站到市區

亞維儂巴士總站(PEM Gare Routière)位於市區火車站旁，下車後步行約2分鐘即達市區。

市區交通

◎步行

大部分景點皆步行可達，市內可搭乘ORIZO經營的巴士聯絡市區各景點。另外也有免費接駁車Orizo BAL – Baladine環繞亞維儂市區，可下載官方app查看班次。

亞維儂大眾交通運輸公司ORIZO
- 單程票€1.4、10張套票€10、一日券€3.5
- www.orizo.fr

旅遊諮詢

◎亞維儂遊客服務中心Office de Tourisme Avignon
- 從亞維儂市區火車站步行約4分鐘
- 41 Cours Jean Jaurès, 84000 Avignon

☎04 32 74 32 74
⏰9~6月週一至週六9:00~18:00、週日及國定假日10:00~17:00，7月9:00~19:00，8月9:00~18:00
🚫1/1、12/25
🌐avignon-tourisme.com

優惠票券

◎亞維儂護照Avignon City Pass
　分為24小時、48小時兩種，在有效限期內憑票可免費參觀亞維儂境內，包括教皇宮等景點和博物館、美術館，以及多種導遊導覽行程。可上網或至遊客服務中心購買。
☎04 32 74 32 74
💲24小時€24、48小時€32
🌐avignon-citypass.com/lang/en

◎沃克呂茲普羅旺斯護照Vaucluse Provence Pass
　分為2日券、3日券和5日券，在有效限期內憑票可免費參觀包括亞維儂與周遭城鎮，共40個景點和博物館、美術館，以及多種導遊導覽行程。
☎06 68 12 95 39
💲2日券€30、3日券€37、5日券€50
🌐vaucluse-provence-pass.com

觀光行程

　當地旅行團的觀光導覽包含觀光巴士、特殊主題的徒步行程等。包括到鄰近城市的賞花一日行程，以及隆河酒區的品酒之旅，隆河遊船行程等。其中以周遊市區主要景點的雙層觀光巴士最受歡迎，此外當地旅行社還推出復古造型的陸上觀光小火車，帶著旅客暢

遊教皇宮等市區內的世界遺產。

◎觀光小火車與巴士VISITE AVIGNON by Lieutaud
🚂觀光小火車從教皇宮前廣場上車。觀光巴士車站從亞維儂遊客服務中心徒步約1分。
📍40, Cours Jean Jaurès 84000 Avignon
☎06 10 32 85 24
⏰觀光小火車10:00~18:00(7~8月19:00)，觀光巴士4~10月10:00~16:00
💲觀光小火車全票€9.5、4~12歲€6，觀光巴士全票€12、4~12歲€6，火車＋巴士聯票全票€18、4~12歲€10。可在網上預約購票，亦可在教皇宮前廣場購票。
🌐visiteavignon.com

◎隆河遊船Les Grands Bateaux de Provence
🚶從遊客服務中心步行前往約8~10分鐘可達
📍Allées de l'Oulle 84000 Avignon
☎04 90 85 62 25
⏰巡遊隆河(Promenade en bateau)7~8月每日10:30、15:00、16:30、18:00，5月、6月、9月週六至週日10:30、14:15、15:30；其他行程視目的地而異，確切時刻表逕向官網查詢
💲巡遊隆河13~64歲€13、4~12歲€7，滿15人即可出發；其他行程視套餐和目的地而異，每人約€25~79
🌐bateauxdeprovence.fr

　Les Grands Bateaux de Provence是一家位於亞維儂的遊船公司，提供多種巡遊隆河的行程，包括亞維儂當地的教皇巡遊(Croisières des Papes)，沿途經聖貝內澤橋、岩石公園(Rocher des Doms)和教皇宮(Palais des Papes)，再掉頭經過隆河對岸的亞維儂新城(Villeneuve-lez-Avignon)，最後返回亞維儂，全程約2小時。其他還有前往亞爾勒等附近城鎮的行程，行程包括午餐和晚餐，餐點同樣有多種套餐可供選擇。

城市概略 City Guideline

　亞維儂舊城區被雄偉的城牆包圍，高聳的教皇宮是最主要的地標，重要景點圍繞著教皇宮，徒步即可參觀。走出亞維儂中央車站，首先會看到入口城門共和國主門。共和國大道(Rue de la République)從城門往北延伸，在盡頭穿越到市政廳和歌劇院所在的鐘樓廣場(Place de L'Horloge) 往北走，教皇宮的樓閣以及頂著金色聖母像的聖母大教堂就在眼前。亞維儂周遭有許多賞花景點和優美山城。通常遊客會安排一天在舊城區，另一天走訪附近小城和歷史遺跡。

地圖標註：

亞維儂

聖貝內澤橋 Le Pont Saint-Bénézet
隆河渡船
隆河 Le Rhône
岩石公園 Rocher des Doms
音樂藝術學院 Conservatoire de Musique
教皇宮 Palais des Papes(教皇宮葡萄酒精品店 La Bouteillerie du Palais des Papes)
Pure Lavande
小皇宮美術館 Musée du Petit Palais
教皇廣場 Place du Palais
聖母院 Cathédrale Norte-Dame des Doms
Pont Daladier
歐洲飯店 Hôtel d'Europe Place Crillon
乘船處 Les Croisières Mireio
Souleiado
Le Carré du Palais Avignon
Hôtel Mercure Cité des Papes
瑪瑞達飯店 La Mirande
Restaurant Sevin
Mercure Avignon Centre Palais des Papes
Hôtel Médiéval
La Tropezienne
鐘樓廣場 Place de l'Horloge
Place Carnot
聖皮耶教堂 Église S-Pierre
路易斯沃蘭博物館 Musée Louis Vouland
市政廳 Hôtel de Ville
La Cure Gourmande
Porte St. Dominique
卡爾維博物館 Musée Calvet
Les Délices du Luberon
大市場 Les Halles
安格洛美術館 Musée Angladon
Hôtel d'Angleterre
朗貝爾藝術館 Collection Lambert
亞維儂藝術節售票處
L'Agape
遊客服務中心 Rue Henri-Fabre
往亞維儂TGV車站
TGV 巴士站
Novotel Avignon Centre
共和國主城門 Porte de la République
亞維儂市區火車站
Provence Panorama

圖例
景點 廣場 博物館 巴士站 旅客服務中心 公園 購物 飯店
餐廳 教堂 乘船處 火車站 政府機關 碉堡 學校 教堂

亞維儂行程建議
Itineraries in Avignon

如果你有1~2天

以教皇廣場為出發點，主要景點如教皇宮、聖貝內澤橋、小皇宮美術館等都在徒步可達的距離，可以先參觀主要景點，有體力的話再走到岩石公園居高臨下欣賞亞維儂全景。搭乘隆河遊船從不同角度欣賞古城，也是不錯的遊覽方式。

如果你有3~5或更多天

亞維儂市普羅旺斯地區的中心城市，以亞維儂為據點，搭乘火車或巴士可以輕鬆遊覽周遭富有特色的山城。另外時間寬裕的話，不要錯過亞維儂市場，寬敞的市內市場可說是普羅旺斯的廚房，普羅旺斯的美食和必買特產可在此一網打盡。

亞維儂散步路線
Walking Route in Avignon

亞維儂散步路線圖

　　亞維儂主要景點皆步行可達，而且隱身在小巷街道中的建築、古蹟、教堂、鐘樓、博物館非常多，最適合徒步拜訪。以市區火車站為出發點，從❶**共和國主城門**進入亞維儂城以前，先看看興建於14世紀、長5公里的城牆，接著沿著Cours Jean Jaurès和共和國路前進，在這條亞維儂的主要大街上，林立著商店、咖啡館、餐廳和超市，氣氛相當熱鬧，直到四周林立著市政廳、歌劇院等建築的❷**鐘樓廣場**，都是感受當地居民生活脈動的好地方。

　　繼續前行來到❸**教皇廣場**，站在廣場上先欣賞聖母院和教皇宮氣勢恢宏的外觀後，進入❹**教皇宮**參觀，藉由廳房、壁畫和掛毯認識這座城鎮過往教皇統治的歷史。從教皇宮出來後，沿著右側的斜坡路往上走，抵達興建於12世紀的❺**聖母院**，欣賞教堂頂端優雅的金色聖母像，接著再往山坡上走，來到❻**岩石公園**，欣賞360度的亞維儂全景視野，包括近距離的舊市區、隆河對岸的維爾紐和更遠一點的沃克呂茲高原，城鎮風情和自然風光在一瞬間盡收眼底，令人嘆為觀止。

　　沿著城牆而走，城牆外便是隆河和聖貝內澤橋，雖然此橋部分因水患已遭毀壞，但無損其歷史價值。參訪❼**聖貝內澤橋**後，重返教皇廣場，進入❽**小皇宮美術館**參觀，欣賞裡頭精采的義大利畫作。

距離：約2公里

所需時間：3~4小時

亞維儂中心區Central Avignon

MAP ▶ P.67B2

教皇宮

MOOK Choice

Palais de Papes

見證曾有兩位教皇歷史

⊙從遊客服務中心步行約10分鐘 ⊙Place du Palais, 84000 Avignon ☎04 32 74 32 74 (亞維儂觀光局) ◐1月10:00~17:00、2月10:00~18:00、3~10月9:00~19:00、11~12月10:00~17:00(12月底至18:00)，閉館前1小時最後入場 ⑤教皇宮全票€12、8~17歲€6.5，花園€5，教皇宮+花園／聖貝內澤橋套票全票€14.5、8~17歲€8，教皇宮+花園+聖貝內澤橋套票全票€17、8~17歲€9.5；持亞維儂護照免費 ⊙www.palais-des-papes.com

欣賞亞維儂城最佳的位置在隆河(Le Rhône)對岸，而矗立於古城頂端的正是教皇宮，以一種君臨天下的姿態俯瞰其轄區。

西元1309年間，教皇克雷蒙五世(Clement V)因為派系鬥爭而出走羅馬梵諦岡，選定亞維儂為駐地，直至1377年教皇才遷回梵諦岡，然而卻因若干主教不服，仍在亞維儂推舉出「反教皇」(Anti-Papes)，並繼續行使教皇職權，直到1417年，這之間又產生了兩位反教皇。

普羅旺斯… 亞 維儂 Avignon

教皇宮實境導覽

教皇宮推出新型態的互動式實境導覽。門票費用包含一台Histopad導覽機，內建GPS功能可以顯示所在位置，隨時聽取多國語言解說。在教皇寢宮、宴會廳等主要房間設有掃描區，只要將鏡頭靠近，即可360度實境重現過去教皇宮的裝潢擺設，搭配音樂和背景音，感覺就像是回到中古世紀，格外身歷情境。導覽機有豐富的互動功能，可以自由探索中世的教會生活，以及主教相關的種種小知識，還有找金幣的小遊戲等，讓遊客以更生動有趣的方式認識教皇宮。

歷屆教皇和反教皇將原有主教的府邸改建成教皇宮，內部極度豪華奢靡，外圍以宏偉的城樓作為防禦，並以重兵駐守，儼然皇宮的氣派，10座塔樓雄據宮殿四周，看管著占地廣達15,000平方公尺的面積。

然而在法國大革命期間，內部擺設幾乎被洗劫一空，如今儘管內部已不復見當年的奢華，然而從寬闊、挑高的會議廳與精雕細琢的教皇臥室天花板，依稀可想見當年的冠蓋雲集。因為如此獨特的歷史背景，教皇宮已於1995年列為世界文化遺產之一。

聖約翰禮拜堂Chapelle Saint-Jean・聖馬丁禮拜堂 Chapelle Saint-Martial

這兩間禮拜堂內有精采的宗教壁畫，可以欣賞到中世紀的繪畫藝術，位於2樓的聖約翰禮拜堂內的主題是兩位聖約翰的生平事蹟，由Matteo Giovanetti在1346~1348年繪製；位於3樓的聖馬丁禮拜堂的壁畫也出自同一位畫家之手，繪製於1344~1346年，繪畫主題是聖馬丁的故事，聖馬丁是指引教皇克雷蒙六世遠離羅馬，把教皇宮遷移到亞維儂的先知。

中庭Cour d'Honneur

站在中庭左右張望，有助了解教皇宮的建築結構。教皇宮區分為東北部的舊宮(Palais Vieux)與西南部的新宮(Palais Neuf)兩部分。舊宮為本篤十二世(Benoît XII，或Benedict XII)所建，當他1342年去世後，繼位的克雷蒙六世(Clement VI)立刻大張旗鼓地擴建自己的寢宮，也就是新宮的部分，教皇宮共有10座塔樓，可以護衛四翼。

從中庭看到最高的塔——天使塔(Angel Tower)高達50公尺，而覆蓋著長春藤的建築物是教皇私人寢宮，連接舊宮的是主要大門(Main Gate)，南邊的新宮最大的特色是窗戶較大且較華麗。教皇宮是亞維儂年度盛會亞維儂藝術節的主要會場，表演場地就在中庭，7月起這裡開始架上燈架與座位，每天晚上上演大型的戲劇節目。

地下珠寶室The Lower Treasury Hall・大金庫 Grande Trésoreriel・上帝廳 Salle de Jésus

這三個房間串聯在一起，位於中庭的北方，珠寶室的寶藏是教皇世代相傳的財產，專供教皇玩賞用，現在當然已經空無一物，不過天花板交錯的肋形穹窿非常別緻。大金庫被牆壁分隔成兩個區域，牆壁上還保留了當年的壁爐，原用來儲存各地繳納給教皇的稅金，注意看！這間房間的牆壁特別厚，這是為避免竊盜穿牆而入所設。上帝廳的牆壁上，刻著拉丁文「Jesus, Hominum Salvator」，是連接教皇私人寢宮與舊城的房間。

教皇寢宮Chambre du Pape

　　位於天使塔的中心，左右是侍者房間與珠寶室，剛好把安全與財富攬在身邊。房間內用活動的屏風區隔空間，教皇在此休息時只有親信的內侍伺候他就寢，有時候，教皇也在此接待私人客人。

　　這間房間最大的特色是全部繪製花鳥野獸的裝飾，金碧輝煌之極。雖然現在空無一物，但在中世紀時，裡面有教皇的桌椅、床、華麗的窗簾。因為歷任的教皇都喜歡鳥，有時他們把夜鶯放在房間裡，聽夜鶯婉轉的歌聲解悶。

雄鹿室Chambre du Cerf

　　克雷蒙六世的書房，有狩獵圖與鑲嵌藝術作品，是宮裡最美麗的房間。

宴會廳Grand Tinel

　　廳內懸有18世紀的勾伯藍(Gobelins)掛毯，此處也是樞機主教集會推選教皇的地方。

重要貴賓看台
Terrasse des Grands Dignitaires

　　從這裡可以欣賞到亞維儂的市區風光，包括隆河、聖貝內澤橋以及近在咫尺的聖母院的美，都盡收眼底。此處還有咖啡館對外營業。

亞維儂中心區Central Avignon

MAP ▶ P.67B1

聖貝內澤橋

MOOK
Choice

Le Pont Saint–Bénézet (Pont d'Avignon)

因童謠而傳唱千里

🚶從遊客服務中心步行約12~15分鐘 📍Place du Palais, 84000 Avignon ☎04 32 74 32 74 (亞維儂觀光局) 🕐1月 10:00~17:00、2月10:00~18:00、3~10月9:00~19:00、 11~12月10:00~17:00(12月底至18:00),閉館前30分鐘最後入場 💲聖貝內澤橋全票€5、8~17歲€4,教皇宮+聖貝內澤橋套票全票€14.5、8~17歲€8,教皇宮+花園+聖貝內澤橋套票全票€17、8~17歲€9.5;持亞維儂護照免費 🌐avignon-pont.com

隆河上那座顯著的斷橋—聖貝內澤橋,與教皇宮同為亞維儂的地標,但風格卻大相逕庭。這座

橋因為法國民謠《在亞維儂橋上》(Sur le Pont d'Avignon)而聞名,傳說牧羊人「貝內澤」受到神的啟示,終其一生辛勞而蓋成這座橋連接兩岸造福居民。如果你想聽聽這首家喻戶曉的民謠,登橋處地下室視聽室提供民謠、搖滾、鄉村等不同曲風的音樂聆賞。

橋未斷之前有22個拱門,後因1668年隆河氾濫沖毀僅剩一小段,橋上還殘留著獻給貝內澤的小禮拜堂—聖尼古拉斯禮拜堂(Chapelle St. Nicolas),與附近宏偉的教皇宮相較簡直是天壤之別。和教皇宮一樣,聖貝內澤橋為世界遺產之一,參觀橋時亦可使用包括中文在內的免費語音導覽。

亞維儂中心區Central Avignon

MAP ▶ P.67B2

聖母院

Cathédrale Notre-Dame des Doms

宗教繪畫與雕刻的收藏

從遊客服務中心步行約10分鐘 ⌂Place du Palais, 84000 Avignon ☎04 90 82 12 21 ●夏季週一至週六 8:30~17:30、週日9:45~12:15、14:30~17:30，冬季週一 至週六8:30~12:00、14:30~17:30、週日9:45~12:15 ⑤ 免費 ⓦwww.metropole.diocese-avignon.fr

從教皇宮出來後，沿著右側的斜坡路往上走，就可抵達興建於12世紀的聖母院，雖然上坡路走得有點辛苦，但是道路兩旁種滿香花，瀰漫著甜美芬芳。該聖母院歷經三階段的擴建，逐步形成今日的規模，聳立於屋頂上那尊金光閃閃的聖母像，成為它最大的象徵。聖母院中裝飾著大量的畫作與壁畫，其中還有一間禮拜堂被改設為寶物室(Le Trésor)，裡頭展示著包括聖書、聖器和聖骨等宗教寶物。

亞維儂中心區Central Avignon

MAP ▶ P.67

城牆

Remparts

亞維儂城的守護者

從亞維儂市區火車站步行約1分鐘

長5公里的亞維儂環型城牆興建於14世紀教皇統治時期，共有39座瞭望台和13座城門，是現存少數保存完善的中世紀防禦牆垣，已名列聯合國世界遺產之一。

雖然牆的高度僅有從前的一半，依舊緊緊環抱整座亞維儂城，城牆外則是淵源流長的隆河(Le Rhône)。亞維儂絕大多數景點位於城牆內，而且皆步行可達，從共和國主城門(Porte de la République)即可通往主街道共和國路(Rue de la République)。

亞維儂中心區Central Avignon

MAP ▶ P.67B3B4

共和國路

Rue de la République

熱鬧繽紛的商業中心

從遊客服務中心步行約1分鐘

這是亞維儂最主要的一條大街，筆直的路上有許多商店、咖啡館、餐廳和超市，其中不乏許多知名的歐美服飾店。夏季時分，則可以看到許多

普羅旺斯的特產紀念品，包括花卉巧克力、花布店、薰衣草產品、彩繪泥偶(Santons)……即使是個氣氛清新的城鎮，也多少沾染了現代繁華的商業氣息。如果逛累了，可以直接鑽到餐廳或咖啡館坐坐。

亞維儂中心區Central Avignon

MAP ▶ P.67B2

教皇廣場
Place du Palais

知名景點環繞的核心

🚶 從遊客服務中心步行約10分鐘

這個廣場除了是前往聖貝內澤橋的主要道路，因為教皇宮、小皇宮美術館和聖母院就位於廣場上，因此不論何時總是遊客如織，特別是在廣場上就能欣賞到氣勢恢宏的教皇宮和聖母院外觀，漫步其間，感覺就像是走在歷史裡。教皇宮對面也有一座漂亮的建築物，是當地的音樂藝術學院 (Conservatoire de Musique)，其前身是建於1619年的鑄幣局(Hôtel des Monnaies)，今日在上頭還可以看到Borghese樞機主教的徽幟。

亞維儂中心區Central Avignon

MAP ▶ P.67B1

岩石公園

MOOK Choice

Rocher des Doms

登高賞景的絕佳角落

🚶 從遊客服務中心步行約15分鐘　📍2 Montée des Moulins, 84000 Avignon　🕐7:30~22:00　💰免費

雖然已經走得有點氣喘吁吁，但參觀完聖母院之後，強力建議再往山坡上走，聖母院後面有個秘密花園－岩石公園，是亞維儂移民最早居住的地方。

之所以推薦這個公園，是因為在前往的路途中，就可以以不同角度欣賞隆河和聖貝內澤橋的風景，到了公園，景致更讓人為之驚豔，幾乎可以360°的視野掌握整個亞維儂風貌，包括近距離的舊市區、亞維儂新城(Villeneuve-lez-Avignon)和更遠一點的沃克呂茲(Vaucluse)高原，以及小阿爾卑斯山脈(Chaîne des Alpilles)、馮杜山(Mont Ventoux)，城鎮風情和自然風光在一瞬間盡收眼底；而從這裡眺望的隆河和聖貝內澤橋風光也最好，兩者不但能同時納入眼簾，釉綠的草原和湛藍的天空，更將之襯托的優美迷人，是拍攝經典照片的好據點。

除了登高望遠，公園裡還有綠水池塘、葡萄園地、咖啡館和兒童遊樂設施，亞維儂的居民閒來無事，就喜歡來這裡餵食雁鴨、喝喝咖啡，享受悠閒時光。

全球藝術盛會在亞維儂

每年7~8月之間，亞維儂全城會變身為熱鬧非凡的展演場，國際第一流劇場工作者競演的亞維儂藝術節(Festival d'Avignon)以及更具實驗性與前衛演出的外亞維儂藝術節(Festival OFF Avignon)同時展開，為期約3週的藝術節期間，共有600場以上的表演在歌劇院、音樂廳，甚至街頭、美術館、咖啡館中展開，市區內處處都可以看到展覽、研討會、戲劇、舞蹈、音樂演出，整座城市籠罩在藝術嘉年華的氛圍中。(亞維儂

藝術節攻略請見P.49)
🌐 festival-avignon.com；www.festivaloffavignon.com

亞維儂中心區Central Avignon

`MAP ▶ P.67B2`

小皇宮美術館

MOOK Choice

Musée du Petit Palais

義大利大師的名作

🚶 從遊客服務中心步行約8~10分鐘　🏛 Palais des archevêques, Place du Palais des Papes, 84000 Avignon　☎ 04 90 86 44 58　🕙 11~2月10:00~13:00、14:00~17:00(3~5月及10月至18:00、6~9月至19:00)　🚫 1~10月每週二、1/1、5/1、12/25　💲 免費　🌐 www.petit-palais.org

興建於1318~1320年的小皇宮美術館最初是

Béranger Frédol主教的府邸，一度還成為聖公會址和學校，到了1976年，才正式以美術館的型式開放大眾參觀，裡頭珍藏了13~16中世紀到文藝復興時期超過300幅精采藝術品的美術館。

其中以義大利繪畫和雕刻為最大宗，如佛羅倫斯畫派的大師波提切利(Sandro Botticelli)、威尼斯派的卡巴喬(Carpaccio)、早期文藝復興時期畫家喬凡尼保羅(Giovanni di Paolo)等人的畫作都在其列，是除了義大利本土之外，收藏最多義大利名家作品的博物館，其中波提切利的《聖母與子》(Virgin and Child)是館內最知名的畫作。

MAP ▶ P.67A3

路易斯沃蘭博物館

Musée Louis Vouland

探訪豪宅生活

🚶從遊客服務中心步行約8分鐘 🏠17 Rue Victor Hugo, 84000 Avignon ☎04 90 86 03 79 🕐13:00~18:00 ㊡週一、1/1、5/1、12/25 💲全票€6、13~26歲€4；持亞維儂護照免費 🌐www.vouland.com

　路易斯 沃蘭(Louis Vouland)是出身自亞維儂的富商，也是一名收藏家，他的故居展現19世紀亞維儂宅邸的格局，穿過一間間起居室、圖書室等空間，17~18世紀的精巧骨董，19世紀工匠精心打造的家具，還有各種餐具和掛毯收藏就陳列期中，就像是來到過去的豪宅作客，頗有穿越時光隧道的錯覺。博物館除了展示古董家具，也和世界各地的藝術家合作，將藝術作品巧妙地融入空間中展示，新舊之間既衝突又和諧，展現令人玩味的風貌。

MAP ▶ P.67B4

朗貝爾藝術館

Collection Lambert

當代設計齊聚一堂

🚶從遊客服務中心步行約5分鐘 🏠5 rue Violette, 84000 Avignon ☎04 90 16 56 20 🕐7~8月11:00~19:00、9~6月週三至週五13:00~18:00，週六至週日11:00~18:00 ㊡9~6月的週一及週二、5/1、12/25、1/1 💲全票€10、12~16歲€8、6~11歲€2；持亞維儂護照免費 🌐www.collectionlambert.fr

　這間由18世紀豪宅改建成的當代藝術美術館，展示20世紀60年代以降的藝術作品，包括攝影、影像創作、畫作等。這些作品是世界知名的收藏家伊馮 朗貝爾(Yvon Lambert)的私人收藏，2012年他將556件價值高達9,000萬歐元的藝術品捐給法國政府，創下藝術品公益捐贈之最。

　朗貝爾藝術館創立於2000年，法國政府接受捐贈後，將原本展館進一步擴充為現在的規模，

館內除了展示朗貝爾的收藏品，並定期舉辦特展，展出當代藝術家的創作。大片玻璃窗引入天光，光影、老宅與藝術作品交織，形成另一種獨特的觀覽體驗。

亞維儂中心區Central Avignon

MAP ▶ P.67B3

卡爾維博物館

MOOK Choice

Musée Calvet

收藏與建築同樣出色

🎵 從遊客服務中心步行前往，約5分鐘可達。 ⏰ 65, Rue Joseph Vernet, 84000 Avignon ☎ 04 90 86 33 84 ⏱ 10:00~13:00、14:00~18:00。 🚫 週二、1/1、5/1、12/25。 💲 免費 🌐 www.musee-calvet.org

這個以卡爾維醫生(Esprit Calvet,1728~1810)為名的博物館，展示了卡爾維生平收藏的珍貴藝術品，作品年代從史前和16~18世紀為主，數量至少在12,000件以上，不論就作品本身或數量，都十分驚人。

之後，又有許多人陸續捐出畢生收藏，讓現今遊客在卡爾維博物館，可以欣賞到更多不同的藝術品，像是繪畫、雕刻、墓碑和黃金、銀器、鍛鐵、陶器、瓷器和掛毯等裝飾藝術，收藏區域除了法國本地，還包括北歐、英國、義大利、西班牙，甚至中國。

其實，博物館本身建築也極具看頭，它原本是18世紀富商的豪宅(Hôtel de Villeneuve-Martignan)，在當時被視為最豪華的宅邸；即使時至今日，仍然可以欣賞到廣闊優雅的庭園、大廳和房間，以及上頭細膩的雕工和材質，和美麗的藝術品相互輝映，令人嘆為觀止。

亞維儂中心區Central Avignon

MAP ▶ P.67B2

鐘樓廣場

Place de l'Horloge

鎮民的日常生活重心

🎵 從遊客服務中心步行約5~8分鐘

位於亞維儂市中心的鐘樓廣場，是亞維儂最主要的廣場，從廣場四周延伸出去的道路，則是熱鬧的逛街購物商圈。寬廣悠閒的廣場上，大部份的建築物都建於19世紀，像是亞維儂市政廳(Hôtel de Ville)、兩側有代表悲劇和喜劇雕像的歌劇院(Opéra)，至於14世紀的哥德式鐘塔，到現在還是會敲出鐘聲，為中世紀小城增添了不少思古幽情。

廣場上，滿是形形色色的咖啡廳和餐廳，好天氣的日子，總是聚集了許多人在這裡聊天、曬太陽，不時還有街頭藝人打造歡樂氣氛，旋轉木馬遊樂場則是小朋友的最愛了。藝術節期間，這裡也會成為表演場所，坐在廣場中，彷彿就會聽到戲劇表演的吶喊與迴音。

`MAP ▶ P.67B3`

聖皮耶教堂

Église Saint Pierre

精緻木雕大門吸睛

🚶 從遊客服務中心步行約10分鐘 🏠 Place Saint-Pierre, 84000 Avignon ☎ 04 90 82 10 56 ⏰ 週一至週六 8:00~12:30，週日8:00~11:30 💲 免費

　　位於街道轉角的聖皮耶教堂，是亞維儂城裡最漂亮的教堂，藍色的天空將教堂的尖塔襯托得張力十足。這座教堂建於14世紀，教堂外觀為火燄哥德式建築，上面的浮雕華麗且細緻，教堂門口的木門是16世紀的雕刻作品，很值得一看。

`MAP ▶ P.67B4`

安格洛美術館

MOOK Choice

Musée Angladon

上流社會的私人品味

🚶 從遊客服務中心步行約3分鐘 🏠 5, Rue Laboureur, 84000 Avignon ☎ 04 90 82 29 03 ⏰ 13:00~18:00 🚫 週一、1月、12/25 💲 全票€8、15~25歲€3、4~14歲€1.5；持亞維儂護照免費 🌐 www.angladon.com

　　安格洛美術館原屬於安格洛(Angladon)夫婦的豪宅，裡面擺設的藝術品都是私人收藏，累積了數代的珍藏作品，包括17世紀荷蘭的家具、中國明清的瓷器與唐三彩、法國路易14時代的桌椅、木雕家具以及印象派畫家和畢卡索(Picasso)等人的無數藝術品。安格洛夫婦在死後捐出了宅邸和畢生收藏，市政府並在1996年，以博物館的型式開放大眾參觀。

　　由於是私人府邸改建成美術館，所以顯得較為袖珍，但仍可欣賞到普羅旺斯有錢人的生活品味與精緻藝術的樣貌；至於館內的參觀路線與空間，也呈現出迥異於一般美術館的細膩氣氛，其中1樓以安格洛畢生珍藏為主，包括莫迪里亞尼(Modigliani)、馬內(Manet)、畢卡索、寶加(Degas)、塞尚(Cézanne)、梵谷(Van Gogh)、維亞爾(Vuillard)、希斯里(Sisley)的作品，這當中又以梵谷的《火車》(Wagons de Chemin de fer)最受矚目，因為這是唯一一幅目前還留在南法的梵谷真跡。

　　2樓則可以欣賞到安格洛的畫作和來自中國的藝術品，當然，如果你想了解當時的富豪生活面貌，這裡部分房間、大廳和書房，以及精緻的家飾擺設維持了原狀，讓人得以一窺究竟。

亞維儂中心區Central Avignon

MAP ▶ P.67C3

亞維儂大市場

MOOK Choice

Les Halles

走入普羅旺斯的生活

🚶 從遊客服務中心步行前往，約12~15分鐘可達。 📍Place Pie, 84000 Avignon ☎07 63 21 27 54 🕐6:00~14:00 🕤週一 🌐www.avignon-leshalles.com

Cuisine Centr'Halles
🕐9:30~14:00 🕤週一 🌐www.cuisine-centrhalles-restaurant-avignon.com

這棟有著漂亮外觀的建築物竟然是當地的室內市集，一面爬滿藤蔓蕨類的綠色圍牆，和巴黎的布萊利碼頭藝術博物館外觀如出一轍，原來它就出自同一個設計師Jean Nouvel之手。這樣優美

的設計不只運用在知名的博物館，竟然也會出現在一般升斗小民會出入的市集，讓人更加深信，法國人美學教育果然是從生活開始。

來市場走走便能感受當地最平民化的一面，賣魚肉、蔬菜、水果、乳酪和麵包的攤販比鄰而立，市場整體規畫整齊又乾淨，讓人逛起來輕鬆又愉快。這裡的食材特別新鮮，像海鮮是店家一早從馬賽運來的鮮美漁獲，蔬果則以當地普羅旺斯盛產的品種為主，許多在亞維儂開餐廳的主廚，也習慣一早就來這裡採買食材。這裡對喜歡乳酪的人也是天堂，乳酪攤裡擺滿各種口味的產品，其中來自本地和普羅旺斯的乳酪就很香醇，何不買一點嘗嘗。

市場內販賣許多熟食，鄰近海灣生產的生蠔海鮮、普羅旺斯各種家常菜都能大快朵頤。開放式的小餐館Cuisine Centr'Halles由大廚Jonathan Chiri進駐，每日依季節烹調特色菜餚，並舉辦廚藝課程，在市場中央，使用當地食材烹調普羅旺斯料理，用雙手體會料理和風土的美味關係。

亞維儂周邊Around Avignon

MAP　P.8B3

教皇新堡

Châteauneuf du Pape

MOOK Choice

產區名酒之旅

教皇新堡遊客中心

⚐3 rue de la République, 84230 Châteauneuf-du-Pape ☎04 90 83 71 08 🕐9:30~12:30、14:00~18:00 ㊡週日、12/23~1/2 ⓘwww.poptourisme.fr/chateauneuf-du-pape/chateauneuf-du-pape

Château La Nerthe

🚌從亞維儂市區搭車約25分鐘 ⚐Route de Sorgues, 84230 Châteauneuf-du-Pape ☎04 90 83 70 11 🕐5~9月10:00~18:00、10~4月10:00~12:00、14:00~18:00，確切梯次時間、預約行程請上官網。㊡週日 💲參觀酒窖+5款酒€18、參觀酒窖+7款酒€30 ⓘwww.chateaulanerthe.fr

Le Pavillon Maison Bouachon

🚌從亞維儂市區搭車約25分鐘 ⚐Avenue Saint-Pierre de Luxembourg, 84230 Châteauneuf-du-Pape ☎04 90 83 58 34 🕐夏季週二至週六10:00~12:30、14:00~19:00，週日10:00~12:30；冬季10:00~12:00、14:00~17:00。品酒行程確切梯次時間、預約行程請上官網。💲葡萄酒品酒行程€9~45、巧克力+葡萄酒品酒€35、起司+葡萄酒品酒€35 ⓘwww.pavillondesvins.com/fr

　　教皇新堡是法國第一個使用AC產區分級制度的葡萄酒產地，生產優質紅白葡萄酒，其歷史可上溯至14世紀，亞維儂的教皇們決定在沃克呂茲

隆河葡萄酒

隆河流域是法國第二大葡萄酒產區，與波爾多、勃根地齊名。淵遠流長的隆河以蒙特利馬城（Montelimar）為分界，分為北隆河與南隆河兩部分。南法地區包括亞維儂、亞爾勒、歐紅桔等地都是重要產地，其中教皇新堡法定產區的葡萄酒，更是隆河酒款中的佼佼者。這裡的農田日照期長，土地遍布鵝卵石，白天吸收陽光熱度，晚上釋放熱能，醞釀出的葡萄酒酒體輕盈，富含熱情的香料風味。由於土地差異大，教皇新堡的法定葡萄品種多達13種，多數酒廠會以2~3種品種混釀，以創造更加豐腴馥郁的風味。

(Vaucluse)地區興建一座新城堡，並在四周遍植葡萄樹，釀製教皇飲用的葡萄酒，而這裡的葡萄酒果然不負眾望，迄今仍以優良的品質聞名。每年9月葡萄收成時，還會舉行收成慶典Ban des Vendanges。

1562年，新堡在新教徒與天主教徒的宗教戰爭中付之一炬，現在僅剩斷壁殘垣，不過由於新堡位在制高點，在春暖花開的季節從庭院眺望四周葡萄田，以及到處綻放的杏花、李花、薰衣草等花朵，景色無限美好。

宏偉城堡雖然已不復見，仍有無數遊客為了寧靜古樸的舊城，以及持續製造芳醇佳釀的酒莊造訪。當地酒莊推出品酒行程，像是擁有90多公頃葡萄園、教皇新堡五大酒莊之一的Château La Nerthe，夏季遊客可以報名行程，參觀16世紀使用至今的葡萄酒窖，品嘗各種5~7款經典酒款。除了酒廠參觀，老牌酒廠Le Pavillon Maison Bouachon也推出創意品酒課程，專業侍酒師首先教授品酒的方法和概念，接著以三種巧克力或起司搭配三款配酒，透過眼、口、鼻進一步開發味覺，探索葡萄酒的美味奧秘。

喝　酒　不　開　車　，　開　車　不　喝　酒

MAP ▶ P.8B3

卡爾龐特哈
Carpentras

特色手工藝市集

📍97 place du 25 août 1944 📞04 90 63 00 78 🌐www.ventouxprovence.fr

在卡爾龐特哈這座中世紀的古城內,有一個重要傳統市場,它是馮杜山區的貨物中心,包括買賣特別珍貴的「松露」(Truffles)。早上逛卡爾龐特哈市場是一種享受,剛出土新鮮蔬果的清香與沾染塵露的花卉布滿整個市集,還有深具特色的手工藝品,如當地家庭主婦當成菜籃使用的藤編手提袋和後背包。

城裡的林蔭大道環繞古城牆而建,唯一保留中世紀建築的只有歐紅桔門(Porte d'Orange),卡爾龐特哈曾經是很大的猶太社區,這裡保存著法國最古老的猶太教會堂,目前約有100多個家庭仍在使用這座會堂。

MAP ▶ P.8C3

馮杜山
Mont Ventoux

漫步清新自然

🌐卡爾龐特哈特和馮杜山:www.ventouxprovence.fr

馮杜山位於阿爾卑斯山系的西側,是普羅旺斯山區最巨大的山岳。山區最高可達1,909公尺,一般可以以開車的方式輕易上山。不過,山頂在4月前都有積雪,最低溫可達零下27℃,使得高海拔地區僅存苔蘚植物。而白色石灰岩的馮杜山即使是在夏天,看起來也彷彿白雪靄靄。

「Ventoux」在法文方言的意思是「風很大」,馮杜山就是因此而得名。但在強烈的北風狂飆時,幾乎連靴子都會被刮跑。令人難以置信的是在強烈的狂風下,天空仍然呈現純淨藍色,因此,許多法國人喜愛到馮杜山健行,享受清新的純樸風光。

Where to Eat & Buy in Avignon
吃買在亞維儂

MAP ▶ P.67B4 **L'Agape**

🚶 從遊客服務中心步行約3分鐘 🏠 21 Place des Corps Saints, 84000 Avignon ☎ 04 90 85 04 06 🕐 12:00~13:30，19:30~21:30 🚫週日、週一 🌐 www.restaurant-agape-avignon.com

　流行的音樂搭配舒適具潮流感的空間，L'Agape提供視覺與味覺都讓人耳目一新的現代法式料理。主廚隨季節經常更換菜單，使用亞維儂周遭的新鮮食材，連麵包也堅持手工自製，而長時間熬煮的洋蔥湯，香煎鮮魚佐貽貝海鮮飯等都是人氣料理。兩道式午間套餐€25，主廚特製創意午晚套餐約€39起。

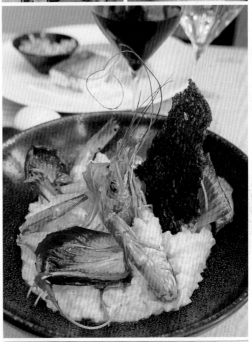

MAP ▶ P.67B2 **Carré du Palais Avignon**

🚶 從遊客服務中心步行約8分鐘 🏠 1 Place du Palais, 84000 Avignon ☎ 04 65 00 01 01 🕐 12:00~22:00 🌐 www.carredupalais.fr

　緊鄰教皇宮的廣場旁，一幢四方形的古老建築原本是一間銀行，2017年改建為販賣隆河葡萄酒的商店、餐酒館、葡萄酒學校等設施的複合空間。酒窖提供試飲體驗，€30即可品嘗隆河地區的經典酒款，而餐廳則全天候供應精緻餐飲，像是加入肥美大蝦、滋味豐盛鮮香的海鮮燉飯，入口即化的紅酒燉梨等，主廚特製的鮮魚和肉類料理搭配季節鮮蔬，造型賞心悅目不用說，風味也叫人讚不絕口。數十款隆河酒類可以點單杯品嘗，讓配餐有了更豐富的選擇。

MAP ▶ P.67B2 **Restaurant Sevin**

🚶從遊客服務中心步行約10分鐘 🏠10, Rue de Mons, 84000 Avignon ☎04 57 70 00 29 ⏰12:00~13:30、19:30~21:00 ❌：週三、週四、11~3月的週日晚上 ⓌＷww.restaurantsevin.fr

名列米其林一星的Restaurant Sevin(前身為Christian Étienne)可以說是亞維儂最好的餐廳，不論是位置、服務、餐廳裝潢，皆以傳統正式的法國料理呈現，由於就位在教皇宮旁，亞維儂藝術節期間，從樓上露臺就能欣賞到廣場上的各種表演。主廚Guilhem Sevin擅用以當地食材，創造出口感豐富的佳餚，同時搭配自製醬料、檸檬汁和麵包，於是一道看似簡單的菜餚，卻因火候和調味掌握得宜，而令人回味無窮。除了多種套餐外，餐廳還會依照時節推出季節性佳餚。

MAP ▶ P.67B3 **抹醬專賣**
Les Délices du Luberon

🚶從遊客服務中心步行約8分鐘 🏠20, Place du Change, 84000 Avignon ☎04 90 84 03 58 ⏰週一至週六9:30~20:00、週日10:00~19:30；實際營業時間可能隨季節變動 ⓌＷww.delices-du-luberon.fr

歐洲人習慣在用餐前，先以麵包沾抹醬填填肚子，這些醬味道香濃，搭配著麵包實在開胃，有時比正餐更讓人食指大動。Les Délices du Luberon以自家的工廠運用天然的食材，提供各種不同口味的麵包醬深受歡迎，像是茄子魚子醬(Caviar d'Aubergines)、橄欖醬(Confiture d'Olives)、西葫蘆胡瓜(Déice de Courgettes)、鹹鱈魚(Brandade de Morue)、紅香蒜(Pistou Rouge)、甜洋蔥(Confit d'Oignons)……現場並提供麵包和醬料試吃，此外店家也貼心地提供食譜，教你如何將醬料使用於其他料理中。

MAP ▶ P.67B3 **法式甜點La Tropezienne**

從遊客服務中心步行約12分鐘 22 Rue Saint-Agricol, 84000 Avignon 04 90 86 24 72 8:00~19:00 www.latropezienneavignon.com

從La Tropezienne時髦亮麗的外觀中，很難想像這是一間已經創業135年的老字號甜點店。精緻細膩的馬卡龍、巧克力等使用傳統配方，加上現代人喜歡的口味和造型，特別地賞心悅目。店內招牌是一種含酒的巧克力甜點La papaline，使用上等巧克力，加上利口酒和糖製成，甜美中迸發成熟風韻，是讓人會上癮的味道。

MAP ▶ P.67B3 **手工餅乾點心La Cure Gourmande**

從遊客服務中心步行約12分鐘 28 Place du change, 84000 Avignon 04 90 85 14 21 週一至週六 9:30~19:30、週日10:00~23:00 curegourmande.fr

這家甜點店在法國許多城市都能見到，從一間傳統餅乾鋪開始，由於包入無花果、巧克力等各種果醬內餡的手工餅乾實在太美味了，便逐步擴展到法國各地，濃濃的杏仁香氣和果醬融為一體，搭配咖啡茶點最是恰到好處。店內排滿各種造型和口味的餅乾、巧克力和牛軋糖，針對每個地區還會推出復古造型餅乾盒，可以挑選普羅旺斯風情的餅乾盒，把回憶和美味帶回家。

MAP ▶ P.67B2 **普羅旺斯印花布Souleiado**

從遊客服務中心步行約5分鐘 19, Rue Joseph Vernet, 84000 Avignon 04 90 86 32 05 10:00~19:00 www.souleiado.com

普羅旺斯花布雖然稱不上時尚流行，但對喜歡田園風的人來說，卻有著讓人難以抗拒的吸引力，特別是其明亮的顏色，像是向日葵的鵝黃、薰衣草的豔紫和地中海的湛藍，會讓整個空間和視野跟著鮮活了起來。儘管在市集或路邊小店皆有可能找到這樣的花布，但專門店裡賣的品質較好，Souleiado已有200年的歷史，強調運用天然花卉顏料，製作出一塊塊美麗的花布，除了各種尺寸和樣式的衣服、餐巾、桌布、袋子外，還將這項技術運用在普羅旺斯染印的杯子和瓷器相關物品上。

MAP ▶ P.67B2 **La Mirande**

從遊客服務中心步行約10分鐘　4, Place de l'Amirande, 84000 Avignon　04 90 14 20 20　www.la-mirande.fr

位於教皇宮旁，這間飯店發揮了亞維儂精緻文化的極致，如果，教皇宮是宗教權威的代表，那瑪瑞達飯店就是紅塵世俗的享樂！瑪瑞達飯店在中世紀時原是樞機主教的宮邸，直到17世紀才改為飯店，內部採用18世紀的家具與裝飾，繪製普羅旺斯獨特花卉蟲鳥圖案的壁紙，掛上厚重、華麗窗簾的落地窗，櫃檯後方的小等待廳從小天井援引日光入內，至於掛滿掛毯與帷幕的客廳裡則擺設雕花家具，與其說是旅館的大廳其實更像是貴族家中招待名流的沙龍，就算不入住，也建議你嚐嚐這裡的下午茶或晚餐。

MAP ▶ P.67A5 **Novotel Avignon Centre**

從遊客服務中心步行約5分鐘　20 Boulevard Saint-Roch, 84000 Avignon　04 32 74 70 00　all.accor.com/hotel/7571/index.en.shtml

距離亞維儂市區車站只要5分鐘，正面對舊城區的Novotel Avignon Centre，絕佳的地理位置和合宜房價，成為旅客住宿亞維儂的首選之一。飯店承襲Novotel一貫的設計風格，內部空間敞亮舒適，還有游泳池、全日咖啡廳和酒吧等公共空間，滿足舒適入住的所有條件。

MAP ▶ P.67B2 **Hôtel d'Europe**

從遊客服務中心步行約8分鐘　14, Place Crillon, 84000 Avignon　04 90 14 76 76　www.heurope.com

原本是一座16世紀的貴族豪宅，1799年改建成這座歐洲飯店，無處不流露優美典雅的風情，內部價值連城的骨董和繪畫裝飾，增添了無與倫比的高貴氣派；經營者也盡量維持最初的原貌，包括庭園裡的老樹，一起見證飯店的百年風華。44間房提供舒適雅致的住宿環境，歷年來入住的名人包括英國國王愛德華七世(King Edward VII)和作家狄更斯(Charles Dickens)，其中101號房因為拿破崙(Napoléon)的入住，而備受房客青睞。

MAP ▶ P.67B2 **Mercure Avignon Centre Palais des Papes**

從遊客服務中心步行約12分鐘　1,Rue Jean Vilar, 84000 Avignon　04 90 80 93 00　all.accor.com/hotel/1952/index.fr.shtml

知名的連鎖飯店，由於就位於教皇宮旁邊，不但可以直接欣賞到教皇宮雄偉的外觀，到各景點都很方便，以整潔舒適的住宿環境和便利的地理位置取勝。該飯店共有89間房，提供免費的網路服務。

呂貝宏山區
Luberon

文●墨刻編輯部
攝影●墨刻攝影組

亞維儂的周遭，座落著許多寧靜優美的小山村，包括譽為普羅旺斯版黃石公園的魯西永、以薰衣草盛開的塞農克聖母修道院、石砌屋舍櫛比鱗次的山城勾禾德等。作家彼得梅爾將居住在普羅旺斯第一年的生活點滴寫成了《山居歲月》，讓普羅旺斯成為許多人內心嚮往的山居樂園，而彼得梅爾的居處也位在這裡。如詩如畫的自然風光與寧靜單純的田園生活，吸引包括彼得梅爾在內的作家、藝術家、畫家等駐足，成為藝術家的靈感來源。

INFO

如何前往

前往小呂貝宏山區最方便的方式是租車遊覽，也可搭乘ZOU經營的巴士但班次比較少，而且多數沒有直達車可搭乘。

◎火車

從亞維儂市中心站(Avignon Centre)搭乘TER到卡瓦永，車程約30分鐘，約每30分鐘一班車。班次、時刻表及票價可上網或至火車站查詢，車票可上網、至火車站櫃台購買，或先在台灣向飛達旅遊購買法國火車通行證(France Rail Pass)。

飛達旅遊

⌂ 台北市中山區南京東路三段168號10樓之6
☎ (02) 8161-3456分機2
◯ 線上客服：@gobytrain
🌐 www.gobytrain.com.tw

法國國鐵

🌐 www.sncf.com

◎巴士

從亞維儂巴士總站(PEM Gare Routière)搭乘ZOU巴士907號到卡瓦永巴士總站(Cavaillon Gare Routière - SNCF)，車程約40分鐘。從艾克斯巴士總站(Gare Routière)前往卡瓦永、索格島(L'Isle sur la Sorgue)可搭乘ZOU巴士57號，車程約45~60分鐘。

從卡瓦永巴士總站前往拉科斯特(Lacoste)、博尼約(Bonnieux)、阿普特(Apt)小鎮可搭乘ZOU巴士918號，每日約3班；前往薰衣草博物館、勾禾德、魯西永、博尼約、加爾加(Gargas)和阿普特則可搭乘ZOU巴士917號，每日約4~6班。

從卡瓦永前往盧馬蘭需先搭乘ZOU巴士908號至終點站Cucuron Centre/Cave Coopérativez站再轉乘

919號。919號班次不多，因此建議事先規劃好出發時間，以免錯過轉乘班次。

普羅旺斯—阿爾卑斯—蔚藍海岸客運系統ZOU
🌐 zou.maregionsud.fr/en

旅遊諮

🌐 www.destinationluberon.com
◎卡瓦永遊客服務中心Bureau d'Information Touristique de Cavaillon
⌂ Place François Tourel, 84300 Cavaillon
☎ 04 90 71 32 01
🕐 4~9月9:00~12:30、14:30~18:00，10~3月9:00~12:30、14:00~17:30
⊗ 週日、1/1、12/25
◎勾禾德遊客服務中心Bureau d'Information Touristique de Gordes
⌂ Le Château, Place Genty Pantaly, 84220 Gordes
☎ 04 90 72 02 75
🕐 4~9月9:00~12:30、14:30~18:00，10~3月9:00~12:30、14:00~17:30
⊗ 週日、1/1、12/25
◎盧馬蘭遊客服務中心Bureau d'Information Touristique de Lourmarin
⌂ Place Henri Barthélémy, 84160 Lourmarin
☎ 04 90 72 02 75
🕐 4~9月週一至週日9:00~12:30、14:30~18:00，10~3月週二至週六9:00~12:30、14:00~17:30
⊗ 1/1、12/25

MAP ▶ P.88A2

卡瓦永
Cavaillon

兩個山區之間的最佳停留點

　　卡瓦永位於呂貝宏山區和小阿爾卑斯山區 (Alpilles en Provence)之間，以這裡作為據點可以輕鬆探索這兩個區域。卡瓦永在中世紀歷經過希臘人、羅馬人和教會統治，也因此留下了豐富的歷史文化遺跡，像是羅馬拱橋、大教堂、普羅旺斯建築風格的猶太教堂等，歷史迷可千萬別錯過。由於卡瓦永四周都是山，吸引了許多登山愛好者前來朝聖和挑戰，從簡單的步道健行，到高難度的鐵索攀岩(Via Ferrata)，一共276條登山路徑可以選擇。

　　來到了南法當然必吃當地的新鮮蔬果，而卡瓦永最知名的水果就是哈密瓜，每年的5~9月是哈密瓜的產季，市集、超市到處都可以看到大顆飽滿的哈密瓜，除了當水果直接吃，也會入菜當料理，甚至用來釀酒，其中當地人最推薦的就是 Melonade開胃酒。

Le 215 Gambetta

🏠215 Cours Léon Gambetta, 84300 Cavaillon ☎07 68 51 14 29 💰客房兩人每晚€169起、套房兩人每晚€219起

　　Le 215 Gambetta外觀看似簡單的民宿(bed and breakfast)，雖然只有3層樓、4間房間，但從裝潢、設備到餐食都非常用心。一樓是2間客房(chambre)，二樓是房型較大的套房(suite)，三樓則是民宿老闆夫婦的自宅。客房和套房都有雙人大床、獨立衛浴、網路電視、咖啡機，套房除了空間較大，還多了私人陽台。民宿也有供應晚餐，但需要事先和老闆預定。早餐時間是房客們互相認識的唯一時機，一邊享用老闆準備的歐式早餐和新鮮水過，一邊和陌生人聊天，是非常有趣和難得的經歷。

L'Instant Gourmand

🏠92 Place Gambetta, 84300 Cavaillon ☎09 74 56 24 83 🕐12:00~14:00、19:30~22:00 休週日及週一 🌐www.instantgourmand84.com

　　開業14年的L'Instant Gourmand以道地的普羅旺斯料理為名，食材都採用當季的新鮮蔬果，將家常菜以fine dining的形式上桌，無論是視覺或是味覺都是一大享受。主廚近期更是榮獲「Maître restaurateur」的頭銜，這是由法國政府認可的榮譽，肯定傳統餐飲業中最優秀專業人士的卓越表現，強調他們的技能和對料理品質的承諾。

　　餐廳裝潢簡單溫馨，分為室內和室外露台的座位。和一般的法式餐酒館，這裡有豐盛的酒單任君選擇，餐點的部分也相對簡單，無論是午餐或是晚餐都€39的當日菜單(le menu或la formule)，前菜、主食、甜點各二選一。

盧馬蘭
Lourmarin
免爬坡的最美小鎮

許多法國最美小鎮都是依山而建，想把小鎮逛好逛滿非常耗費體力，而盧馬蘭是少數蓋在平坡上的小鎮。一進入小鎮第一個看到的就是Philippe de Girard的家。這位可是盧馬蘭的本土名人，他是一位工程師和發明家，其中最有名的發明是世界上第一台亞麻織布機，並在1810年取得專利。

盧馬蘭的天際線被三座塔樓「破壞」，分別是鐘塔(或稱Le Castellas)、新教教堂及天主教堂，皆為完全不同性質和風格的建築，從中也可看出盧馬蘭從古到今的歷史脈絡。

城鎮中心外圍還有一座城堡，這是普羅旺斯第一座文藝復興風格的城堡。城堡由Foulques d'Agoult於1475年開始修建，1526年後由其後代Louis d'Agoult-Montaubaun接手。可惜城堡敵不過戰爭的摧毀，後續的主人也無意接管，就在1921年城堡要被拆毀之際，一位來自里昂的文學與歷史學者Robert Laurent Vibert買下並重新修復城堡。Robert Laurent Vibert也非常熱愛藝術，過世後將城堡遺贈給艾克斯學會(Académie des Sciences, Agriculture, Art et Belles Lettres d'Aix-en-Provence)，條件是必須建立一個資助年輕藝術家的基金會，如同呂貝宏山區的「美第奇別墅」。如今仍有世界各地的藝術家到這裡申請駐館創作，城堡也是盧馬蘭重要的文化中心，每年舉辦大大小小的文藝活動。

法國最美小鎮
Les plus beaux villages de France

法國官方認證的「最美小鎮」，經過嚴格評選和維護，是旅遊南法必訪的景點。成為法國最美小鎮的基本條件有三項：少於2,000的常住人口、擁有至少兩處法國歷史遺跡(monuments historiques)，以及取得小鎮議會的支持，並承諾不隨意開發改建以保持城鎮的原始樣貌。目前法國共有159座最美小鎮，而呂貝宏山區就有6個城鎮榜上有名！

🌐 www.les-plus-beaux-villages-de-france.org/fr

MAP ▸ P.88A2

魯西永

MOOK Choice

Rousillon

普羅旺斯的黃石公園

魯西永因壯觀的赭石懸崖和赭石建築立面也被稱為「紅土城」，吸引了世界各地藝術家和攝影師到此一遊。這裡是全球最大的赭石礦(ochre)蘊藏地，魯西永、加爾加(Gargas)、呂斯特勒(Rustrel)及阿普特(Apt)近200年藉赭石受益良多。魯西永將從前開採過的礦地改良為赭石步道(Le Sentier des Ocres)，化身為戶外博物館，讓旅客可依近距離接觸赭石。

參觀完赭石步道後，不妨到城區裡找一家餐廳或咖啡廳稍作休息，欣賞17~18世紀的赭石別墅。若是有興趣參訪赭石工廠的話，可以到距離魯西永城區2公里處的赭石博物館(écomusée de l'ocre)看看，裡面有專人導覽講解赭石當時如何開採，也可以現場用赭石作畫，以及購買處理過的赭石回家。

赭石步道 Le Sentier des Ocres

◷ 每月開放時間不定，詳見官網公告 ㋡1/1、12/25 ⑤€3.5，10歲以下兒童免費 ⓤroussillon-en-provence.fr/decouvrir-2/sentier-des-ocres/

赭石步道分為兩條步道，短步道全程走完約35分鐘，長步道約50分鐘。沿途都有提供資訊看板，介紹赭石的科普知識以及它們與魯西永的淵源。清理衣褲上的赭石時，先稍微拍打乾淨再用冷水沖洗。

MAP ▶ P.88A1

勾禾德

MOOK Choice

Gordes

盤旋而上的鷹巢山城

ⓦwww.ventouxprovence.fr

　　勾禾德是座依山而建的古城，也是普羅旺斯非常著名的觀光勝地，灰白的層層建築襯著藍天煞是好看，夏季還有紫色薰衣草在山腳迎風飄揚，繞著山邊盤旋而上的道路與櫛比鱗次的石灰岩房屋，呈現一種和諧勻稱的關係。

　　這座古城曾吸引許多藝術家在此停留，如立體派藝術家André Lhote(1885~1962)曾在

1938年時前來造訪。位於山頂的16世紀勾禾德堡(Château de Gordes)卓然矗立，裡面收集著歐普藝術(Op Art)創始人瓦沙雷利(Victor Vasarely)的抽象畫作，這位出生於匈牙利的畫家在此創立了一座美術館，目前仍有數個展覽廳專門展示瓦沙雷利的繪畫、雕塑、木雕。

　　位於勾禾德南邊的伯希村(Village des Bories)有造型獨特的蜂窩狀建築，這是利用石灰片岩(Lauzes)堆疊而成，熟練的工匠不用工具即可以石頭疊建，牆厚約1.5公尺，依據建築方式可推論是源自西元前3500年，目前約有3,000座伯希村建築留存在田野間，被當成小屋子或儲存食物的場所。

塞農克聖母修道院
Abbaye Notre-Dame de Sénanque

🏠Abbaye Notre-Dame de Sénanque, 84220 Gordes ☎04 90 72 18 24 🕐週一至週六10:00~11:00、13:00~16:00、週日13:45~16:00 💲成人€8、6~18歲€4；語音導覽成人€8.5；6歲以下兒童免費 ⓦwww.sénanque.fr

　　塞農克修道院建於1148年，由一位院長及12位僧侶胼手胝足建立，屋頂仍使用與伯希村(Bories)相同建材的石灰片岩，內部則是石壁、方形窗戶與圓拱狀的天花板。與義大利文藝復興時期的教堂相比，這間修道院素樸得

令人驚訝，但是卻因此呈現簡約主義的空靈之美，廊柱、圓拱門、石壁組合成線條乾淨俐落的建築本體，把宗教聖潔莊嚴的氣氛發揮得淋漓盡致。

　　當初建築這座修道院時，所有的石頭都是一塊塊從外地移來，建築工人的計費方式就是清點石頭數量。今日仍可以在石壁上、石柱上，看到當年工人鏤刻的符號。

　　賽農克修道院知名的另一個原因是薰衣草，修道院外有一整片薰衣草花田，花開時，紫色花海與白色修道院形成普羅旺斯經典畫面，也因此，塞

農克修道院被公認是法國最美的修道院之一。對薰衣草產品有興趣的人，可以到附設紀念品店購買。

薰衣草博物館

Musée de la Lavande

普羅旺斯薰衣草的歷史

⌂276, Route de Gordes, CS 50016 Hameau de Coustellet, 84220 Cabrières d'Avignon Provence ☎04 90 76 91 23 ◷4~6月及9~12月10:00~13:00、14:00~18:00，7~8月10:00~18:00；最後入場17:00 ✖1~3月 $全票€8、優待票€7，11~16歲€4 ⓦwww.lavendermuseum.com

自19世紀以來，薰衣草一直是普羅旺斯的驕傲和榮耀，是世界上最稀有和珍貴的花卉之一。

薰衣草博物館於1991年由蘭斯雷(Lincelé)家族創立，擁有346件收藏品，包括創辦人喬治·蘭斯雷(Georges Lincelé)花了二十多年的時間所蒐集到的各類型蒸餾器。博物館展示了從16世紀至今的薰衣草精油提取技術的演變——明火蒸餾

器、水浴蒸餾器、蒸氣蒸餾器——以及薰衣草相關的歷史文化遺產。

佩爾酒莊

Domaine des Peyre

廢墟莊園改造的葡萄酒莊

🚗從卡瓦永開車約15分鐘 ⌂1620 Route d'Avignon 84440 Robion ☎06 08 92 87 71 ◷酒莊4~9月週一至週日10:00~19:00，10~3月週一至週六10:00~18:00 ⓦwww.domainedespeyre.com

佩爾酒莊位於一座18世紀的莊園中，周圍是35公頃的原始森林和葡萄園。Georges Antoun和Patricia Alexandre在2012年買下這塊土地時，莊園的狀況非常糟糕：荒廢的葡萄藤、毫無可用的生產工具、頹圮的建築，還有被當作農具儲物間的小教堂。他們全面翻新原有的建築、興建釀酒窖、拔除和種植新的葡萄，讓這個莊園重見光明。有趣的是，莊園在整修期間發現了一些古錢幣、小雕像，經考古學家驗證後，莊園小教堂的歷史可回溯到9世紀，以及莊園就位在多米提亞道(Via Domitia)上，這是法國最古老的道路。

如今佩爾酒莊主要生產呂貝宏AOP葡萄酒、馮杜AOP葡萄酒以及地中海IGP葡萄酒，並提供免費的品酒和參觀活動，也開放遊客預定住宿。這裡一共有5間別緻小屋，皆以葡萄酒命名，每間以復古傢俱和現代藝術裝飾，提供舒適愜意的度假空間。

喝	酒	不	開	車	，	開	車	不	喝	酒

普羅旺斯⋯ 呂 貝宏山區 Luberon

MAP ▶ P.88A2

Capelongue, Bonnieux, a Beaumier hotel

奢華的南法風情

🚗 從卡瓦永開車約30分鐘 🏠550, Chemin des Cabanes, 84480 Bonnieux 📞04 90 75 89 78 🌐www.beaumier.com/en/properties/capelongue-hotel

作為奢華飯店Beaumier集團旗下的飯店之一，

俯瞰著博尼約(Bonnieux)小鎮的Capelongue是一個充滿普羅旺斯風情與奢華的避風港。飯店擁有57間客房與套房，其中最有特色的Suite Pigeonnier是用鴿舍改良的樓中樓套房，而用餐選擇包括米其林一星餐廳La Bastide以及地中海酒吧La Bergerie。Capelongue也長期和當地藝術家合作，在飯店各處展示他們的作品，營造藝術與寧靜的普羅旺斯相互交融的氛圍。

MAP ▶ P.88A2

La Coquillade

五星級中世紀小村莊

🚗 從卡瓦永開車約30分鐘 🏠Hameau Le Perrotet 84400 Gargas 📞04 90 74 71 71 🌐coquillade.fr

Coquillade所在的地方曾經是個中世紀普羅旺斯小村莊，據說是由塞農克聖母修道院的僧侶在11世紀所建，如今還是可以看到當時的小村廣場。飯店的名字取自於普羅旺斯方言中的鳳頭百靈鳥(Couquihado)，自2010年起成為精品飯店集團羅萊夏朵(Relais & Chateaux)的成員。飯店一共有63間客房和套房、三家餐廳和兩家酒吧、Aureto葡萄莊園、兩個室外游泳池、網球場、SPA中心和BMX腳踏車中心。

由於飯店老闆非常熱愛騎車，加上呂貝宏山區旅遊局也大力推廣騎車旅遊，因此在飯店設立了BMX腳踏車中心。Coquillade也有提供騎車導覽行程，費用為每人€220，包含自行車租賃、導遊和午餐，甚至還可以在行程結束後加購SPA中心的按摩，放鬆及舒緩疲憊的肌肉。

小阿爾卑斯山區

小阿爾卑斯山區
Alpilles en Provence

文●墨刻編輯部
攝影●墨刻攝影組

坐落在普羅旺斯的心臟地帶，小阿爾卑斯山區以風景如畫的城鎮和豐富的文化遺產而聞名。從擁有擁有中世紀魅力的萊博(Les Baux-de-Provence)，到田園詩歌般的聖雷米(Saint-Rémy de Provence)，每個城鎮都有著獨一無二的故事。小阿爾卑斯山區境內共有10個城鎮，用自己的步調沉浸在溫馨的普羅旺斯氛圍中，感受充滿活力的民俗風情和藝術表現。

橄欖油是普羅旺斯的重要產物之一，橄欖種植在這裡已有千年的歷史傳統，小阿爾卑斯山區種植了超過350,000株橄欖樹，還有十幾家磨坊用祖傳秘方釀製高品質的橄欖油，每一家都有專屬自己的風味。行程安排中除了美景、美酒和美食，不妨也到橄欖油磨坊參觀和品嚐橄欖油。

INFO

如何前往

　　前往小阿爾卑斯山區最方便的方式是租車遊覽，也可搭乘ZOU經營的巴士但班次比較少，而且多數沒有直達車可搭乘。

　　從亞維儂巴士總站(PEM Gare Routière)搭乘ZOU巴士707號前往聖雷米(St-Rémy-de-Provence)的République站，車程約50分鐘，約30分鐘~1小時一班。夏季期間加開707 été號，行經萊博(Les Baux-de-Provence)，行駛班次每年不一，時刻詳見ZOU官網。

　　從卡瓦永巴士總站(Cavaillon Gare Routière - SNCF)或亞爾勒Gare SNCF站可搭乘ZOU巴士704號前往聖雷米，每天3班，週日不行駛。從卡瓦永出發車程約30分鐘，亞爾勒約45分鐘。

　　普羅旺斯─阿爾卑斯─蔚藍海岸客運系統ZOU
🎯 zou.maregionsud.fr/en

旅遊諮詢

◎萊博遊客服務中心 Office de Tourisme des Baux-de-Provence
📍Rue Porte Mages, Maison du Roy, 13520 Les Baux-de-Provence
📞04 90 54 34 39
🕐5~9月9:00~18:00、10~4月9:30~17:00；週六、週日及國定假日10.00~17:30
🚫1/1、12/25
🎯www.lesbauxdeprovence.com

◎聖雷米遊客服務中心Office de Tourisme St-Rémy de Provence
📍Place Jean Jaurès, 13210 St-Rémy de Provence
📞04 90 92 05 22
🕐週一至週六9:15~12.30pm、14:00~17:30
🚫週日及國定假日
🎯www.alpillesenprovence.com

觀光行程

梵谷徒步之旅 Suivez la route Van Gogh

　　聖雷米是孕育梵谷諸多繪畫作品的靈感泉源，這兒的柏樹、麥田、橄欖園、鳶尾花等景物，最後都成了梵谷筆下最動人的繪畫主題，而在聖雷米，遊客們也

有機會追隨著梵谷的腳步，感受梵谷深受聖雷米南法情懷激勵的那一份感動。

　　由聖雷米遊客服務中心規畫的梵谷徒步之旅，總長度約為1.5公里，約費時1小時就可以完成，讓遊客自行探索。沿途共有19個立牌，介紹當地景物對應梵谷畫作的相關故事及目前畫作展出的狀況，包括橄欖園、採石場、柏樹等當地景色，都可以在旅途中一覽無遺。

普羅旺斯⋯小阿爾卑斯山區 Alpilles en Provence

MAP ▶ P.96B2

萊博

MOOK Choice

Les Baux-de-Provence

懸崖峭壁上的中古世小鎮

位於懸崖峭壁上的萊博是一座中世紀小鎮，俯瞰著普羅旺斯的酒莊和橄欖油莊園，是法國最美小鎮之一，因其深厚的歷史文化遺產也有「普羅旺斯燈塔」之稱。

1642年，路易十三將萊博領地贈予摩納哥王子赫丘勒 格里馬迪(Hercule Grimaldi)，以表彰他對法國皇室的支持。雖然摩納哥在法國大革命期間被剝奪了萊博的統治權，但萊博侯爵(Marquis of Baux)的頭銜在傳統上仍然授予摩納哥王儲，目前是雅克王子(Prince Jacques)。

萊博小鎮由入口的遊客中心開始，蜿蜒的鵝卵石小徑一路延伸到城堡廣場，沿路有餐廳、咖啡廳還有小巧可愛的店鋪。小鎮上有22座列為法國歷史遺跡(monuments historiques)的建築遺跡，其中最有名的就是萊博城堡(Château des Baux-de-Provence)，見證了中世紀萊博豐富而動盪的歷史。

萊博全圖

⊙ Baumanière 手工巧克力

↑往 ◉ 光影採石場 Carrières des Lumière

Route de Baumanière

Route d'Arles

Rue Porte Mage

Ⓟ 停車場

ⓘ 遊客服務中心

✈往 Ⓗ Baumanière

Place Louis Jou

萊博德城堡

Grand Rue Frédéric Mistral

伊夫・布瑞爾博物館 Musée Yves Brayer

Rue de la Calade

Rue Neuve

Place St-Vincent

Rue des Fours

Rue del Orme

Rue du Trencat

ⓕ Le petit rocher

萊博城堡 入口/售票處

⊙ 觀景台

圖例　⊙景點 ⓜ博物館 ⓘ遊客服務中心
⊙甜點 Ⓟ停車場 ⬛碉堡 ⓕ餐廳

97

萊博城堡Château des Baux-de-Provence

🚶 從萊博遊客服務中心步行約5分鐘　📍Château des Baux-de-Provence, 13520 Les Baux-de-Provence　☎04 90 54 34 39　🕐11~2月10:00~17:00，3月及10月9:30~18:30，4~6月及9月9:00~19:00，7~8月9:00~19:30；關閉前1小時最後入場　💲全票€8、65歲以上€7、7~17歲€6；與光影採石場聯合門票全票€18、65歲以上€16.5、7~25歲€14　🌐lesbauxdeprovence.com

　　萊博城堡占地超過5公頃，從12世紀末到17世紀中是一座難以攻陷的堡壘。1631年，黎塞留公爵(Richelieu)下令攻城，萊博城堡歷經了27天的抵抗，城堡居民受夠了戰爭而主動投降。他們用火藥和鐵鍬拆毀高牆，萊博城堡最終到了法國皇室手中。如今，遊客可以透過語音導覽走入騎士與貴族、戰爭與比武大會的時光迴廊。夏季期間還會舉辦有趣的活動，如弓箭射擊、投石器和劍術演示。城堡廣場俯瞰著整個山谷，大片的葡萄園和橄欖樹田野一直延伸到海邊，是非常壯麗的普羅旺斯景色。

光影採石場Carrières des Lumières

🚶 從萊博遊客服務中心步行約15分鐘　📍Route de Maillane 13520 Les Baux-de-Provence　☎04 90 49 20 02　🕐11~1月10:00~18:00，2~3月9:30~18:00，4~6月及9~10月9:30~19:00，7~8月9:00~19:30；關閉前1小時最後入場　🚫1/15~2/16(每年不同，實際日期請上網確認)　💲全票€14.5、65歲以上€13.5、7~25歲€12；與萊博城堡聯合門票全票€18、65歲以上€16.5、7~25歲€14　🌐www.carrieres-lumieres.com

　　光影採石場可以說是萊博人氣最高的景點，自2012年以來Culturespaces在這裡舉辦了多場數位展覽，帶領遊客沉浸於偉大藝術家的繪畫世界中。Culturespaces將藝術作品投影到7,000平方公尺的空間，從地板到天花板，充分利用了採石場凹凸不平的白色牆面，讓原本平面的畫作「活」了起來，彷彿直接走進了畫作裡。展覽分為兩場常設展以及一場特展，常設展每日輪轉播放，特展則每週固定時間展出，出發前請先到官網確認時刻表。值得一提的是，門票並不限時，入場後可以一直待在採石場裡，尤其在炎熱的夏天是個避暑的好地方。

巧克力工坊Chocolaterie de Baumanière

📍從萊博遊客服務中心步行約15分鐘 🏠515 Rte DE BAUMANIERE, 13520 Les Baux-de-Provence ☎04 90 54 33 07 ✉9:30~18:30 🔗www.baumaniereboutique.com/chocolaterie/

Baumanière Les-Baux de Provence是位於萊博城堡山腳下的五星級飯店，擁有兩家餐廳和一家巧克力工坊(Chocolaterie de Baumanière)，其中L'Oustau de Baumanière更榮獲米其林三星的評價。

巧克力工坊的主理人是L'Oustau de Baumanière的甜點主廚Brandon Dehan，曾於2020年獲選為最佳甜點主廚，他最擅長的甜點是果仁糖(或稱帕林內praline)。Brandon Dehan與巧克力師傅Julien Despaquis一起創作巧克力甜點以及來自古巴、越南、厄瓜多、聖多美等地的單品巧克力。

這裡的招牌是La Provence，為6種口味的帕林內巧克力。巧克力外型以普羅旺斯的象徵──蟬設計，而帕林內的口味分別為羅勒(basil)、百里香(thyme)、薰衣草、茴香(fennel)、迷迭香(rosemary)以及香薄荷(sariette)，微妙地將巧克力與小阿爾卑斯山區的香草融合在一起。

科斯拉橄欖油磨坊Moulin CastelaS

📍從萊博遊客服務中心開車約5分鐘 🏠Mas de l'Olivier, 13520 Les-Baux-de-Provence ☎04 90 54 50 86 ✉10:00~18:00 🏠1/1、12/25 💲免費參觀園區、品嚐橄欖油 🔗www.castelas.com

Catherine Hugues和Jean-Benoît Hugues在美國亞利桑那州居住15年後決定回到家鄉普羅旺斯，投入到橄欖油事業中。創立於1997年，科斯拉橄欖油磨坊目前擁有270公頃的橄欖園。

科斯拉橄欖油磨坊的特別之處是，他們的磨坊是參考葡萄酒廠的模型建造，這是因為橄欖油和葡萄酒的製作過程有許多共同之處，都是收穫完全成熟的果實後提取汁液再混合。他們決定建立自己的磨坊以便更好地掌控釀製過程的每個階段，而擁有自己的磨坊最大的好處是橄欖採收完成後就可馬上投入裝瓶、包裝等作業流程。

科斯拉橄欖油磨坊希望和釀酒師一樣，從橄欖油中提取橄欖的果香和新鮮感，為橄欖油賦予清澈、純淨和細緻的特性。普羅旺斯的橄欖收成時間大約是每年的10月中旬到11月，科斯拉橄欖油磨坊提供免費的導覽行程，帶領遊客了解整個從摘採橄欖到最後裝瓶的過程。

MAP▶ P.96B2

聖雷米

Saint-Rémy de Provence

平安靜好的小鎮氣氛

鄰近亞維儂的聖雷米，擁有普羅旺斯招牌的田野景致，一走進這個小鎮，空氣裡瀰漫著樸實而又安逸氣息，也讓人身心都頓時平靜了下來。正是這一份寧靜的田野之美，吸引了梵谷(Van Gogh)在1889年從亞爾勒移居此地，在醫生的建議下住進了這兒的精神療養院；但也就是這裡獨特的生活體驗及感官饗宴，讓梵谷在聖雷米，創造了人生旅途最後的那一段耀眼，也從而造就了聖雷米傳頌至今的濃濃藝術氛圍。

由此可以想見，梵谷當年在聖雷米留下的150多幅畫作，及草圖、素描等，都是聖雷米在全球最佳的城市代言，吸引各地絡繹不絕前來感受梵谷創作泉源的遊人們，然而，除了可以循著梵谷繪畫足跡拜訪聖雷米之外，聖雷米本身也是個充滿歷史與文化的小鎮。

早在西元前3世紀開始，聖雷米南郊的格拉儂(Glanum)一帶，希臘及之後的羅馬人，就已經在這裡建城，並以其重要的軍事戰略地位，輝煌榮耀了數個世紀，直到西元3世紀前後，才逐漸沒落，留下了現在知名考古寶庫的格拉儂遺址(Site Archéologique de Glanum)。

舊城區
Ville de St-Rémy de Provence

從遊客服務中心步行約3分鐘

被住宅包圍的聖雷米舊城區，保留了普羅旺斯寧靜悠閒的小鎮風貌，文藝復興樣式的房舍爬滿藤蔓和花朵，石疊子路如迷宮一般向四周延伸，漫無目的地漫步其中，往往能發現讓人驚艷的角落。或許受到梵谷等藝術家的影響，城鎮中有許多藝廊和生活雜貨店，販賣普羅旺斯代表的籐籃、手工皂、陶瓷餐具等，在陽光燦爛的季節，餐廳和酒館會把桌椅排到戶外，為街上帶來熱鬧的氣氛。

每年5月底、6月初城鎮會舉辦移牧祭(Fête de la Transhumance)，當地牧民在初夏時節，會將冬季在平地圈養的羊群趕到山上吃草，後來逐漸演變為聖雷米的重要慶典。約3天的活動期間，穿著傳統服裝的牧民們會帶著上千頭羊兒聚集舊城區，繞行城區外圍大道三圈後往山區移動，羊兒鈴鐺聲、牧民口哨聲和簇擁的遊客們，把這個從中世紀延續至今的活動烘托地歡騰無比。

艾斯特尼博物館Musée Estrine

從遊客服務中心步行約3分鐘 8, Rue Estrine, 13210 St-Rémy de Provence 04 90 92 34 72 11~3月14:00~17:30，4月及10月10:00~12:00、14:00~18:00，5~9月10:00~18:00 週一、1~2月 全票€7，18歲以下免費 musee-estrine.fr

艾斯特尼博物館共分為三個部分：20~21世紀現代藝術、特展廳和梵谷藝文中心(Centre d'interprétation Vincent Van Gogh)。其中位於1樓的梵谷藝文中心，主要為紀念梵谷與聖雷米小城短暫但濃厚的情誼而設立，隨處可見到梵谷的身影及歷史足跡，展示了許多梵谷畫作、來往書信複製品及相關介紹，還有後世藝術家受到梵谷激勵所創作出的梵谷紀念作品，而一支20分鐘的短片，詳盡介紹了梵谷在聖雷米創作的心路歷程。至於2樓的特展廳則不定期展出當代藝術家的主題特展，也值得前往參觀。

聖保羅療養院Saint-Paul de Mausole

⏱從遊客服務中心步行前往，約20~30分鐘可達。🏠2 Chemin Des carrières, 13210 Saint-Rémy-de-Provence ☎04 90 92 77 00 🕐11~3月10:15~12:00、13:00~17:15(最後入場16:30)，4~10月9:30~17:00(最後入場18:30) ❌12/23~2/4(每年不同，實際日期請上網確認)、11/1、12/23、12/25 💰全票€8、12~16歲€6 🚻www.saintpauldemausole.fr

1889年5月，剛剛在亞爾勒經歷了割耳事件的梵谷，在雷醫師(Dr. Rey)的引介下，搬進了為在聖雷米的這一座聖保羅療養院，雖然入住的時間僅有短短1年左右，但聖雷米一帶的田園景致，卻開啟了梵谷另一個繪畫高峰。

即使時常飽受癲癇病症摧殘，梵谷卻仍然在這段期間，於療養院內完成了150幅畫作及多幅素描作品，在那些健康狀況已不允許他肆意前往戶外寫生的日子裡，他也不會就此停下畫筆，反而持續在療養院的花園中繼續創作。這是他一生中創作最為豐沛的高峰，留下了廣為後人讚頌不已的《柏樹》、《麥田裡的柏樹》《橄欖園》和《鳶尾花》等作品。

雖然療養院窗外的景色仍保有梵谷那時的繽紛，但這個聖保羅療養院裡，卻是歷經多次轉折，在第一次世界大戰中成為集中營所在地，之後又轉作婦女診所使用。現在，療養院對外只開放小教堂、教堂花園及部分室內空間，1樓是紀念品及私人畫室，2樓則是布置成梵谷當年的療養院室內舊觀。儉樸的室內陳設、窗外與梵谷畫作遙相呼應的自然風景，都讓人彷彿走入了時空隧道一般。另外，牆上一角還簡單介紹了當年精神病患的治療療程及醫生對梵谷病情的看法，也讓遊客更能體會梵谷當時煎熬的身心狀態。

梵谷畫中的聖雷米

柏樹Cyprès

　　聖雷米精神療養院附近環繞著橄欖樹、玉米田、柏樹，在半監禁的養病期間，梵谷為聖雷米的自然風光留下許多作品，創作於1889年6月的《柏樹》像兩束巨大的綠色火焰，向天空熱烈地燃燒著，梵谷在寫給他弟弟的信中表示，「我全心全意專注於柏樹上，想用他們成為題材，畫出類似我的向日葵畫之類的東西……」

橄欖園Les Oliviers

　　療養院旁這片歲月古老的橄欖樹，拜梵谷之名被妥善地保留下來，風吹草動之際，丘陵上的橄欖樹搖曳生姿，儼然那位憔悴的藝術家仍然在此徘徊。梵谷讓橄欖園改變用色的習慣，以土黃、綠、藍色等柔和色彩為主色調，用扭曲的筆觸呈現令人震撼的不安與沉默的痛苦，梵谷的藝術成就在此登上另一個高峰。此畫創作於1889年6月中旬。

麥田裡的柏樹Champ de Blé avec Cyprès

　　這幅畫創作於1889年6月。梵谷在療養院住了一陣子，那些麥田、柏樹重複不斷地出現，你可以想見這段時間有多無趣，但是，仍然可以看出梵谷對大自然的熱愛。畫中，藍天、綠樹與黃色的麥田形成和諧統一的祥和氣氛，不過，到了聖雷米，你就可以理解梵谷畫中那些彎曲、狂野的線條了，這塊距離聖雷米市中心約2英哩的郊區，因為風勢強勁，格外有一種野性的美感。

鳶尾花Iris

　　這是梵谷在聖雷米最早完成的作品，創作於1889年5月，風格也較接近亞爾勒時期，顏色的運用較強烈而豐盈。當梵谷前往就醫的路上，常常看到這叢盛開的鳶尾花，也許，這片花叢正透露出梵谷渴求的旺盛生命力。

普羅旺斯：小　阿爾卑斯山區 Alpilles en Provence

103

●歐紅桔

歐紅桔
Orange

文 ●墨刻編輯部
攝影 ●墨刻攝影組

歐紅桔在羅馬時期便為繁榮的城鎮，當時所建的古代劇場(Théâtre Antique)和凱旋門(Arc de Triomphe)現今仍完善地保存下來，並於1981年登錄為聯合國世界遺產之一。前者在每天的夏天，還是「歐紅桔音樂節」(Les Chorégies d'Orange)的舉行場所，這個年度盛會讓這個小鎮頓時湧入大量的人潮，受歡迎的程度不下於「亞維儂藝術節」(Festival d'Avignon)。

歐紅桔同時是普羅旺斯地區葡萄酒、橄欖油和松露的產地，無論何時，城鎮裡都充滿著自然清新的氣息；由亞維儂可以當天往返。

INFO

如何前往
◎火車
從亞維儂市中心站(Avignon Centre)搭乘TER火車直達歐紅桔火車站(Orange)，車程約40分鐘，約1~2小時一班。班次、時刻表及票價可上網或至火車站查詢，車票可上網、至火車站櫃台購買，或先於台灣向飛達旅遊購買法國火車通行證(France Rail Pass)並訂購車票。
飛達旅遊
❍台北市中山區南京東路三段168號10樓之6
☎(02) 8161-3456分機2
◉@gobytrain
🌐www.gobytrain.com.tw
法國國鐵
🌐www.sncf.com
◎巴士
從亞維儂巴士總站(PEM Gare Routière)搭乘ZOU經營的902號巴士，前往歐紅桔(Orange)的巴士總站，車程約1小時，約30分鐘~1小時一班，時刻表及票價可上網查詢。
亞維儂巴士總站PEM Gare Routière
🌐www.pemavignon.fr

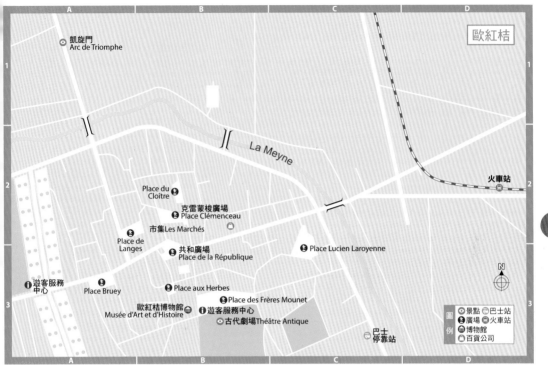

地圖圖例：
◎景點　🚌巴士站
🚩廣場　🚉火車站
🏛博物館
🏬百貨公司

普羅旺斯—阿爾卑斯—蔚藍海岸客運系統ZOU

🔗 zou.maregionsud.fr/en

火車站、巴士站至市區交通

◎從火車站到市區

歐紅桔的火車站位於市區，至大部分景點皆步行可達。

◎從巴士站到市區

歐紅桔的巴士總站位於火車站附近，至大部分景點皆步行可達。

市區交通

歐紅桔市區內的大部分景點皆徒步可達，市內可搭乘TCVO經營的巴士到市區各景點。

歐紅桔市區巴士

Transports en Commun de la Ville d'Orange (TCVO)

💲單程票€1、10張套票€8　🔗www.tcvo.fr

旅遊諮詢

◎歐紅桔遊客服務中心

Office de Tourisme Orange

可提供旅遊諮詢、資料地圖、住宿、餐廳、租車、行程規畫、訂票和節慶相關旅遊資訊。

🗺P.105B3

🚶從歐紅桔火車站步行前往，約16分鐘可達；從火車站搭乘市區巴士1號線至Pourtoules站再轉乘2、4號線至Gasparin站下車

📍5, Cours Aristide Briand, 84100 Orange

📞04 90 34 70 88

🕐9:00~12:30、14:00~18:00

❌週日、國定假日

🔗www.poptourisme.fr/orange/orange

MAP ▶ P.105B3

古代劇場

MOOK Choice

Théâtre Antique
歷經千年新生的舞臺

從遊客服務中心步行約6分鐘　Rue Madeleine Roch, 84100 Orange　04 90 51 17 60　11~2月9:30~16:30，3月及10月9:30~17:30，4~5月及9月9:00~18:00，6~8月9:00~19:00　古代劇場和歐紅桔博物館(含語音導覽)套票成人€11.5、7~17歲€9.5　www.theatre-antique.com

興建於Saint-Eutrope山腳下的古代劇場又稱羅馬劇場(Roman Theatre)，出現於1世紀的奧古斯都凱撒(Augustus Caesar)時期，由於是現今唯一一座以舞台牆面保存下來的羅馬劇場，在1981年與凱旋門(Arc de Triomphe)並列世界遺產。

劇場的建立在早期具有政治上的意涵，提供經常性且免費的藝文活動，讓人可以隨時參與，如此不但讓羅馬文化潛移默化於殖民地的百姓心中，也讓人逐漸遠離政治、安於現狀。

然而，隨著羅馬帝國於4世紀走向衰亡，基督教的合法化，教會認為劇院活動會帶給人民不良的影響，於是在西元391年宣布關閉，這當中除了在中世紀，曾短暫地做為防禦牆壘之用，在16世紀的宗教戰爭中，一度當成避難所，古代劇院一直處於棄置狀態。

這種情況直到19世紀才有了改變，在法國歷史及考古學家Prosper Mérimée提出保存「歷史古蹟」的訴求下，古代劇場展開了重建工程，而且指定成為當時藝術節的表演場所，當時，法國有名的演員都曾在這裡登台演出。

1902年，藝術節正名成為每年夏季7~8月初舉行的「歐紅桔音樂節」(Les Chorégies d'Orange)，並且固定在古代劇場演出。

MAP ▶ P.105B3

歐紅桔博物館

MOOK Choice

Le Musée d'Art et d'Histoire
收藏普羅旺斯藝術與文物

從遊客服務中心步行約5分鐘　Rue Madeleine Roch, 84100 Orange　04 90 51 17 60　11~2月9:45~12:00、13:00~16:30，3月及10月9:45~17:30，4~5月及9月9:15~18:00、6~8月9:15~19:00　成人€5.5、7~17歲€4.5　www.theatre-antique.com

歐紅桔博物館原為17世紀的一座私人住宅，後來改建成博物館的型式開放遊客參觀。展區主要區分成高盧羅馬時期，以及從史前至今日的歷史與藝術文物兩大部分，其中在高盧羅馬展區中，3件雕刻在大理石上的羅馬土地登記冊最為稀有。2樓則以展示18世紀普羅旺斯印花布的製作過程最為吸引人；3樓有畫家Albert de Belleroche和Frank Brangwyn的作品。

奧古斯都雕像

舞台牆面第三層中央有座壁龕，裡頭是高3.5公尺的奧古斯都雕像。

牆面

古代劇場不僅保存完善，宏偉的氣勢也讓人震懾不已，劇院牆面寬103公尺寬、高37公尺，從外頭看來，以水平分成幾個層面，其中底層打造了17個城門；舞台這一面牆，則由3層面建構而成，當時有上百根大理石柱，現今僅存2柱。

座位

古代劇場的觀眾席以半圓形階梯座台組成，當初依山勢建立，除了讓基底更為堅固，也可以節省建造費用。其主要分成三層，約可容納1萬名觀眾，每年夏季戲劇節表演時期，可是座無虛席。在平日開放大眾參觀時間，雖然階梯陡峭，但強烈建議登上最高層級，如此方可以寬闊視野欣賞古代劇院面貌。

神廟

位於劇院的西面有座神廟，約建於2世紀並於1925~1937年間出土，是羅馬人向君王朝拜之所。目前所看到的神廟面貌已殘破不堪，僅能透過一旁的介紹和解說圖想像當時的樣貌。

MAP ▶ P.105A1

凱旋門

Arc de Triomphe

記念古羅馬帝國的榮耀

🚶 從遊客服務中心步行約10分鐘　🏠 Avenue de l'Arc de Triomphe, 84100 Orange

這座位於昔日舊城邊界、通往里昂路上的凱旋門，是紀念奧古斯都平定高盧，於西元1世紀前後建立的，在中世紀正式歸歐紅桔所有，並於19世紀開始多次展開修復工作。

凱旋門長19.5公尺、寬8.4公尺、高19.2公尺，共有3個拱門，大致呈西北—東南走向。其上的浮雕主要以軍隊、武器及徽章描述羅馬人和高盧人戰鬥情景，歌頌羅馬帝國光輝的成就。

歐紅桔的凱旋門雖然不若巴黎凱旋門赫赫有名，但在1981年與古代劇場(Théâtre Antique)同列為世界遺產的它，一樣是拜訪歐紅桔不能錯過的重要名勝。

亞爾勒
Arles

文●墨刻編輯部
攝影●墨刻攝影組

由於位居義大利到西班牙的重要道路上，從古羅馬時期開始，亞爾勒就成為這個區域的重鎮。亞爾勒市被隆河(Le Rhône)一分為二，城裡城外到處充滿了古羅馬時期的建築遺址。每年從復活節開始到9月的鬥牛節，是這裡的重要節慶，為亞爾勒增添了幾許活潑氣息。

走訪這座城市，可以發現梵谷的足跡無所不在，這座城市因為梵谷而布滿傳奇色彩。1888年，梵谷離開巴黎來到亞爾勒，這片陽光普照、充滿生命力的村莊，不但激勵了梵谷的創作渴望，也讓他留下為數可觀的曠世畫作，其中最著名的就是《隆河星空》(Nuit Étoilée sur le Rhône)與《星空下的咖啡館》(Le Café de Nuit, Place du Forum)，而梵谷旅居亞爾勒期間，無疑是他一生中創作最精采也量最豐沛的時期！

INFO

如何前往

◎火車

從巴黎里昂火車站(Gare de Lyon)搭TGV直達火車於亞爾勒(Arles)下，車程約4小時，每日約2班。從巴黎里昂火車站(Gare de Lyon)搭火車經亞維儂TGV站(Avignon TGV)、里昂站(Lyon Part Dieu)、尼姆(Nîmes)、馬賽聖查理火車站(Marseille-St-Charles)轉車，全程約3.5~5小時，班次頻繁。

從亞維儂市區火車站(Avignon Centre)搭TER直達火車於亞爾勒(Arles)下，車程約20分鐘，約每30~90分鐘一班。從馬賽聖查理火車站搭TER直達火車於亞爾勒(Arles)下，車程約1小時，班次頻繁。

從尼姆(Nîmes)搭TER直達火車於亞爾勒(Arles)下，車程約25分鐘，約每1~3小時一班。

班次、時刻表及票價可上網或至火車站查詢，車票可上網、至火車站櫃台購買，或先在台灣向飛達旅遊購買法國火車通行證(France Rail Pass)。

亞爾勒

圖例 ◎景點 ◆廣場 ✝教堂 ⬛博物館 🚃火車站
⬟公園 🏨飯店 🛍購物 🚌巴士站

● Place Leopold Moulias

Rue De La Verrerie

Ave. de Camargue

Ave. de Camargue

● Place Saint Pierre

亞爾勒火車站
巴士總站
Ave. Paulin
Ave. de Stalingrad

黃色小屋La Maison Jaune
Place Lamartine
Acacias

Quai De Quai Saint Pierre

隆河 Le Rhône

Place Gounod
梵谷的隆河星空
Nuit Étoilée sur le Rhône

Quai De La Gare Maritime

特林克泰爾橋
Pont de Trinquetaille

Rue Marius Jouveau
勒杜博物館
Musée Réattu ✝ Hôtel du Musée
康斯坦丁浴場
Thermes de Constantin
Rue Du 4 Steptembre

Place Voltaire

梵谷的特林克泰爾橋作畫處 ●

Rue Tour du Fabre
L'Arlatan
梵谷紀念藝廊
Fondation Vincent
Van Gogh

Rue de la Cavalerie

Rue du Portail

Rue Voltaire

Blvd. Ave. Mille Compos

N113

Quai de la Roquette

梵谷咖啡館Café Van Gogh
Place Antonelle

論壇廣場
Place du Forum
Rue des Arènes

Rue de la Roquette

市政廳
Hôtel de Ville
Christian Lacroix

阿勒登博物館
Musée Arlaten

Amphithétre

羅馬競技場Les Arènes
Place J.H. Lartigue
Place Henri de Bornier
Hôtel le Calendal

Rue deChartrouse

亞爾勒醫院
Espace Van Gogh

Rue Gambetta

Rue De La République

Rue De
La Calade

Rue du
Cloître

羅馬劇場Théâtre Antique

古亞爾勒省立博物館
Musée Départemental
Arles Antique

Rue Moliere

亞爾勒公車站

Blvd. des Lices

Rue Moliere
Rue de la
Rotonde

Rue Jean Jaurès

聖托菲姆教堂與迴廊
Église St-Trophime et Cloître

夏日庭園Jardin d'Eté
Blvd. Émile Combes

往舊磨坊 Le Vieux Moulin(約50m)

羅馬戰車劇場
Cirque Romain

市集
Les Marchés

Ave. du Marechal Leclerc

遊客
服務中心

Blvd Georges Bizet

Jules César

Rue Émile Fassin

Ave. Victor Hugo

腳踏車租借處

⬟ Ibis Style

往曳起橋Pont du Van Gogh(約1Km)

共和廣場
Place de la République

往石棺公園 Les Alyscamps(約200m)

亞爾勒LUMA藝術中心

普羅旺斯…
亞
爾勒 Arles

飛達旅遊

🏠 台北市中山區南京東路三段168號10樓之6
📞 (02) 8161-3456分機2　@gobytrain
🌐 www.gobytrain.com.tw

法國國鐵

🌐 www.sncf.com

◎巴士

亞爾勒和周邊城鎮均有巴士往來，從卡瓦永(Cavaillon)巴士總站(PEM Gare Routière)搭ZOU巴士704號經聖雷米(St-Rémy)到亞爾勒Gare SNCF站，車程約1.5小時，一天約3班。

從亞維儂巴士總站(PEM Gare Routière)搭 lio巴士150號到Tarascon的Lycée Daudet站或終點站Gare de Tarascon站，再轉搭ENVIA巴士A20號到亞爾勒Gare SNCF站。亞維儂到Tarascon車程約1小時，一天3~5班；Tarascon到亞爾勒車程25分鐘，一天約10班。

從尼姆巴士總站(Gare Routière)搭乘lio巴士130號到亞爾勒巴士總站(PEM Gare Routière)，車程約1小時，約1~2小時一班。班次、時刻表以及票價可上網查詢。

普羅旺斯—阿爾卑斯—蔚藍海岸客運系統ZOU

🌐 zou.maregionsud.fr/en

lio巴士公司

🌐 www.lio-occitanie.fr

ENVIA巴士公司

🌐 www.tout-envia.com/en

火車站、巴士站至市區交通

◎從火車站和巴士總站到市區

亞爾勒火車站位於市區以北，巴士總站位於火車站前，從兩地步行至亞爾勒競技場約8~10分鐘，至遊客服務中心約15~20分鐘。從火車站欲前往遊客服務中心可搭乘ENVIA巴士1號，於Lices ARLES站下車。

ENVIA巴士公司

💲 單程票€1、一日券€2.5
🌐 www.tout-envia.com/en

市區交通

亞爾勒市區內的大部分景點皆徒步可達。ENVIA巴士A號穿過舊城區，行經遊客服務中心附近的Lices ARLES站與省立古亞爾勒博物館(Musée Antique)之

間，約25分鐘一班車，班次、時刻表可上網查詢。ENVIA也提供免費接駁三輪車Hopla!，以Clemenceau為起訖點環繞舊城區，一次能載送兩人。

Hopla!

🕐 4/15~9/15週一至週日9:00~19:00、9/16~4/14週二至週日9:00~18:00，約每10分鐘一班車
☎ 06 26 67 67 46

旅遊諮詢

◎亞爾勒遊客服務中心Office de Tourisme Arles

🅐P.000 🏠Boulevard des Lices, 13200 Arles
☎ 04 90 18 41 20
🕐 週一至週五9:00~12:45、14:00~16:45，週六9:00~13:45、14:30~16:45，週日10:00~13:00
🚫 12/25、1/1 🕸 www.arlestourisme.com

優惠票券

◎自由古蹟通行證 Liberty Pass

在1個月的效期內最多可參觀4處景點，包括勒杜博物館(Musée Réattu)，並從羅馬競技場(Arènes)、羅馬劇場(Théâtre Antique)、君士坦丁公共浴場(Thermes de Constantin)、地下柱廊(Cryptoportiques)、石棺公園(Alyscamps)和聖托姆迴廊(Cloître de St-Trophime)中挑選4處古蹟，以及從省立古亞爾勒博物館(Musée Départemental Arles Antique)、阿勒登博物館(Museon Arlatan)、Le Musée de la Camargue中挑選1間博物館；可上網、至遊客服務中心或各大景點購買。

💶 全票€15、優待票€13
🕸 arlestourisme.tickeasy.com

◎好康護照 Avantage Pass

在6個月的效期內可參觀以下所有亞爾勒的古蹟和博物館，包括羅馬競技場(Arènes)、羅馬劇場(Théâtre Antique)、君士坦丁浴場(Thermes de Constantin)、地下柱廊(Cryptoportiques)、石

棺公園(Alyscamps)和聖托姆迴廊(Cloître de St-Trophime)、勒杜博物館(Musée Réattu)、省立古亞爾勒博物館(Musée Départemental Arles Antique)、阿勒登博物館(Museon Arlatan)和Le Musée de la Camargue。可上網、至遊客服務中心或各大景點購買。

💶 全票€19、優待票€16
🕸 arlestourisme.tickeasy.com

亞爾勒散步路線
Walking Route in Arles

在這條菁華路線中，可以拜訪亞爾勒主要的歷史蹟、博物館以及和梵谷相關的景點，非常適合只有短時間停留當地的遊客。以位於較遠處的❶**省立古亞爾勒博物館**為起點，透過模型了解羅馬劇場與競技場等古亞爾勒建築的原貌。接著沿隆河散步前進，看看因收藏畢卡索的作品而受到矚目的❷**勒杜博物館**，這棟15世紀的建築散發著歷史沉香。位於附近的❸**康斯坦丁浴場**興建於4世紀，是普羅旺斯現存最大的公共澡堂。

往南走到❹**論壇廣場**，廣場上諾貝爾文學獎得主同時也是普羅旺斯詩人Frédéric Mistral的雕像，和一旁的梵谷咖啡館，為它增添藝文氣息。然而想更貼近梵谷畫中的世界，就得走一趟❺**亞爾勒醫院**，梵谷割去耳朵後曾在此療養畫下了醫院中藝術花園花團錦簇的風光。轉個彎來到當地的生活中心❻**共和廣場**，欣賞方型尖碑和市政廳立面典雅的石雕後，更不能錯過❼**聖托菲姆教堂**正門上《最後審判》的雕刻以及迴廊柱頭的裝飾浮雕。

然後穿過❽**夏日庭園**，看看梵谷紀念碑後走向❾**羅馬劇場**，僅存的2根古羅馬柱「兩寡婦」，如今成為劇場的標地。❿**羅馬競技場**則展現截然不同的氣勢，這座普羅旺斯保留最完整的古羅馬式遺跡，是法國最大的競技場，由多達60座拱門組成，走上最高的位置，可以俯瞰亞爾勒的市容。

距離：約2.7公里
所需時間：4~5小時

亞爾勒散步路線圖

康斯坦丁浴場 ③ ② 勒杜博物館
Thermes de Constantin　Musée Réattu
論壇廣場 ④
Place du Forum
羅馬競技場 ⑩
Amphithéâtre
(Les Arènes)
亞爾勒醫院 ⑤ ⑥ ⑦
Espace Van Gogh
羅馬劇場Théâtre Antique ⑨
共和廣場
Place de la République
夏日庭園Jardin d'Été ⑧
古蹟園省立博物館 ①　聖托菲姆教堂及迴廊
Musée Départemental Arles Antique　Eglise St-Trophime et Cloître

MAP ▶ P.109D2

羅馬競技場

MOOK Choice

Amphithéâtre (Les Arènes)

保留當地特色的鬥牛活動

🚶 從遊客服務中心步行約8分鐘 🏠1 Rdpt des Arènes, 13200 Arles ☎08 91 70 03 70 🕐3~4月和10月 9:00~18:00、5~9月9:00~19:00、11~2月10:30~16:30 🚫1/1、5/1、11/1、12/25 💲與羅馬劇場聯票全票€9、優待票€7 🌐www.arenes-arles.com

來到競技場的入口，就被碩大壯麗的建築所震撼，這是普羅旺斯地區保留最完整的羅馬式遺跡，由兩層樓、月60座拱門所形成，2樓的拱門為多立克式(Doric)。這座法國最大的競技場呈橢圓形，長軸為136公尺、短軸為107公尺，最多可容納2萬多人，昔日入口和今日一樣，同樣位於北面，不過過去在西側，有一道階梯可以直接通往市區。如今這裡主要是夏季鬥牛表演的場所，走上最高的位置，可以俯瞰亞爾勒的市容。

競技場的周圍有許多紀念品小店，尤其是普羅旺斯的花布，將灰色主調的競技場增添了活潑色彩。建議找一家面對羅馬競技場的咖啡廳坐下來悠閒品嚐咖啡，細細體會這座建築的精采。

羅馬劇場

MOOK Choice

Théâtre Antique

夏夜的露天音樂會場

ℹ 從遊客服務中心步行約5分鐘 🏠 Rue De la Calade, 13200 Arles ☎ 04 90 18 41 20 🕐 3~4月和10月9:00~18:00、5~9月9:00~19:00、11~2月10:30~16:30 🚫 1/1、5/1、11/1、12/25 💲 與羅馬競技場聯票全票€9、優待票€7

進入羅馬劇場前，會先走過一片公園綠地「夏日庭園」（Jardin d'Été），公園裡豎立著梵谷紀念雕像，而劇場的入口就藏身在花園小徑之中。羅馬劇場原來是堡壘，歷史可追溯到西元前1世紀，直徑長達102公尺，後來石材被拆解成其他建物之用，目前僅存2根古羅馬柱，被當地人戲稱為「兩寡婦」（Les Deux Veuves）。這裡現在成為亞爾勒節慶的舉行地點，特別是仲夏之夜，

經常舉辦露天音樂會，在沒有屏障的星空下聆聽演奏是種很特別的享受。

聖托菲姆教堂及迴廊

MOOK Choice

Église St-Trophime et Cloître

羅馬與哥德式建築混血

ℹ 從遊客服務中心步行約3分鐘 🏠 Place de la République, 13200 Arles ☎ 04 90 96 07 38 🕐 3~4月和10月9:00~18:00、5~9月9:00~19:00、11~2月10:30~16:30 🚫 1/1、5/1、11/1、12/25 💲 全票€6、優待票€5，與石棺公園聯票全票€9、優待票€7

聖托菲姆教堂建於11世紀末至12世紀初，位於數座舊教堂遺址之上，從狹窄的街道仰望，它的外觀是仿羅馬式建築，正門建於12世紀，雕刻著《最後審判》（Jugement dernier)聖徒與使者。穿過厚重的大門，就來到靜謐的聖托姆迴廊（Cloître St-Trophime），迴廊裡最著名的是柱頭的裝飾浮雕，每一根石柱上都有著雕刻精細的人像，值得仔細觀賞。四方形的迴廊有兩邊是羅馬式建築，可溯及12世紀，另外兩邊則是哥德式建築，可溯及14世紀。

阿勒登博物館

Museon Arlatan

宣揚普羅旺斯文化之美

🚶 從遊客服務中心步行約5分鐘 🏠 29-31, Rue de la République, 13200 Arles ☎ 04 13 31 51 99 🕐 10:00~18:00(最後入場17:15) 休 週一、1/1、5/1、11/1、12/25 💰 成人€8、18~25歲€5，每月第一個週日免費 🌐 www.museonarlaten.fr

該博物館的前身為興建於16世紀的Hôtel de Laval Castellane私人住宅，20世紀初，諾貝爾文學獎得主Frédéric Mistral以獎金買下它後，便改建成博物館的形式開放遊客參觀。

整個博物館圍繞著中庭而建，共分成32個展覽室，內部展示了具有普羅旺斯風格的家具、服裝、瓷器和傳統手工藝品，Frédéric Mistral希望藉此延續和發揚普羅旺斯的文化；而遊客在欣賞這些藝術作品的同時，也可以順道欣賞這座漂亮的宅邸院落。

普羅旺斯… 亞爾勒 Arles

共和廣場

Place de la République

迷你露天建築博物館

🚶 從遊客服務中心步行約3分鐘 🏠 Place de la République, 13200 Arles

共和廣場興建於15世紀，是當地居民的生活中心，四周林立著不少知名建築，其中最醒目的就是位於廣場中央的方型尖碑(Obélisque)，以土耳其花崗岩料製成，原位於羅馬戰車劇場(Cirque Romain)，17世紀才移來此處，為當地珍貴的古羅馬遺跡之一。前方的市政廳(Hôtel de Ville)興建於17世紀，可欣賞到立面典雅細膩的石雕，不過廣場上最重要的雕刻，要屬位於一旁的聖托菲姆教堂與迴廊的《最後審判》浮雕。

康斯坦丁浴場

MOOK Choice

Thermes de Constantin

古羅馬人的社交場所

🚶 從遊客服務中心步行約8分鐘　🏠 Rue du Grand Prieuré, 13200 Arles　☎ 04 90 49 35 40　🕐 3~4月和10月9:00~18:00、5~9月9:00~19:00、11~2月10:30~16:30　🚫 1/1、5/1、11/1、12/25　💲 全票€5、優待票€4

位於隆河附近的康斯坦丁浴場，興建於西元4世紀康斯坦丁大帝時期，是普羅旺斯地區現存最大的公共澡堂。公共澡堂對羅馬人來說，扮演著重要的角色，澡堂依水的溫度分成三區，每天下午，男男女女依序從熱池、溫池到冷池潔淨按摩全身，簡直就像是在做SPA。

現存的康斯坦丁浴場長約98公尺、寬約45公尺，從門口進來最左側是冷水區(Frigidarium)，中間是溫水區(Tepidarium)，再往右走則是熱水區(Caldarium)，而當時的人便懂得利用地下磚窯和管路加熱、輸送熱水；只是浴場本身整體毀損嚴重，猛然一看甚至像個廢墟，實在讓人難以想像當時情景。

MAP ▶ P.109A3

省立古亞爾勒博物館

Musée Départemental Arles Antique

回到古亞爾勒的年代

🚶 從遊客服務中心步行約15分鐘；搭程ENVIA巴士A號線前往於Musée Antique站下車 🏠 Presqu'île-du-cirque-romain, 13200 Arles ☎ 04 13 31 51 03 🕐 9:30~18:00 ⛔ 週二，1/1、5/1、11/1、12/25 💲 成人€8、18~25歲€5，每月第一個週日免費 🌐 www.arlesantique.fr

　　昔日名為亞爾勒古蹟博物館(Musée de l'Arles et de la Provence Antiques)，這間位於新城外的古蹟博物館，透過模型展出，讓你更了解亞爾勒斷壁殘垣的原貌。館內有尊複製的維納斯雕塑，其真品收藏於巴黎羅浮宮，當年法王路易十四要求把維納斯雕塑送往巴黎，從此就再也沒有歸還過，這件無價之寶因而成了亞爾勒人心中永遠的痛。過了330年之後，這尊維納斯終於於2013年5月重新回到亞爾勒，並在亞爾勒古蹟博物館展出，為此博物館還特別安排了為期一週的相關表演和展覽活動。另外，你可以看到羅馬劇場與競技場的原版縮小模型，遙想千年前武功強盛的羅馬人如何在這裡建立娛樂場所，還有許多石棺的展示，石棺上用拉丁文寫著死者的年齡與碑文。

MAP ▶ P.109C3

石棺公園

Alyscamps

畫家的熱門取景地

🚶 從遊客服務中心步行約6分鐘 🏠 Avenue des Alyscamps, 13200 Arles ☎ 04 90 18 41 20 🕐 3~4月和10月9:00~18:00、5~9月9:00~19:00、11~2月10:30~16:30 ⛔ 1/1、5/1、11/1、12/25 💲 全票€5、優待票€4，與聖托菲姆教堂及迴廊聯票全票€9、優待票€7

　　石棺公園的原文「Les Alyscamps」來自拉丁文的「Alyssii campi」，在羅馬神話中的原意即是「為帝國犧牲的英雄大道」，這也是石棺公園當時設立的意涵。

　　然而這座在希臘、羅馬時期創立的公園，卻是到了4世紀，因來自亞爾勒的基督教殉道修士Saint Genest安葬於此，才開始吸引歐洲各地的朝聖者紛紛環繞著Saint Genest埋葬，以尋求殉道者的保護，讓這個石棺公園在5世紀之後，成為基督教世界的重要朝聖起點。少了一般墓園的陰森灰暗，參天的林木讓石棺公園擁有鬧中取靜的清幽，甚至成為浪漫的散步大道，包括梵谷、高更都曾到此取景寫生，吸引印象派愛好者前來，一探前人的創作景致。

MAP ▶ P.109C2

勒杜博物館

Musée Réattu

緊鄰隆河畔的美術館

📍從遊客服務中心步行約8分鐘 🏠10, Rue du Grand Prieuré, 13200 Arles ☎04 90 49 37 58 🕐10:00~17:00(最後入場16:30) ❌週一、1/1、5/1、11/1、12/25 💲全票€8、優待票€6，18歲以下免費，與梵谷紀念藝廊共同門票€12，每月第一個週日免費 🌐www.museereattu.arles.fr

　　以18世紀誕生於亞爾勒的知名畫家賈克・勒杜(Jacques Réattu)為名的博物館，坐落於一棟15世紀的歷史建築，雖然該博物館中收藏了不少勒杜的作品，但讓它受到矚目的原因卻是畢卡索的作品收藏，包括畢卡索親自捐贈的2幅畫作，以及創作於1970年早期的57幅素描作品。此外，博物館內還有部份來自18~19世紀普羅旺斯藝術家畫作和攝影作品展。

MAP ▶ P.109C2

梵谷紀念藝廊

Fondation Vincent Van Gogh

從梵谷到當代藝術的推手

📍從遊客服務中心步行約8分鐘 🏠35 ter, rue du Docteur-Fanton, 13200 Arles ☎04 88 65 82 93 🕐10:00~18:00(最後入場17:15) ❌週一、1/1、5/1、11/1、12/25 💲全票€10、優待票€3~8，18歲以下免費；與勒杜博物館共同門票€12，持自由古蹟通行證或好康護照€8；10~6月第一個週日免費 🌐www.fondation-vincentvangogh-arles.org

　　梵谷基金會成立於1983年，目的是為了推廣及收藏來自世界各地藝術家的作品，他們用創作的行動來表達對巨匠梵谷的敬意，有前衛的、後現代的、寫實的、實驗的風格。而這裡也是亞爾國際攝影節(Les Rencontres de la

Photographie)主會場之一。

　　約1,000平方公尺的展場空間內，定期展出當代藝術家的主題特展。由於梵谷生前只賣出一畫作，亞爾勒並沒有留藏存梵谷作品，基金會同時也向其他收藏家或博物館商借，在館內展示梵谷的畫作。

© Office de Tourisme d'Arles - H.Drouet

© Office de Tourisme d'Arles - H.Drouet

MAP ▶ P.109D3

亞爾勒LUMA藝術中心

LUMA Arles

創意與藝術的實驗室

🚌搭程ENVIA巴士1號或A號前往於Révolution站下車，步行約5分鐘 🏠Parc des Ateliers, 35 Avenue Victor Hugo, 13200 Arles ☎04 65 88 10 00 🕙10:00~18:00(最後入場17:15)；公園7:00~18:30 ❌週一及週二，1/1、5/1、11/1、12/25 💲免費，建議事先網路預約參觀時段 🌐www.luma.org

　瑪雅‧霍夫曼(Maja Hoffmann)於2004年在蘇黎世創立了LUMA藝術基金會(LUMA Foundation)，旨在支援視覺藝術、攝影、紀錄片以及多媒體在各個領域的創作。2013年，LUMA藝術中心計畫在亞爾勒的Parc des Ateliers正式啟動。這個公園原本是法國國鐵

(SNCF)的火車維修基地，自電力機車逐漸通用後，火車維修基地在1984年結束營運。2000年以後，Parc des Ateliers因成為許多文藝活動的場地而備受關注，政府機關亦積極整修維護，才有了今天的LUMA藝術中心。經歷了8年的建造，LUMA藝術中心於2021年6月正式開幕，結合了創作展覽、學習研究以及圖書館的功能。

　位於Parc des Ateliers正中央的塔樓(The Tower)有56公尺高，由鋼鐵、水泥和玻璃組成，由瑪雅‧霍夫曼與知名建築師法蘭克‧蓋瑞(Frank Gehry)共同設計。波浪造型的建築外觀是典型的蓋瑞style設計，捕捉了天空中的色彩變化，讓塔樓如變形金剛般不斷變化。兩位設計師希望藉此向梵谷致敬，因為梵谷在亞爾勒創作了許多以普羅旺斯天空為背景的畫作。而底部的圓形建築則是受亞爾勒羅馬競技場的啟發。

追尋梵谷足跡 Attractions of Van Gogh

1888~1889年，梵谷曾在亞爾勒及附近的聖雷米(Saint-Rémy de Provence)居住，雖然只有短短的1年，卻是他人生中最豐富多彩的創作高峰，他在此完成的油畫高達200多幅。

亞爾勒以熱鬧溫暖的南法風情激起梵谷雀躍豐盛的靈感，也讓他的好友高更追隨來此停留。因為對繪畫主張的出入，梵谷與高更兩人每每爭吵不休，最後梵谷割下一隻耳朵送給高更，兩人從此不再有任何聯繫。而後梵谷在1889年移居鄰近的聖雷米精神療養院，結束他的亞爾勒生活。

亞爾勒醫院 Espace Van Gogh

🚶 從遊客服務中心步行約5分鐘 🏠 Place du Docteur Félix-Rey, 13200 Arles 📞 04 90 49 39 39 🕐 8:00~18:00 💲 免費

這是梵谷割去耳朵後接受治療的醫院，後來精神狀況惡化時也曾在此住過一段時期。梵谷住院期間為了逃避壓力，再度提起畫筆，從花園錦簇的畫中看不出他心中的恐懼，卻依然可以嗅出醫院禁閉的氣氛，矗立的白楊樹如同柵欄，讓梵谷永遠與夢想自由隔絕了。

在梵谷居住亞爾勒100週年紀念時，這座醫院改建為文化中心，院中的藝術花園(Jardin des Arts)刻意保留了當年的花草舊觀，和梵谷當年筆下的風情沒有太大出入，仍然是一片欣欣向榮的繽紛花園。花園四周設有各種紀念品店及餐廳，不妨花點時間走走逛逛。

梵谷咖啡館 Café Van Gogh

🚶 從遊客服務中心步行約5分鐘 🏠 11 Place du Forum, 13200 Arles 📞 04 90 96 44 56 🕐 9:00~24:00 🌐 www.restaurant-cafe-van-gogh-arles.fr

梵谷在論壇廣場旁的這家咖啡館先後畫了室內與室外的作品，室內部份是梵谷在咖啡館裡連續待上4晚所繪製，他用紅色和綠色呈現絕望的氣氛，甚至說出：「這咖啡館是讓人自毀的地方，人在這裡會發瘋或變成罪犯……」這樣詭譎的話語。不久後，梵谷透過1888年9月所畫的《星空下的咖啡館》(Le Café de Nuit, Place du Forum)，大膽走向戶外繪畫，用黃澄澄的燈光與深藍的夜空形成對比效果，這種在夜間畫人工照明的戶外寫生是梵谷所獨創。經過後人特意修飾與模仿，這家咖啡館的模樣彷彿就停在當年那段時空裡，但受到盛名之累，旺季時經常高朋滿座，昔日那份清靜似乎已難複製。

論壇廣場 Place du Forum

🚶 從遊客服務中心步行約5分鐘 🏠 Place du Forum, 13200 Arles

這座廣場因為梵谷咖啡館(Café Van Gogh)而聲名大噪，大家都想來看看梵谷畫筆下的咖啡館和廣場今日真實的原貌！廣場上另有一座1904年獲得諾貝爾文學獎的普羅旺斯詩人Frédéric Mistral的雕像，論壇廣場就靠他和梵谷，展露與眾不同的藝文氣息。

夏日庭園 Jardin d'Été

🚶 從遊客服務中心步行約2分鐘 💲 免費

鄰近羅馬劇場一角，夏日庭園是占地廣大的悠閒綠地，園裡總有輕鬆漫步的人們，還有天真的兒童不時傳出歡樂嘻笑聲，一隅綠牆便將市區的喧囂嘈雜隔絕在外，恍若另一番時空。庭園內豎立著梵谷紀念碑，標示著亞爾勒與梵谷之間緊密的歷史情誼，也讓這裡吸引了許多印象派朝聖者到此一遊。

梵谷的隆河星空Nuit Étoilée sur le Rhône

📍從火車站步行約3分鐘

位於Rue Marius Jouveau旁的隆河小碼頭，便是當時梵谷畫下《隆河星空》(Nuit Étoilée sur le Rhône)的所在地，這地方擁有開闊的河岸景致，只不過當年搖曳生姿的小船，現在已經成為豪華熱鬧的遊艇，唯一不變的，或許只剩下那依然碧綠、波光閃耀的河水。

黃色小屋La Maison Jaune

📍從火車站步行約3分鐘　📍2 Place Lamartine, 13200 Arles

梵谷在1888年5月租了這棟房子，並著手將它漆成黃色，這個燦爛的顏色對他來說，不但重要且具有象徵意義。梵谷把屋子內外都漆成黃色，彷彿透過顏色，將一切都掌控在他手中，儘管小屋簡樸，卻讓他第一次感到「擁有」所帶來的安全與自由。梵谷在黃色小屋內畫下一系列的向日葵畫作，主要是為了裝飾他的小屋，而在他且痛苦的一生中，這方小小的天地是唯一讓他度過快樂歲月的地點，於是同年9月，《黃色小屋》便出現於世人眼前。

不過，原來的建築在1944年二次大戰期間遭到炸彈摧毀，現在站在廣場上看到的房屋是後來重建的結果，顏色也不是當初的黃色了。

曳起橋 Pont du Van Gogh

📍搭程ENVIA巴士6號前往於Pont Van Gogh站下車　📍位於亞勒爾以南3公里處的D31公路上

梵谷曾畫作多幅以朗盧橋(Pont Langlois)為背景的作品，包括1888年時的《朗盧橋和洗衣婦》(Pont Langlois et Lavandières)油畫。位於城外的這座曳起橋，其實並不是梵谷創作的同一座橋，而是當地政府為了紀念這位畫家在此地的足跡，選擇適當之處依畫作重建的新橋。雖然這座橋本身並不是梵谷當時的寫生對象，但營造出的氣氛與景致，的確與畫作十分神似，也讓這個景點，雖然距離市區頗有距離，依舊絲毫無法減損遊人前來緬懷的興致。運氣好的話，還可以看到許多來這兒寫生創作的畫家身影。

舊磨坊 Le Vieux Moulin

📍從遊客服務中心步行約15分鐘　📍Rue Mireille, 13104 ARLES

鐵路旁廢棄的舊風車，隱約還可以看到羅馬時代城池的遺跡，你可以在階梯旁的樹下找到梵谷創作於1888年9月的原作《舊磨坊》(Le Vieux Moulin)的對照圖，這座蒼涼的閣樓顯然距離梵谷觀察時，已經老了許多了。

MAP ▶ P.109C2 設計服飾Christian Lacroix

🚶從遊客服務中心步行約8分鐘 📍52 Rue de la République, 13200 Arles ☎04 90 96 11 16 🕐10:00~19:00 ❌週日

法國知名服裝設計師克里斯汀‧拉克魯瓦(Christian Lacroix)稱為是巴黎高級訂製服品牌第一把交椅。他出身於亞爾勒，而這間個人品牌專賣店可說是一代時尚教父的發跡起點。店內商品充分展現拉克魯瓦高級訂製服的精髓，每款布料都是獨一無二的設計精品，無論材質、刺繡、裁縫都是萬中選一、難以被量產，對時尚粉絲而言是不可錯過的朝聖地。

MAP ▶ P.109C2 L'Arlatan

🚶從遊客服務中心步行約6分鐘 📍20 Rue du Sauvage, 13200 Arles ☎04 65 88 20 20 🌐www.arlatan.com

緊鄰康斯坦丁浴場的設計旅館L'Arlatan入口非常不起眼，走進瑰麗而隱密的大門後才發現別有洞天，由15世紀保留至今的連棟高級住宅被改建成酒吧、餐廳、公共讀書室以及19間精巧的豪華客房。巴西裔藝術家豪爾帕多(Jorge Pardo)操刀旅館由內到外的設計，使用華麗繁複的地磚與簍空燈飾，搭配色彩大膽的設計座椅、馬賽克拼貼家具等，構築出奇幻奢華的設計空間，而入住館內彷彿也走入藝術家的異想世界。旅館附設雞尾酒吧和餐廳，就算不是住客，也可在絢麗迷幻的藝術酒吧小酌，品嘗主廚特製Brunch早午餐和精緻餐點。

MAP ▶ P.109D3 Hôtel Le Calendal

🚶從遊客服務中心步行約5分鐘 📍5 Rue Porte de Laure, 13200 Arles ☎04 90 96 11 89 🌐www.lecalendal.com

面對著羅馬劇場，這間設計旅店的客房遠比外觀更讓人驚艷。17世紀建築改建的Hôtel Le Calendal館內共有40間客房，業主與亞爾勒國立攝影學校(National School of Photography in Arles)合作，根據文學、建築、電影、繪畫四大主題，讓學生發揮設計專才設計出38種不同風格客房。住宿在旅館中，不但推開窗戶可見亞爾勒的舊城與羅馬劇場，還能透過放置在客房內的小說和攝影等作品，感受普羅旺斯的藝術魅力。旅館並附設庭院餐廳和Spa浴池，在溫暖泉水中放鬆四肢，屹立千年的古代劇場映入眼簾，讓旅途疲憊的身心靈煥然一新。

●尼姆

尼姆
Nîmes

文●墨刻編輯部
攝影●墨刻攝影組

曾被羅馬帝國統治的尼姆,因為境內仍保有許多羅馬遺跡而受人注目,其中競技場因是全歐保存最為完善的圓形競技場,成了遊客必訪的重要景點,而每年3次的鬥牛比賽,也是在此舉行。

現今的尼姆極具城市規模,漫步寬廣的林蔭大道讓人心曠神怡;而且細心的人不難發現,在街頭巷尾經常看到鱷魚的圖案或雕像,最有名的,即是位於市集廣場(Place du Marché)醒目的鱷魚銅雕,原來在奧古斯都時期,因戰勝埃及而在這一帶發行紀念銅幣,銅幣上即以拴在棕櫚樹的鱷魚圖案代表被統治的埃及,1535年鱷魚正式成為尼姆的市徽。至於位於尼姆近郊的嘉德水道橋,已具有二千年的歷史,不但時間悠久,完美的建造技術迄今亦令人驚嘆。

INFO

如何前往

◎火車

從亞維儂市中心站(Avignon Centre)搭乘TER火車直達尼姆火車站(Nîmes),車程約25分鐘,約30分鐘~1小時一班。

從亞爾勒(Arles)搭乘TER火車直達尼姆火車站,車程約20分鐘,每天5~6班。班次、時刻表及票價可上網或至火車站查詢,車票可上網、至火車站櫃台購買,或先於台灣向飛達旅遊購買買法國火車通行證(France Rail Pass)並訂購車票。

飛達旅遊
⌂台北市中山區南京東路三段168號10樓之6
☎(02) 8161-3456分機2 ◯@gobytrain
ⓦwww.gobytrain.com.tw

法國國鐵
ⓦwww.sncf.com

◎巴士
可亞維儂巴士總站(PEM Gare Routière)搭乘liO巴士151號前往尼姆巴士總站(Gare Routière),車程約80分鐘;從亞爾勒巴士總站可搭乘liO巴士130號前往尼姆,車程約70分鐘,約1~2小時一班。時刻表及票價可上網查詢。

liO巴士公司
ⓦwww.lio-occitanie.fr

火車站、巴士站至市區交通

◎從火車站到市區
　　尼姆火車站位於市區,至大部分景點皆步行可達。

◎從巴士總站到市區
　　尼姆的巴士總站(Gare Routière)位於市區,至大部分景點皆步行可達。

市區交通

◎步行
　　尼姆市區內的大部分景點皆徒步可達。

旅遊諮詢

◎尼姆遊客服務中心 Office de Tourisme Nîmes
🚇 P.122C2　🚶 從尼姆火車站步行約10分鐘
🏠 6 Boulevard des Arènes, 30000 Nîmes,
☎ 04 66 58 38 00
🕐 11~3月9:00~18:00、4~10月9:00~19:00
🌐 www.nimes-tourisme.com/fr

優惠票券

◎尼姆城市通行證
Nîmes City Pass
　　分為2日券、4日券和7日券三種,在有效限期內憑票可免費參觀尼姆境內,包括競技場、方形神殿、瑪涅塔等景點和博物館、美術館,以及多種導遊導覽行程。可上網或至遊客服務中心購買。
☎ 04 66 58 38 00
💲 2日券€29、4日券€37、7日券€39
🌐 www.nimescitypass.com

普羅旺斯⋯尼姆 Nîmes

尼姆中心區Central Nîmes

`MAP ▶ P.122C2`

競技場

MOOK Choice

Les Arènes
傳承千年的娛樂據點

從遊客服務中心步行約3分鐘　Place des Arènes, 30000 Nîmes　04 66 21 82 56　11~2月9:30~17:00、3月及10月9:00~18:00、4~5月及9月9:00~18:30、6月9:00~19:00、7~8月9:00~20:00　全票€10、優待票€5~8，7歲以下免費；另有與方形神殿、瑪涅塔的套票，全票€13、優待票€6~11　www.arenes-nimes.com

尼姆競技場興建於1世紀末，原本就是百姓欣賞賽馬或人獸搏鬥的地方，它的規模雖然不及亞爾勒的羅馬競技場，但因為保存得十分完善而同樣受到矚目。

此競技場長133公尺、寬101公尺、高21公尺，呈圓形，外牆由上下雙層疊拱門設計而成，

內部觀眾席以輻射方式圍繞著競技場，一次約可容納24,000名觀眾。34排呈梯形的階梯座位，依高度共分成平行上下四層，彼此以走道和欄杆相隔，因當時的座位安排依嚴格的社會階層而定，君王、貴族和有錢人自然是坐在離競技賽場最近、看得最清楚的低層。值得一提的是，在當時已經有遮棚的設計，可以防止日曬和雨淋。

競技場過去雖然曾遭關閉，甚至成為堡壘和避難所，但從1853年開始，這裡便固定舉行鬥牛賽，而且拜現代科技之賜，10~4月還有活動式遮棚，讓全年都能舉辦各種音樂會和表演，是尼姆居民重要的娛樂休閒場所。除一般的參觀外，如果想欣賞鬥牛或表演節目，可以至全法Fnac和競技場旁的售票處(Billetterie des Arènes)或上網購票。

MAP ▶ P.122B2

方形神殿

MOOK
Choice

Maison Carrée

保存完善的古羅馬神殿

📍從遊客服務中心步行約6分鐘 🏛Place de la Maison Carrée, 30000 Nîmes ☎04 66 21 82 56 🕐10~2月10:00~13:00(10月09:30起)、14:00~16:30，3月9:30~18:00，4~5月及9月10:00~18:30，6月9:30~19:00，7~8月9:30~20:00 💲全票€6、優待票€3~5，7歲以下免費；另有與方形神殿、瑪涅塔的套票，全票€13、優待票€6~11 🌐www.arenes-nimes.com

模仿阿波羅神殿而興建於西元1世紀的方形神殿，是羅馬君王奧古斯都所建，在法國現存的羅馬神殿中，這是保存最為完好的一座。整座神殿大致呈南北走向，以長26公尺、寬15公尺、高17公尺的方形結構建成，30根科林斯式(Corinthian)柱以對稱的型式環繞主廳，正門有漂亮的山形牆，整體比例完美和諧，呈現一股典雅優美的氣質，後來巴黎在建造瑪德蓮教堂(Église de la Madeleine)時，就以它為藍本。

神殿曾多次變更用途，議事廳、私宅、馬廄、教堂和檔案室，到了1823年，則改成尼姆首座博物館。目前遊客可以從神殿前的廣場柱廊近距離欣賞神殿之美，亦可買票入內參觀，內部視聽室播放3D短片，觀眾可以透過特殊的眼鏡感受立體的聲光效果，認識尼姆過往的歷史和英雄人物。

MAP ▶ P.122C3

尼姆美術館

Musée des Beaux-Arts de Nîmes

朗格多克的藝術收藏

📍從遊客服務中心步行約5分鐘 🏛Rue de la Cité Foulc, 30000 Nîmes ☎04 66 76 71 82 🕐週二至週五10:00~18:00，週六至週日10:00~18:30 ❌週一、1/1、5/1、11/1、12/25 💲免費 🌐www.nimes.fr/index.php?id=279

興建於1907年，並於1986~1987年間整修的尼姆美術館，是朗格多克(Languedoc)地區的第二大美術館，一進門就可以看到一幅大型的羅馬鑲嵌畫(roman mosaic)《阿德梅都的婚禮》(Le Mariage d'Admetos)。館內主要收藏17~18世紀，來自荷蘭、法國、義大利和西班牙等地，包括華鐸(Watteau)、米納爾(Mignard)、納托瓦爾(Natoire)、保爾·德拉羅什(Paul Delaroche)等人的雕刻和繪畫。

尼姆中心區Central Nîmes

MAP ▶ P.122A1

瑪涅塔

MOOK Choice

Tour Magne

登高望遠的絕佳選擇

ⓘ 從遊客服務中心步行約15分鐘 ⌂Tour Magne, 30000 Nîmes ☎04 66 21 82 56 🕐11~2月9:30~13:00、14:00~16:30，3月及10月9:30~13:00、14:00~18:00，4~5月、9月9:30~18:30(9月午間不開放)，6月9:00~19:00，7~8月9:00~20:00 💲全票€3.5、優待票€1.5~3，7歲以下免費；另有與方形神殿、瑪涅塔的套票，全票€13、優待票€6~11 🌐www.arenes-nimes.com

　　114公尺高的騎士山(Mont Cavalier)頂端有一座高塔，當地人稱之瑪涅塔，它是西元前15年由羅馬人以石灰岩興建的城牆塔樓，為多角形建築，高32公尺，是法國現存最早的羅馬建築。法國諾貝爾文學獎得主Frédéric Mistral還曾以「南法文明新生的燈塔」來形容它。

　　進到內部爬上140階梯可以來到瞭望台，讓人得以以180度的視野，欣賞尼姆整個城鎮風光，天氣好的時候，還可以眺望至馮杜山(Mont Ventoux)，是全市的最高點。瞭望台上並附有景點位置解說圖，可以方便指認眼前的景點。

尼姆中心區Central Nîmes

MAP ▶ P.122C3

羅馬博物館

MOOK Choice

Musée de la romanité

琳瑯滿目的文物標本

ⓘ 從遊客服務中心步行約1分鐘 ⌂16 Boulevard des Arènes, 30000 Nîmes ☎04 48 21 02 10 🕐11~3月10:00~18:00，4月~10月 10:00~19:00 ⓧ11~3月每週二、1/1、12/25 💲全票€9、優待票€3~6，7歲以下、每月第一個週日免費 🌐museedelaromanite.fr

　　尼姆的第一座博物館出現在1823年的方形神殿，到了19世紀末，市政府決定將部分的展覽品移至當時的耶穌會學院(Jesuits' College)，成立考古及自然歷史博物館。2018年，位在競技場旁的羅馬博物館揭幕，將館藏做更加現代化

與互動式的展示，博物館建築由法國知名建築師Elizabeth de Portzamparc操刀，外牆充滿設計感的白色波浪線，成為尼姆備受矚目的新地標。

　　博物館主要珍藏並展覽來自希臘、伊特魯里亞、非洲各地的文物，時間從鐵器時代橫跨羅馬時期至中世紀，展覽文物五花八門，從日常生活用品、石雕、瓷器、銅盤、裝飾藝術品到墓碑、銘文非常豐富，令人嘆為觀止。

MAP ▶ P.122C2

舊尼姆博物館

Musée du Vieux Nîmes

記載尼姆人的生活歷史

🚶從遊客服務中心步行前往，約5~8分鐘可達。 ⌂Place aux Herbes, 30000 Nîmes ☎04 66 76 73 70 ◑週二至週五10:00~18:00，週六至週日10:00~18:30 ⊗週一、1/1、5/1、11/1、12/25 💲全票€5、優待票€3，18歲以下免費 🌐www.nimes.fr/culture/musees-planetarium/musee-du-vieux-nimes.html

　舊尼姆博物館位在建於17世紀末的主教宮(Palais Épiscopal)內，2層的展區主要保存和展覽從中世紀迄今與尼姆有關的照片、模型、繪畫和工藝品，像是方形神殿和競技場早期的素描，精緻的絲質、瓷器及木質家具，透過這些，可以拼湊和了解出這個城鎮過去的風貌和尼姆人的居家生活。最有趣的是丹寧布(Denim)展覽室，原來尼姆從18世紀起就以生產一種耐穿耐磨的斜紋棉布(Sergé)聞名，也就是大家熟悉的丹寧牛仔布(丹寧Denim就是源自法文「尼姆製造」de Nîmes的意思)，影響了現代人的服裝風格。

MAP ▶ P.122C2

聖凱斯托大教堂

Cathédrale St-Castor

尼姆的首座大教堂

🚶從遊客服務中心步行約7分鐘 ☎04 66 36 33 50 ⌂Place aux Herbes, 30000 Nîmes ◑週一至週五08:30~18:00，週六08:30~12:00、14:00~18:00，週日09:30~12:00 🌐www.nimes-catholique.fr

　位於舊城中心的聖凱斯托大教堂，建於烏爾班二世主教(Pope Urban II)十字軍東征時期的1096年間，由於教堂在宗教革命期間遭到損毀，在1636~1646和18~19世紀，都曾進行重修工作。也因此，可以看到這座教堂融合了不同時代的建築風格，像是它擁有羅馬建築的拙樸厚重，但又有哥德式風格的漂亮圓花窗(Rose-Window)，鐘塔則呈現半羅馬、半哥德的型式，門則帶著古典主義的簡單、雅致之美。

尼姆中心區Central Nîmes

MAP ▶ P.122C1

奧古斯都門

Porte d'Auguste

風華不再的古羅馬城門

🚶從尼姆火車站步行約10分鐘　🏠25B Bd Amiral Courbet, 30000 Nîmes

西元前15~16年，羅馬人在尼姆建立了一道長約9公里的城牆，城牆建有10道城門和80座塔樓（包括瑪涅塔），奧古斯都門便是其一。

現今城門僅剩如同廢墟的4座拱門，中間較大的兩座高和寬分別約為9公尺和2公尺，一般相信是給馬車通過，兩旁的拱門較小，則是行人專用，這兩座拱門上都有矩型基座，當時在壁龕上可能放有雕像。

尼姆中心區Central Nîmes

MAP ▸ P.122B2

當代藝術中心
Carré d'Art
建築吸睛更勝收藏

🚶 從遊客服務中心步行約7分鐘 🏠16, Place de la Maison Carrée, 30000 Nîmes ☎04 66 76 35 70 🕐週二至週五10:00~18:00、週六至週日10:00~18:30 ⊗週一、1/1、5/1、11/1、12/25 💲全票€8、優待票€6，18歲以下、每月第一個週日免費 🌐www.carreartmusee.com

　由曾獲得普立茲建築獎的英國建築師Sir Norman Foster設計的這座藝術中心，以玻璃和鋼骨結構，展現簡約流暢的現代風格，正好與對面的方形神殿(Maison Carrée)，呈現一古一今的對比型式。藝術中心內規畫了美術館和多媒體圖書館，前者比照巴黎龐畢度中心(Centre Pompidou)的設計，打造一處同樣展示當代重要藝術品的空間，目前總計共有展出從1960年代迄今的400件作品。

尼姆中心區Central Nîmes

MAP ▸ P.122C2

維拉雷特烘焙坊
Maison Villaret
杏仁餅乾的香甜滋味

🚶 從遊客服務中心步行約5~8分鐘 🏠13, Rue de la Madeleine, 30000 Nîmes ☎04 66 67 41 79 🕐7:00~19:30
網站：maison-villaret.com

　開幕於1775年的Maison Villaret，傳統的烤爐、以木頭和大理石裝飾的內部散發歷史感，然而讓它聲名大噪的是一種名為Villaret杏仁脆餅乾(Croquants Villaret)的點心！

　這種手指狀的餅乾以杏仁、檸檬和蜂蜜做成，從其名稱冠上店名來看，不難理解它是這間甜點店的鎮店之寶，事實上杏仁脆餅乾正是由Maison Villaret發明，沒想到大受歡迎甚至成為代表尼姆的特產之一。餅乾吃起來硬硬脆脆的，常讓人一口接一口無法停止。

尼姆中心區Central Nîmes

MAP ▶ P.122A1

噴泉花園
和戴安娜神殿

MOOK Choice

Jardin de la Fontaine

氣氛浪漫宜人的綠地

從遊客服務中心步行約13分鐘 Quai de la Fontaine, 30000 Nîmes 04 66 76 70 01 3月及9月 7:30~20:00，10~2月7:30~18:30，4~8月7:30~22:00；部 分花園6/30~9/17週四至週六7:30~24:00 www.nimes. fr/vie/espaces-verts/jardins-de-la-fontaine.html

位於城市西北角的噴泉花園，於18世紀利用 天然地下泉水建成，事實上早在古羅馬時期，這 裡便是聖泉、浴場和神廟的所在地，今日，許多 遺址已不復見，但花園內泉湧不絕、草木扶疏， 如鏡面般的水池、巴洛克雕像和石雕花瓶點綴其 中，瀰漫著優雅的法式庭園風情。位於入口左側 的戴安娜神殿是僅存的歷史遺跡，雖然其整體結 構早在宗教革命時遭到些許毀損而看不出原貌， 但據測約是興建於高盧羅馬時期的建築，至於建 造的目的和意義則不確定。

從花園再往上走即是騎士山(Mont Cavalier)， 從19世紀開始，這裡便種滿松檜、冬青和黃楊木 各種植物，使其一年四季，都能被綠意圍繞，不 論是當地人或遊客都很喜歡到此享受一段悠閒時 光，再往前走就是瑪涅塔。

尼姆近郊Around Nîmes

MAP ▶ P.8A3

嘉德水道橋

Pont du Gard

精密的力學工程設計

🚌可從尼姆巴士總站搭乘巴士121號，或從亞維儂巴士總站搭乘巴士115號到Rond Point Pont du Gard站，車程約40~45分鐘，時刻表可上liO巴士公司(www.lio-occitanie.fr)查詢。🏠400 Route du Pont du Gard, 30210 Vers–Pont-du-Gard ☎04 66 37 50 99 🕐水道橋11~2月9:00~19:00，3~10月9:00~18:00，4~6月及9月9:00~19:00，7~8月9:00~20:00；夜間開燈10~4月至22:00，5~9月至24:00 🚫1/1、12/25 💲全票€6.5，18歲以下免費 🌐pontdugard.fr

　　1985年被列為聯合國教科文組織世界遺產的嘉德水道橋，興建於西元前45年，當時羅馬帝國領土擴展迅速，勢力遠及法國西南部的尼姆，而尼姆是高盧地區的大城市，居民人數高達2萬，為了應付羅馬城市必備的公共澡堂、大型噴泉以及市民日常所需等每日將近2千萬公升的用水

量，羅馬人開始往外找水源，最後在尼姆市外50公里處的Uzès找到了Eure泉源。

為了將Eure的泉水從Uzès接到尼姆來，工程團隊打造各式水管、隧道和小橋，並採彎曲前行的路徑，以便克服控制水流速在每秒500~600公升，並維持24公厘的傾斜角度，如此才能在沒有馬達等機器的輔助下，讓泉水可以順利流到尼姆市。令人難以相信的是，在長達50公里的距離裡，水道頭尾的高低落差居然僅達12公尺。

工程團隊一路打造地下或半地下的引水道，直至距尼姆市不遠的嘉德(Gard)河岸，尼姆引水計畫中最龐大的工程——嘉德水道橋於是動工，以便跨越寬達270公尺的河床，據推估，當時可能動用了1,000名工人、施工期達3~5年。

外觀優雅的嘉德水道橋，寬275公尺、高49公尺，是古羅馬水道橋中最高的一座，由上中下三層共49座圓拱組成。上層47個小拱頂，做為引水道之用；中層11個中拱頂，前有步道，人車皆可通行；下層6個大拱頂，一來支撐上面兩層，其次有阻擋洪水等功能。

工程團隊運來數百塊巨石來打造嘉德水道橋，有些巨石的體積甚至可以超過2立方公尺，估計整體石材總重量高達5萬400噸。儘管工程浩大，但石塊間完全沒有使用任何黏合材料，純粹是靠工程團隊精密的力學計算來切割組合，完美的技術，讓水道橋歷經上千年仍矗立山間。

橋身仍留有當時施工留下的痕跡，像是石塊上的數字編號，另可看到突出的石柱，這些是供工人攀爬或起重機械的支撐點。此外，最底層的巨大橋墩，向水的一側呈三角椎狀，可以有效地分散嘉德河洪流的力量。

除了嘉德水道橋全年開放，另外還規畫了博物館，讓人可以透過室內外展區的地圖、模型、影像和語音導覽，認識水道橋建築原理與時代背景。夏季透過網路預約，還可以走進48公尺高的引水管內部，從內部一探這座羅馬時代的偉大遺產。

艾克斯
Aix-en-Provence

文●墨刻編輯部
攝影●墨刻攝影組

艾克斯是普羅旺斯的首都，地名源自拉丁文——水(Aqua)，早在19世紀就興建許多噴泉，因而有「千泉之都」的美譽。各式各樣的噴泉散布在每個廣場、街角甚至是私人庭園，光是公共噴泉就有40座，到底艾克斯有多少座噴泉呢？連土生土長的艾克斯人都算不清楚。

然而，今日它的名氣多來自天才畫家保羅‧塞尚(Paul Cézanne)的經典名畫。艾克斯是藝術家塞尚的出生地，因此古城裡不但具備都會風情，也散發藝術氣息。為了方便遊客參觀，艾克斯觀光局也規畫了兩條追隨大師足跡的行程：一是在舊城區漫步，參觀塞尚的出生地、學校及故居，另一條是開車行程，參觀地點是塞尚最愛描繪的聖維克多山(Mt.Ste-Victoire)。

INFO

如何前往
◎火車
從巴黎里昂火車站(Gare de Lyon)搭TGV直達火車於艾克斯TGV站(Gare Aix-en-Provence TGV)下，車程約3~3.5小時，1小時約1~2班。

從馬賽聖查理火車站(Gare Marseille St Charles)搭TGV直達火車於艾克斯TGV站(Aix-en-Provence TGV)下，車程約12分鐘，班次頻繁。也可搭乘TER直達火車於艾克斯(Aix-en-Provence Centre)下，車程約45分鐘，約30分鐘一班。

班次、時刻表及票價可上網或至火車站查詢，車票可上網、至火車站櫃台購買，或先在台灣向飛達旅遊購買法國火車通行證(France Rail Pass)。

飛達旅遊
🏠 台北市中山區南京東路三段168號10樓之6
📞 (02) 8161-3456分機2
📧 @gobytrain
🌐 www.gobytrain.com.tw

法國國鐵
🌐 www.sncf.com

◎巴士
艾克斯和周邊城鎮均有巴士往來，從馬賽(Marseille)的St Charles站搭乘ZOU巴士65、67號前往艾克斯巴士總站(Gare Routière)，車程約30分鐘，或搭ZOU巴士68、69號巴士，車程約35分鐘。從亞維儂巴士總站(PEM Gare Routière)搭乘ZOU巴士63號，車程約1小時20分鐘。從尼斯巴士總站(Gare Routière)搭ZOU巴士60號，車程約2.5~3.5小時。班次、時刻表及票價可上網查詢。

普羅旺斯─阿爾卑斯─蔚藍海岸客運系統ZOU
🌐 zou.maregionsud.fr/en

火車站、巴士站至市區交通
◎從火車站到市區
艾克斯有兩個火車站，一個位於市區的艾克斯市區火車站(Aix-en-Provence Centre)，從火車站出來後即可步行進入市區，步行至遊客服務中心約6~8分鐘；另一是艾克斯TGV火車站(Aix-en-Provence TGV)，距離市區18公里，往來於馬賽機場和艾克斯之間的ZOU巴士66號中途停靠艾克斯TGV火車站，可搭乘此巴士前往來於艾克斯TGV火車站和市區，車程約30分鐘，車票可於上車時購買。

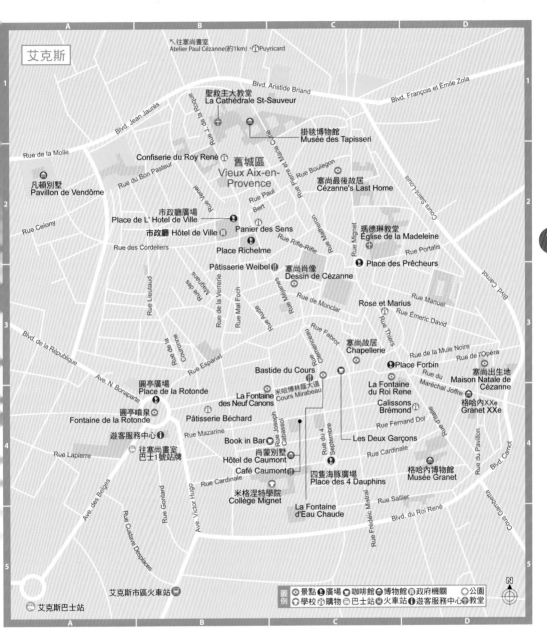

艾克斯

往塞尚畫室
Atelier Paul Cézanne(約1km) 往Puyricard

Blvd. Aristide Briand

Blvd. François et Émile Zola

Blvd. Jean Jaurès

聖救主大教堂
La Cathédrale St-Sauveur

Rue de la Molle

掛毯博物館
Musée des Tapisseri

Confiserie du Roy René

凡頓別墅
Pavillon de Vendôme

舊城區
Vieux Aix-en-Provence

Rue du Bon Pasteur

Rue Boulegon

塞尚最後故居
Cézanne's Last Home

Rue Celony

Rue Paul Bert

Cours Saint-Louis

市政廳廣場
Place de L' Hotel de Ville

市政廳 Hôtel de Ville

Panier des Sens

瑪德琳教堂
Église de la Madeleine

Rue des Cordeliers

Place Richelme

Rue Rifle-Rifle

Rue Portalis

Rue Mignet

Place des Prêcheurs

Pâtisserie Weibel

塞尚肖像
Dessin de Cézanne

Rue de Monclar

Rose et Marius

Rue Manuel

Rue Émeric David

Blvd. Carnot

Rue Lieutaud

Rue de la Verrerie

Rue Mal Foch

Rue Aude

Rue Espariat

Rue Fabrot

塞尚故居
Chapellerie

Rue de la Mule Noire

Rue de l'Opéra

Blvd. de la République

Bastide du Cours

米哈博林蔭大道
Cours Mirabeau

Place Forbin

Rue du Maréchal Joffre

塞尚出生地
Maison Natale de Cézanne

Ave. N. Bonaparte

圓亭廣場
Place de la Rotonde

La Fontaine des Neuf Canons

La Fontaine du Roi Rene

Calissons Brémond

格哈內XXe
Granet XXe

圓亭噴泉
Fontaine de la Rotonde

Pâtisserie Béchard

Rue Mazarine

Book in Bar

Rue Joseph Cabassol

Rue du 4 Septembre

Les Deux Garçons

Rue Fernand Dol

格哈內博物館
Musée Granet

遊客服務中心
往塞尚畫室
巴士1號站牌

Rue Lapierre

肖蒙別墅
Hôtel de Caumont

Café Caumont

四隻海豚廣場
Place des 4 Dauphins

Rue Cardinale

Rue du Pavillon

Blvd. Carnot

Ave. des Belges

Rue Gontard

Ave. Victor Hugo

Rue Cardinale

米格涅特學院
Collège Mignet

La Fontaine d'Eau Chaude

Rue Sallier

Cours Gambetta

Rue Custave Desplaces

Rue Frédéric Mistral

Blvd. du Roi René

艾克斯市區火車站

艾克斯巴士站

圖例 ⊙景點 ❺廣場 ☕咖啡館 🏛博物館 🏛政府機關 ○公園
🎓學校 🛍購物 🚌巴士站 🚉火車站 🛈遊客服務中心 ✝教堂

N

◎從巴士總站到市區

　艾克斯巴士總站(Gare Routière)位於市區，步行至遊客服務中心約8分鐘。

艾克斯巴士總站 Aix-en-Provence Gare Routière

🚶從艾克斯市區火車站步行約6分鐘

🏠6 boulevard Coq, 13100 Aix-en-Provence

市區交通

　大部分景點步行可達，如不想走路，搭市區巴士也很方便，艾克斯市區內有巴士22條線和迷你巴士3條線，

班次、時刻表及票價可上網或至遊客服務中心查詢。

艾克斯大眾交通運輸公司Aix en Bus
💲單次€1.2、兩趟€2.3(可兩人同時使用)、10趟€9(可多人同時使用,無法於上車時向司機購買)
☎09 70 80 90 13 🌐www.aixenbus.fr

旅遊諮詢
◎艾克斯遊客服務中心
Office de Tourisme Aix-en-Provence
📍P.133B4 🚶從艾克斯市區火車站步行約8分鐘
🏠300 avenue Giuseppe Verdi, 13100 Aix-en-Provence
☎04 42 16 11 61
🕐10~3月週一至週六8:30~18:00,4~9月週一至週六8:30~19:00、週日和國定假日10:00~13:00、14:00~18:00
🚫1/1、5/1、12/25
🌐www.aixenprovencetourism.com

優惠票券
◎艾克斯護照 City Pass Aix-en-Provence
　　票券包含艾克斯與周遭地區13個主要景點門票、15個主題導覽行程、觀光小火車,以及艾克斯地區36條巴士和市內巴士自由搭乘,並提供合作廠商的優惠折扣。可上網或至遊客服務中心購買。
☎04 42 16 11 61
💲24小時成人€29、3~13歲€19、48小時成人€39、3~13歲€24、72小時成人€49、3~13歲€30
🌐www.aixenprovencetourism.com/en/tourist-pass

觀光行程
◎觀光小火車Petit Train Touristique
　　約40分鐘的車程,周遊艾克斯市區內的重要景點,並以8種語言導覽解說。
🏠從於米哈博林蔭大道(Cours Mirabeau)盡頭的圓亭噴泉圓環(Rotonde roundabout)集合出發。
☎04 42 161 161
🕐旺季10:15~18:15,每日8班;淡季11:15~17:15,每日6班
💲全票€10、優待票€5~8;5歲以下、持艾克斯護照免費
🌐reservation.aixenprovencetourism.com/le-petit-train-electrique-touristique-visite-commentee-du-centre-historique.html
◎主題行程
　　艾克斯旅遊局安排英、法、德等語言當地導遊,帶領遊客進行約2小時的城市導覽行程,主題包括廣場與噴泉之旅(The Jewels of Aix, Places & Fountains)、舊城遺產尋寶之旅(Hidden Heritage in Aix Old Town)等,可上網或至遊客服務中心預約行程。
🌐booking.aixenprovencetourism.com

艾克斯散步路線
Walking Route in Aix-en-Provence

　　抵達艾克斯後,以當地最大的噴泉❶圓亭噴泉為起點,看看破崙三世的首席城市建築師De Tournadre為這座千泉之城帶來的華美氣勢。接著走上❷米哈博林蔭大道,在法國梧桐的遮蔭下,感受普羅旺斯的陽光和綠蔭,沿途咖啡館、餐廳、紀念品店林立,就連街頭藝人也來湊熱鬧,其中最引人注目的要屬❸雙胞胎咖啡館,創立於1792年的它是過去塞尚經常拜訪的地方,其露天咖啡座如今成為艾克斯的代表風景之一,而❹塞尚故居正位於隔壁,這是他身為銀行家的父親在此高級住宅區的產業之一。再往前走上一段,便能抵達這位畫家1839年誕生的❺塞尚出生地。

　　往西南方走,前往由教堂改建而成的❻格哈內博物館,當它還是藝術學校時,塞尚經常到這裡鑽研繪畫技巧,如今博物館內收藏了9幅塞尚的畫作。沿著Rue d'Italie往北走,經過瑪德琳教堂和塞尚最後故居,深入舊城區的範圍,狹小的巷道串連起傳統市場、大學、教堂和紀念品店,而位於艾克斯大學對面的❼聖救主大教堂以繪畫著稱,因位於塞尚住所和工作室之間,晚年的塞尚幾乎每天到這裡來。最後來到舊城區的中心❽市政廳廣場,觀賞鼓著嘴用力噴出水的噴泉雕像,以及興建於17世紀的鐘樓和天文鐘。
距離:約2.7公里
所需時間:3~4小時

聖救主大教堂 ❼ La Cathédrale St-Sauveur
塞尚最後故居 Cézanne's Last Home
市政廳廣場 ❽ Place de l'Hôtel de Ville
瑪德琳教堂 Église de la Madeleine
塞尚出生地 House of Cézanne's Birth
Les Deux Garons ❸ 塞尚故居 ❹ Chapellerie ❺
圓亭噴泉 ❶ La Rotonde
❷ 米哈博林蔭大道 Cours Mirabeau
N
格哈內博物館 ❻ Musée Granet

艾克斯散步路線圖

普羅旺斯⋯⋯**艾**克斯 Aix-en-Provence

MAP ▶ P.133B4, C4

米哈博
林蔭大道

MOOK Choice

Cours Mirabeau

艾克斯最迷人的街道

🚶 從遊客服務中心步行約3分鐘

由兩排法國梧桐樹構成的米哈博林蔭大道,走起來非常舒服,大道北側充滿陽光與綠蔭,因此特色餐廳、咖啡館、酒吧林立,道路南側則是18世紀的豪宅,艾克斯身為普羅旺斯首府的氣派在這條林蔭大道顯露無遺。

林蔭大道上有三座著名噴泉,分別是17世紀的Fontaine des Neuf Canons和Fontaine d'Eau Chaude,和19世紀的Fontaine du Roi René。Fontaine d'Eau Chaude因布滿青苔也被稱為苔蘚噴泉(Fontaine Moussue),湧出溫暖的泉水據說溫度始終維持在34˚C。

林蔭大道西端是圓亭噴泉,北邊有精品店、餐廳、咖啡館,南邊是一排優雅的宅邸,包括建於1710年的Hôtel de Villars、Hôtel d'Isoard de Vauvenargues,以及建於1730年的Hôtel d'Arbaud Jouques、Hotel de d'Espargnet等。此外,大道上還有許多販賣紀念品、海報、手工藝品的攤販和店家,以及在路旁即興表演的街頭藝人,為艾克斯增添不少驚喜。

135

舊城區
Vieux Aix-en-Provence
巷弄內的熱鬧風景

🚶 從遊客服務中心步行約6分鐘

艾克斯的舊城區位於米哈博林蔭大道以北，穿過狹小的巷道就會抵達，傳統市場、大學、教堂、紀念品店……將舊城區妝點得生氣盎然，是艾克斯的主要觀光路線。

舊城區以市政廳廣場(Place de l' Hôtel de Ville)為中心，位於廣場一角的鐘樓，上方有座

天文時鐘，鐘樓上的雕像代表四季，市政廳與鐘樓都建於17世紀。而市政廳噴泉(Fontaine de l'Hôtel de Ville)則是艾克斯最具特色的噴泉，由一根羅馬石柱所支撐，鼓著嘴用力噴出水的雕像，營造了生動有趣的形象。

在市政廳廣場上，每逢假日都有音樂演奏會，在週二、四、六早上也有市集，現場擺滿了各式蔬果、花草、香料、乳酪和手編織物。

圓亭噴泉
Fontaine de la Rotonde
千泉之都的核心與起點

🚶 從遊客服務中心步行約1分鐘

圓亭噴泉是艾克斯最大的噴泉，直徑32公尺、高12公尺，就位於圓亭廣場(Place de la Rotonde)上，在它周圍的林蔭大道成放射狀往外延伸，噴泉的正對面就是遊客中心。

圓亭噴泉建於1860年，由拿破崙三世的首席城市建築師De Tournadre所設計，圓形的池子上裝飾著天使騎天鵝，以及獅子和天鵝的青銅雕像。噴泉最上方矗立著三座大理石雕像，由三位不同的設計師所設計，分別象徵艾克斯的三項專業—代表正義的雕像正對米哈博林蔭大道(Cours Mirabeau)的方向、代表藝術的面對著亞維儂方向、代表農業的則是面對馬賽。

艾克斯噴泉圖鑑

四海豚噴泉
Fontaine des Quatre Dauphins

勒內國王噴泉
Fontaine du Roi René

九槍噴泉
Fontaine des Neuf Canons

苔蘚噴泉
Fontaine Moussue

傳教士噴泉
Fontaine des Prêcheurs

更多噴泉故事可見網址：www.aixenprovencetourism.com/ aix-en-provence/patrimoine-aix-en-provence/fontaines/

格哈內博物館

Musée Granet

南法藝術的珍貴逸品

🎵從遊客服務中心步行約10分鐘 🏠Place St-Jean de Malte, 13100 Aix-En-Provence ☎04 42 52 88 32 🕐12:00~18:00(6月中至10月中10:00~19:00) 休週一、1/1、5/1、12/25 💲與Granet XXe門票共通，全票€6.5、優待票€6.5，18歲以下免費 🌐www.museegranet-aixenprovence.fr

　格哈內博物館前身為聖吉姆教堂(Église Saint-Jean-de-Malte)，迄今依舊可見教堂宏偉的全景。當時是藝術學校，塞尚常常到這裡研習繪畫技巧，現在博物館中就收藏了9幅塞尚的畫作。除了塞尚作品，館內還展示格哈內(François Granet)的個人收藏。格哈內是19世紀重要的風景畫家，他把珍藏法國、義大利的畫作捐給艾克斯。此外，還有普羅旺斯其他畫家的作品，包括安格爾(Jean Auguste Dominque Ingres)等人在內。

格哈內XXe

Granet XXe

禮拜堂改建的美術館

🎵從遊客服務中心步行約10分鐘 🏠Rue du Maréchal Joffre, 13100 Aix-en-Provence ☎04 42 52 88 32 🕐12:00~18:00(6月中至10月中10:00~19:00) 休週一、1/1、5/1、12/25 💲與Granet XXe門票共通，全票€6.5、優待票€6.5，18歲以下免費 🌐www.museegranet-aixenprovence.fr

　格哈內XXe是格哈內博物館的分館，2011年瑞士收藏家讓·普朗克(Jean Planque)捐出300件包括塞尚(Cézanne)、莫內(Monet)、梵谷(Van Gogh)、寶加(Degas)等印象派與20世紀當代名家作品，館方於是將這些作品安置在格哈內XXe中作展示。館內由17世紀的禮拜堂改建，保留挑高大廳與哥德式天井等建築樣式，祭壇的位置陳列著鎮館之寶，畢卡索(Picasso)創作的《Nu et homme à la pipe》，神聖莊嚴的空間與大師作品相互呼應，讓人感受到作品的力量。

普羅旺斯……艾 克斯 Aix-en-Provence

塞尚在艾克斯山居歲月

　　保羅‧塞尚(Paul Cézanne)出生於艾克斯，這位後印象派畫家堪稱20世紀繪畫、理論的現代啟蒙導師。不同於其他藝術家因仰慕南法的陽光與海水而來，塞尚是普羅旺斯的在地居民，這片顏色自然純淨的自然山水，不只啟發了他的藝術天分，更是讓這位自閉的畫家感到安全與溫暖的錦繡大地。

　　塞尚1839年時出生於舊城區的房子裡，當時身為銀行家父親對新生的大兒子充滿期待，希望他能克紹箕裘當一個成功的商人。塞尚少年時期遵守父親的期望，在艾克斯大學就讀法律，後休學前往巴黎學畫，但他在巴黎的繪畫生涯並不順利。塞尚後來受到畢沙羅（Camille Pissarro）的影響轉向自然觀察，透過色彩與光線的表現手法建立風格。為貼近自然，塞尚鄉居南法四處寫生，而他在艾克斯林蔭道上的故居依然保存完好，公寓位於艾克斯的高級地段，因為塞尚的父親生財有道，得以在此置產，隔壁就是塞尚經常消磨時光的雙胞胎咖啡館。

　　塞尚最後的工作室迄今仍維持舊貌，邱比特雕像與水果石膏放置在桌上，用剩的油彩畫筆猶然擱置著，帽子大衣也掛在衣物間，拉開窗簾，聖維克多山依舊聳立於遠方，一切樣貌都彷彿主人未曾離開，只是到山林間寫生，隨時都會爬上「嘎吱」作響的木造樓梯回到這裡。

塞尚出生地Maison Natale de Cézanne

🔺P.133D3　🚶從遊客服務中心步行約10分鐘
🏠28, Rue de l'Opéra, 13100 Aix-En-Provence

塞尚故居Chapellerie

🔺P.133C3　🚶從遊客服務中心步行約5分鐘　🏠
55, Cours Mirabeau, 13100 Aix-En-Provence

塞尚畫室Atelier Paul Cézanne

🔺P.133B1　🚶從舊城區徒步約15分鐘；搭乘巴士5號於「Cézanne」站下，車程約15分鐘，約20分鐘一班，下車後往回沿著Ave. Paul Cézanne走約100公尺，看到右側一紅色大門即達　🏠9, Ave Paul Cézanne, 13090 Aix-En-Provence　📞04 42 21 06 53　🕙10~3月9:30~12:30、14:00~17:00，6~9月9:30~18:00　🚫10~3月週日及週一、1/1~1/14、5/1~12/25　💲語音導覽成人€6.5、13~25歲€3.5；專人導覽成人€9.5、13~25歲€6.5　🌐www.atelier-cezanne.com　❗塞尚畫室自2024年4月1日至2025年春季將關閉進行整修，預計於2025年重新開放

MAP ▶ P.133B1

聖救主大教堂
La Cathédrale St-Sauveur
跨代融合各種建築特色

ⓘ 從遊客服務中心步行約10分鐘 ⓖ 34 Place des Martyrs-de-la-Résistance, 13100 Aix-En-Provence ☎ 04 42 23 45 65 ⓞ 週一8:00~18:30、週二至週六7:40~18:30、週日9:30~19:00；導覽行程週一至週五10:00~12:00、14:30~17:30，每30分鐘一場 ⓢ 免費 ⓦ paroisses-aixarles.fr/aix-saintsauveur

　位於舊城內的聖救主大教堂是一棟歌德式建築，融合了15~17世紀的各種建築模式，包括16世紀的胡桃木門、4~5世紀的聖洗堂、文藝復興時期的圓拱門、2世紀的羅馬迴廊等。教堂中的繪畫非常有趣，其中最著名的是三聯畫作《火燄中的瑪莉亞》(Buisson Ardent)。

　晚年的塞尚幾乎每天到這裡來，大教堂剛好在塞尚的故居和工作室途中，沿著這條馬路走，可以看到遠處的聖維克多山，塞尚晚年常常這樣凝視這座山，為它畫下許多經典作品。當然，在100年前這裡的房子很少，可以清楚地看到周遭全景。

MAP ▶ P.133C4

MOOK Choice

肖蒙別墅
Hôtel de Caumont
別墅改建美術館

ⓘ 從遊客服務中心步行約10分鐘 ⓖ 3 Rue Joseph Cabassol, 13100 Aix-en-Provence ☎ 04 42 20 70 01 ⓞ 10~4月10:00~18:00、5~9月10:00~19:00 ⓢ 藝術中心+特展全票€14.5、優待票€10~13.5，藝術中心全票€6.5、優待票€5，7歲以下免費 ⓦ www.caumont-centredart.com

　這間巴黎式風格的鄉村別墅建於16世紀，過去曾經作為私人豪宅、音樂舞蹈學院等使用，直到2015年被改建為藝術中心向民眾開放，優美豪宅與各種精選的主題企劃，使肖蒙別墅成為當地民眾與遊客必訪的熱門景點。

　別墅內部保留16世紀宅邸格局，區分為大門、庭院、主建築與花園四個部分。走進別墅前，首先會經過一個小放映廳，每天固定以不同語言放映畫家塞尚的紀錄片《塞尚在艾克斯》(Cezanne au pays d'Aix)，主建築部分展示18世紀上流社會的生活起居，其餘空間則作為特展場地，展出包括夏卡爾(Marc Chagall)等藝術家的作品。

MAP ▶ P.133A2

凡頓別墅
Pavillon de Vendôme
巴洛克與古典主義的風情

🚇從遊客服務中心步行約10分鐘 🏠13 Rue de la Molle, 13100 Aix-en-Provence ☎04 42 91 88 75 ⏰花園全年開放；美術館4月中~10月初10:00~12:30、13:30~18:00，10月中~4月中10:00~12:30、13:30~17:00 ❌週二、1/1、5/1、12/25 💲花園免費，美術館€5.5，25歲以下、每月第一個週日免費 🌐www.aixenprovence.fr/Pavillon-Vendome

　　興建於17世紀，原為凡頓樞機主教曾經居住過的別墅，1990年開始改以當代美術館的形式，開放大眾參觀。美術館內主要展覽當代藝術家的作品，像是Gabriel Lauri、Derain、Wols、Baselitz等德法名家的繪畫、素描、雕刻和攝影作品。參觀完博物館後，不妨到戶外花園走走，欣賞它以幾何圖形設計的草坪、水池和步道，造型簡單但優雅，充滿了法式花園的情調。

MAP ▶ P.8C4

MOOK Choice

拉寇特酒莊
Château La Coste
安藤忠雄加持的藝術酒莊

🚇從艾克斯市區搭車約25分鐘，建議租車或參加當地旅行團前往；從艾克斯巴士總站搭lecar巴士260號至Le Puy-Ste-Réparade，再搭乘計程車前往。巴士時刻表及班次詳見www.lepilote.com 🏠2750 Route De La Cride, 13610 Le Puy-Sainte-Réparade ☎04 42 61 89 98 ⏰藝術中心週一至週五10:00~17:00、週六至週日10:00~19:00；英文導覽每日10:00、14:30、16:30，建議先上網預約 💲藝術與建築步道自由參觀全票€15、優待票€12，專人導覽（英文、法文）€25、優待票€15；品酒體驗全票€25、優待票€20；品酒體驗＋藝術與建築步道€32 🌐chateau-la-coste.com

　　從羅馬時代延續至今的葡萄酒莊，安藤忠雄與各國藝術家共同打造的戶外美術館，再加上名廚的美食饗宴，距離艾克斯市區約20分鐘車程的拉寇特酒莊(Château La Coste)，就是這麼一個特殊的地方，值得呆上一整天，享受自

普羅旺斯…艾克斯 Aix-en-Provence

然、藝術和美酒佳餚的精采結合。

　　酒莊位於勒皮伊聖雷帕拉德(Le Puy-Sainte-Réparade)，這片谷地自古以來即種植並生產葡萄酒，2004年收藏家派翠克‧麥基蘭(Patrick Mckillen)收購酒莊，他使用自然農法，在葡萄園中植滿橄欖樹、橡木林、薰衣草，創造友善自然的平衡生態，此外受到日本的瀨戶內國際藝術祭啟發，他引入地景美術館的概念，讓隨著地勢高低起伏、生態豐富的葡萄園，成為包括安藤忠雄、路易絲‧布儒瓦(Louise Bourgeois)、亞歷山大‧考爾德(Alexander Calder)、法國建築大師讓‧努維爾(Jean Nouvel)及美國抽象藝術大師里查‧塞拉(Richard Serra)等藝術家發揮創意的遊樂場。

　　走進酒莊大門，在綿延的葡萄園後方，首先映入眼簾的就是日本建築大師安藤忠雄設計的藝術中心(Centre d'art)，簡潔的清水模建築以落地玻璃引入陽光，變換荏苒的光影營造既優雅

且兼具現代感的詩意空間。服務中心、輕食餐廳 Tadao Ando、賣店都位於藝術中心內，四周則陳列著 路易斯‧布儒瓦的蜘蛛雕塑Crouching Spider，亞歷山大‧考爾德的Small Crinkly等經典作品。

　　拉寇特酒莊邀請藝術家親自探索莊園，為作品找尋合適的安置點，形成了「藝術與建築步道」(Art and Architecture Walk)——43件藝術作品散佈在200公頃的廣大土地中，跟著酒莊規劃的路線走完全程，大概需要花上2~3小時。遊客可以自由漫步在花草茂盛、洋溢森林芬芳的葡萄園，一邊欣賞融入地景的藝術創作，走累了就到餐廳享用美食和好酒。Château La Coste有三間餐廳，使用自家農園生產的鮮蔬調理佳餚，備受美食家好評，園內也附設高級莊園旅宿，並不定期舉辦音樂演出，人文藝術與飲食文化的巧妙結合，為南法的生活品味帶來另一種詮釋。

MAP ▶ P.133C4 **Café Caumont**

📍從遊客服務中心步行約10分鐘　🏠3 Rue Joseph Cabassol, 13100 Aix-en-Provence　☎04 42 20 70 01　🕙10:00~19:00，不接受預約　🌐www.caumont-centredart.com

　　位於肖蒙別墅(Hôtel de Caumont)一樓的咖啡廳，內部由18世紀風格的沙龍改建，以華麗水晶燈與細膩的壁畫作裝飾，綠色系的中國彩繪房、紫色系的素描房、以及粉色系的肖像房，每個空間都自成一格，彷彿走進貴族的世界。座席從市內沙龍延伸到戶外庭院，可以品嘗南法風午餐輕食，或是點杯咖啡配季節水果派、聖多諾黑泡芙塔(Le Saint Honoré)等法式點心。

MAP ▶ P.133B2 **Pâtisserie Weibel**

📍從遊客服務中心步行約8分鐘　🏠2 Rue Chabrier, 13100 Aix-en-Provence　☎04 42 23 33 21　🕙7:30~19:00　🌐www.maisonweibel.com

　　這間讓當地人讚不絕口的輕食烘焙坊創始於1954年，新鮮出爐的手工麵包散發誘人香氣，玻璃櫃中放滿各種鮮豔欲滴的法式蛋糕，更有手工巧克力和可利頌等伴手禮，從甜點到鹹食、麵包到冰淇淋應有盡有。

　　店內招牌甜點是各種口味的法式薄餅，香甜鮮奶油被包在黃色薄餅內，造型就像是一個包裝精美的禮物，此外還有泡芙塔、巧克力慕斯蛋糕等單品，每樣都叫人食指大動。咖啡沙龍內供應早餐與午餐輕食，早餐包括手工麵包、穀片和水果優格等，當日午餐一份約€15，有時是分量十足的爽脆沙拉，有時則是中西合璧的涼麵或特製義大利麵，手工料理和精緻點心，打造優質的午間時光。

MAP ▶ P.133B4 **Book in Bar**

📍從遊客服務中心步行約8分鐘　🏠2 Rue Chabrier, 13100 Aix-en-Provence　☎04 42 26 60 07　🕙10:00~19:00　🚫週日　🌐www.bookinbar.com

　　隱藏在艾克斯巷子裡的英文書店，精緻小巧的店面擺滿了各種英文書籍，各個角落裡還有舒適的沙發和桌椅讓客人坐下來閱讀。Book in Bar也有販售簡單的點心和飲料，無論是夏季來一杯冰拿鐵，或是冬季手握一杯熱可可，再搭配一本書，過一個非常愜意的法式午後。書店也不時會舉辦分享會和讀書會，經過時若有興趣不妨一起加入。

普羅旺斯：**艾**克斯 Aix-en-Provence

MAP ▶ P.133C3 **Rose et Marius**

🚶 從遊客服務中心步行約8分鐘 🏠 3 rue Thiers, 13100 Aix-en-Provence ☎ 09 82 59 35 35 ⏰ 10:30~13:00、14:00~19:00 ❌ 週一 💲 調香課程香磚€69，香氛蠟燭、200ml擴香€95，75ml香水€135 🌐 www.roseetmarius.com/en/

Rose et Marius是普羅旺斯第一家精品香水品牌，2012年創立後5年就榮獲 Artisans d'Art的稱號，創辦人Magali Fleurquin Bonnard於2022年更是被法國總統馬克宏頒授法國國家功績勳章(Ordre national du Mérite)。

Magali創業的啟發來自於祖母位於普羅旺斯的莊園，她在這裡度過了無數個夏天，記憶裡印象最深的就是莊園的色彩斑斕的水泥磁磚，如今成為了Rose et Marius的標誌，每塊地磚都有一段歷史，見證著一段記憶。

走入Rose et Marius本店，彷彿來到了只在電影裡看到的鄉村莊園裡——木製家俱和繽紛色彩的復古花磚，Magali完美復刻了她兒時記憶裡的祖母家。花磚不只是店裡裝潢的一部分，香水的瓶蓋、禮盒的設計、蠟燭的容器都有融入這一元素。這也是Rose et Marius最讓人眼睛為之一亮的魅力了！

店鋪一樓是擺滿了香水、擴香、香氛蠟燭、香皂、護手霜……味道選擇眾多，花香、果香、木質調任君選。其中人氣最高的香水是ROSÉ WINE UNDER THE ARBOUR，前調帶有清爽的佛手柑和檸檬果香、中調是茉莉香，後調是白雪松和麝香的木質調。

二樓是進行調香體驗課程的地方，可以選擇製作香磚、香氛蠟燭、擴香或香水。課程大約1.5~2小時，調香師會先介紹14~18種香味，再來教授如何從中調配出自己獨一無二的味道。最特別的地方是，Rose et Marius課後會將學員的「獨家秘方」保存起來，用完以後可以請店家再製作補充液。

香氛保養Panier des Sens

🚶 從遊客服務中心步行約8分鐘 🏠 24 Place de l'Hôtel de ville, 13100 Aix-en-Provence ☎ 09 73 28 41 27 🕐 週一至週六11:00~19:30、週日11:00~18:00 🌐 fr.panierdessens.com

　來自普羅旺斯的香氛護膚品牌Panier des Sens，使用天然草本原料萃取菁華，製作成薰香、身體保養、清潔，以及室內香氛等產品。品牌標榜天然與友善環境，產品低刺激性，且從護手霜到市內擴香，都散發普羅旺斯清新宜人的氣息。Panier des Sens品牌外銷至世界，但專賣店全法國卻只有10家，想要選購最具當地特色的產品不要錯過。

手工巧克力Puyricard

🚶 工廠從遊客服務中心搭車約10分鐘；艾克斯分店從遊客服務中心步行12分鐘 🏠 工廠420 Route du Puy Sainte-Réparade, 13090 Aix-en-Provence；艾克斯分店7-9, rue Rifle-Rafle, 13100 Aix-en-Provence ☎ 工廠04 42 96 11 21；艾克斯分店04 42 21 13 26 🕐 9:00~19:00 🚫 週日、1/1、5/1、12/25 💲 工廠參觀體驗€10，需上網預約 🌐 www.puyricard.fr

　Puyricard品牌設立於1967年，發源地是艾克斯近郊的一座小鎮，因此就以小鎮名作為品牌名，強調手工生產各式巧克力，目前全法國共有20間分店。

　總公司工廠平時開放參觀，可以見到工作人員如何不辭辛勞，親手製作一顆顆新鮮巧克力，商店區內琳瑯滿目的巧克力映入眼簾，讓人食指大動，包含有雕花、金箔、裝飾配料的多種巧克力，每一種風味都擁有獨一無二的特色。另外Puyricard在艾克斯市區也設有分店。

可利頌糖 Les Calissons

　來到艾克斯，千萬不要錯過這種當地特產一可利頌(Calissons)。圓菱船形的可利頌融和了40％杏仁和60％的瓜果或桔類水果乾，再外覆糖霜製成，顏色淡黃有點像軟糖，吃起來軟Q不黏牙，帶著杏仁和甜瓜的香氣。

　在艾克斯可找到許多賣可利頌的店家，價格大同小異。其中Calissons Brémond開於1830年，是年代最久的一家，而Pâtisserie Béchard位於米哈博林蔭大道上，絕佳的地理位置讓它人潮不斷。

　同樣是老字號的Confiserie du Roy René強調以傳統方法手工製成，除傳統口味之外，店家也和馬卡龍一樣，研發出覆盆子、檸檬等十數種口味糖霜，搭配各種杏仁果乾餅，創造出千變萬化的味道。上網預約還可報名可利頌DIY，使用傳統機器，親手製作香甜美味的可利頌。

Confiserie du Roy René

🚶 從遊客服務中心步行約5分鐘 🏠 11, Rue Gaston de Saporta, 13100 Aix-en-Provence ☎ 04 42 26 67 86 🕐 週一至週六10:00~19:00、週日10:00~18:00 🌐 calisson.com/fr

Maison Brémond

🚶 從圓亭廣場步行約8分鐘 🏠 16, Rue d'Italie, 13100 Aix-en-Provence ☎ 04 42 38 01 70 🕐 週一至週六10:00~19:30、週日10:30~14:00、14:30~18:00 🌐 www.mb-1830.com/en

Pâtisserie Béchard

🚶 從遊客服務中心步行約3分鐘 🏠 12, Cours Mirabeau, 13100 Aix-en-Provence ☎ 04 42 26 06 78 🕐 8:00~19:00 🚫 週一、日 🌐 maisonbechard.fr

馬賽
Marseille

文●墨刻編輯部
攝影●墨刻攝影組

《基度山恩仇記》(Le Comte de Monte-Cristo)的作者—法國大文豪大仲馬(Alexandre Dumas, 1802~1870)，曾形容馬賽是全世界匯聚的地點。事實也的確如此，這是一個典型的港口城市，充斥著各種文化的混血，有流浪水手、毒梟、走私者、度假富豪，有陰暗的18世紀巷道與拜占庭式的雍容建築，讓馬賽瀰漫著墮落邪惡的奇異美感。

而在這本以馬賽為背景地的小說中，書中的男主角即監禁在紫杉堡，所以島上的監獄還刻意仿故事內容，設計兩間相鄰的囚室。當你站在塔頂，玲聽著海鷗叫聲、呼嘯風聲與潮水拍岸的沙沙聲響，彷彿重回小說情境。

在過去，馬賽的犯罪事件時有耳聞，如今在政府加強治安的努力下，已徹底改頭換面，遊客可以放心自在地漫步街頭，或在港灣欣賞美景，享受南法迷人的異國風情和無限的陽光。

INFO

如何前往

◎飛機

從巴黎戴高樂機場和奧利機場均有國內班機飛往馬賽機場(Aéroport Marseille Provence)，航程約1小時15分鐘，其他像是史特拉斯堡、南特和里昂等法國大城，荷蘭阿姆斯特丹、德國慕尼黑、英國倫敦、西班牙馬德里……也有班機往來於馬賽之間。

馬賽機場
🌐 www.marseille-airport.com

◎火車

從巴黎里昂火車站(Gare de Lyon)搭TGV直達火車於馬賽聖查理火車站(Marseille-St-Charles)下，車程約3小時20分鐘，約1~2小時一班。或從戴高樂機場搭TGV直達火車前往，車程約3小時50分鐘，約1~3小時一班。

從巴黎里昂火車站搭火車經亞維儂TGV站(Avignon TGV)、里昂車站(Lyon Part Dieu)、艾克斯(Aix en Provence TGV)轉車，馬賽聖查理火車站下，全程約3.5~4.5小時，約1~2小時一班。

從亞維儂市區火車站(Avignon Centre)、亞爾勒(Arles)或坎城(Cannes)搭TGV或TER直達火車於馬賽聖查理火車站下，車程分別約35~60分鐘(TGV)和1~2小時(TER)，班次頻繁。

班次、時刻表及票價可上網或至火車站查詢，車票可上網、至火車站櫃台購買，或先在台灣向飛達旅遊購買法國火車通行證(France Rail Pass)。

飛達旅遊
- 台北市中山區南京東路三段168號10樓之6
- (02) 8161-3456分機2 ・@gobytrain
- www.gobytrain.com.tw

法國國鐵
- www.sncf.com

◎巴士

馬賽和周邊城鎮均有巴士往來，從亞維儂的Le Pontet站或坎城的Le Cannet站搭乘FlixBus巴士前往馬賽聖查理火車站，車程約2~2.5小時。

從艾克斯搭乘ZOU巴士65、67號前往馬賽聖查理火車站，車程約30分鐘，或搭ZOU巴士68、69號巴士，車程約35分鐘。班次、時刻表及票價可上網查詢。

馬賽巴士總站
- 3, Rue Honnorat, 13003 Marseille(聖查理火車站旁)
- 08 91 02 40 25

FlixBus巴士公司
- global.flixbus.com

普羅旺斯—阿爾卑斯—蔚藍海岸客運系統ZOU
- zou.maregionsud.fr/en

機場、火車站和巴士站至市區交通
◎從機場

馬賽機場位於馬賽市區東南方約28公里處，可機場接駁巴士(Navette Marseille)前往聖查理火車站(Gare St-Charles)，車票可事先上網訂購，或透過機場的售票櫃台購買；或搭計程車前往市區；或搭火車前往市區，機場在火車發車前10分鐘會有一班接駁巴士，將乘客從機場送往附近的Gare Vitrolles

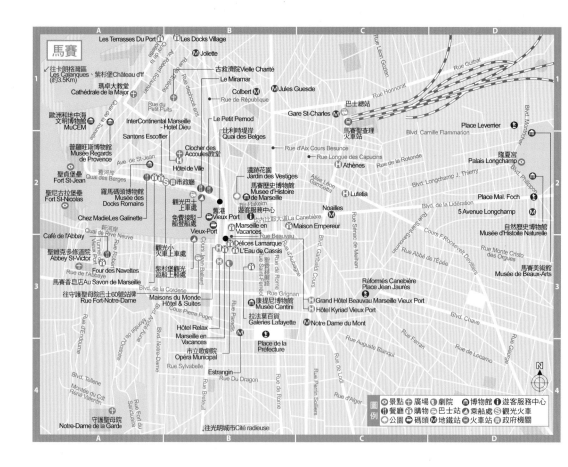

Aéroport Marseille Provence車站，車程約5分鐘，由此搭乘直達或區間火車前往馬賽市區，車票可透過機場售票櫃台或自動售票機購買。

機場接駁巴士Navette Marseille
☎ 0 800 713 137
🕐 4：10~6：30、19：30~23：30每20分鐘一班，6：50~19：10每10分鐘一班，車程約30~50分鐘。
💲 單程全票€10、12~25歲€7、6~11歲€5，來回全票€16；與馬賽市區交通(RTM)聯票，單程全票€10.9、來回全票€17.4
🌐 www.lepilote.com/fr/part10/navettes-aeroport/1062/marseille-st-charles/1070

機場計程車
☎ 04 42 14 24 44
💲 從機場前往馬賽市區日間(7：00~19：00)車資約€50~60，夜間(19：00~7：00)和週日與假日約€60~70。
🌐 taxis-aeroport.com/?lang=en

火車
🕐 6：00~22：40約20~30分鐘一班，車程約17~23分鐘
🌐 www.sncf.com

◎從火車站和巴士總站到市區
馬賽聖查理火車站和巴士站相鄰，皆位於市區，步行至遊客服務中心約15~20分鐘，或搭地鐵、電車和巴士前往各景點。

市區交通
◎大眾交通工具
大部分景點步行或搭地鐵可達。馬賽市區有兩條地鐵(Métro)線，呈U字型的M1為藍色，主要穿行市區南北向，橫貫東西的M2為紅色，兩者交會於Saint-Charles Gare SNCF和Castellane兩站；3線電車(Tramway)串連起馬賽的南北兩側，T1橘色、T2黃色、T3綠色，前兩者在La Blancarde兩站和地鐵M1相交，T3線則在Castellane與地鐵M1、M2相交；馬賽則有80條巴士路線，以上3種交通工具可共用票券，班次、時刻表及票價可上網或至火車站查詢，車票可上網、至地鐵站櫃台或售票機、路邊報攤或商店購買。

比較遠的地方，如守護聖母院、卡朗格灣區和紫杉堡，則需搭乘巴士和船前往。

馬賽交通管理局RTM
🕐 地鐵約4：50~0：30
💲 單程票(Carte 1 voyage)€1.7(上車購買€2)、10張套票(Carte 10 Voyages) €15；1日券(Pass 24h)€5.2、

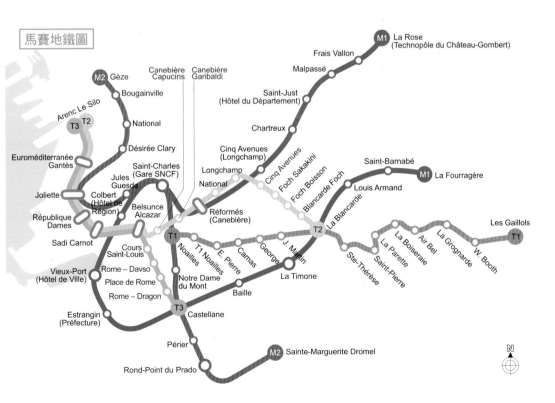

馬賽地鐵圖

3日券(Pass 72h) €10.8
🌐 www.rtm.fr
❗ 使用官網查詢票價時需將語言設定為法語才能完成

旅遊諮詢

◎馬賽遊客服務中心Office de Tourisme Marseille
📍 P.146B2
🚇 搭地鐵1號線於Vieux-Port站下，步行約3~5分鐘
🏠 11, La Canebière, 13001 Marseille
☎ 08 26 50 05 00　⏰ 9:00~18:00　❌ 1/1、12/25
🌐 www.marseille-tourisme.com

優惠票券

◎馬賽城市通行證Citypass Marseille
　　持馬賽城市通行證於效期內可免費參觀包括康提尼博物館(Musée Cantini)、馬賽歷史博物館和遺跡花園(Musée d'Histoire de Marseille et le Jardin des Vestiges)、舊馬賽博物館(Musée du Vieux Marseille)等15個博物館，並自由搭乘地鐵、巴士和電車，以及包括前往紫杉堡的船程和登島參觀門票。到部分商店購物或參加觀光巴士之旅，還可享優惠折扣。可至遊客服務中心購買，或事先上遊客服務中心官網訂購。
💲 1日券€29、2日券€39、3日券€47(3日券可額外選一個€10的導覽行程)
🌐 www.marseille-tourisme.com/en/experience/visit-marseille/guided-tours/

觀光行程

◎觀光巴士
　　馬賽觀光巴士由Color Bus公司經營，持一日券可24小時無限次上下車(Hop-On-Hop-Off)，行程彈性自主，可自由選擇下車點，巴士從舊港出發，沿途共停靠14個站，重要停靠站包括舊港(Vieux Port)、聖尼古拉堡壘(Fort Saint Nicolas)、守護聖母院(Notre Dame de la Garde)、聖貞堡壘(Fort Saint Jean)、歐洲和地中海文明博物館(Mucem)等，並搭配9國語言導覽解說。若在不下車的情況下走完全程，導覽路約為1.5小時。如果途中下車，定點參觀遊覽完，只要在候車處等待下一輛巴士，上車時出示車票即可搭乘，建議購票前先索取詳細路線圖。可透過網路預先購票，或是於發車點現場買票。

觀光巴士Color Bus Tour Hop on Hop off
⏰ 10:00~17:00，約30分鐘一班，班次按季節略為調整，確切時刻表可上官網查詢，或是買票時和服務人員索取
💲 一日券全票€22、4~13歲€8
🌐 www.colorbus.fr

◎觀光小火車
　　分成2條路線，1號線沿海岸線前往聖母守望院(Notre-Dame de la Garde)，2號線周遊舊港區，穿梭在舊城區的古老街道(Vieux Marseille)。可在馬賽旅遊局網站或出發點、小火車上和遊客服務中心購票。

觀光小火車Petits trains touristiques
🏠 從174 Quai du Port, 13002 Marseille出發
☎ 04 91 25 24 69
⏰ 4~11月10:00~12:20、13:40~17:20，每20分鐘一班，全程含20分鐘停留共約75分鐘；12~3月10:00~12:00、14:00~16:00，每40分鐘一班，全程含30分鐘停留共約80分鐘；詳細時間，確切時刻表可上官網查詢
💲 全票€9、優待票€5
🌐 www.petit-train-marseille.com

◎市區導覽
　　馬賽旅遊局規劃了多條市區導覽行程，像是走訪2016年被登錄為世界遺產的當代建築群「柯比意光輝城市之旅」(Corbusier's Radiant City)，以及英文或法文的「馬賽舊城之旅」(Old Marseille and Le Panier district)，可上網或至遊客服務中心預約行程。
🌐 www.marseille-tourisme.com/en/experience/visit-marseille/guided-tours/

馬賽行程建議
Itineraries in Marseille

如果你有1天
　　馬賽主要景點集中在舊港一帶，地下鐵一號線舊港站(Vieux-Port)步行可達的距離。在天晴的日子沿舊港與舊河岸吹著海風散步，一邊漫遊聖貞堡壘和瑪卓大教堂等古蹟景點，白天港口旁會擺出熱鬧魚市，當地生活氣息一覽無遺。想要購買手工藝品的旅客，舊城區內有許多特色商店，穿梭在各種工坊和商店間就足以消磨掉大半天。

如果你有2~3天
　　如果時間安排更充裕，千萬不能錯過歐洲和地中海文明博物館，占地寬廣的藝文特產除展出歐洲和地中海文物，還有大大小小的展覽廳、休閒庭園、購物商場等，是馬賽最新的熱門地標。從馬賽港出發可船到鄰近小島，踏上小說《基度山恩仇記》的故事景。也可以搭乘巴士或租車優遊卡朗格灣區，飽覽明媚的海岸線風景。

馬賽舊港區Vieux Port Area

MAP ▶ P.146B2

舊港

MOOK
Choice

Vieux Port

掌管馬賽的靈魂

◉搭地鐵1號線於Vieux-Port站下，出站即達

　　馬賽舊港是法國第一大港，從西元前49年羅馬人占據後，一直是東方貿易物品進入西方的重鎮，它是這座城市的核心，如果山頂的守護聖母院是馬賽人的精神支柱，那麼舊港便是創造馬賽靈魂的上帝。它與中東、北非的關係相當密切，那些異國的、靡麗的風情從碼頭上岸，與歐陸的文化結合成馬賽獨特的容貌。

　　碼頭上擠滿了私人遊艇、漁船與前往海外紫杉堡的遊船，洗刷得簇新的白色遊艇和湛藍的海水，在地中海太陽的強烈照射下閃爍著刺眼的光芒，港口堤岸旁毗鄰而立的餐廳、咖啡館和商店，穿梭著來來去去的遊客，露天座位上滿是貪圖陽光的人們，馬賽最具代表性的迷人風景在此顯露無遺。

比利時堤岸 Quai des Belges

　　從正對著港口的坎內比耶大道往舊港走去，最先抵達的是比利時堤岸，每天清晨漁船進港後，漁夫就會在此擺上攤位，販售當日現捕的新鮮魚獲，形成一座小型魚市，吸引當地人和遊客的目光。不過碰到魚獲有限時，攤位可能減少，魚市也可能無預警休市，偶爾還是會讓人撲空。

舊河岸Quai des Berges

　　面對舊港右手邊(北側)的堤道稱為舊河岸，岸邊林立著咖啡館、餐廳和飯店，在這裡可以欣賞港灣風光與街上穿著惹火的漂亮妹妹。市政廳(Hôtel de Ville)、知名的馬賽魚湯餐廳Le Miramar以及馬賽香皂店(Savon de Marseille)都位於這條路上，觀光巴士的乘車處也設立於此。

普羅旺斯…**馬**賽 Marseille

新河岸Quai de Rive Neuve

與舊河岸隔海港對望的正是新河岸,沿岸同樣有無數欣賞港灣美景的人潮,港邊也有不少餐廳提供露天座位,讓遊客好整以暇感受這個國際港灣的活潑氣息。這裡以下午時分的光線最好,是拍攝好時機。目前開往紫杉堡的觀光遊船,也從這裡啟程,此外,和舊河岸之間也有免費接駁船往返(7:30~20:30,約每20分鐘一班),方便居民和遊客往來於南北岸之間。

馬賽舊港聯絡船 Ferry Boat Marseille

呈現袋狀的舊港,步行往返新舊河岸必須繞過比利時堤岸,頗為費時。馬賽舊港聯絡船橫渡283公尺寬的港口,為兩岸民眾節省時間,由於價格便宜班次眾多,也不失為另一種遊歷舊港的方式。

⏱7:30~20:30,約每20分鐘一班 休5/1 💲€0.5,只能付現建議自備零錢 🌐www.rtm.fr/ferry-boat

聖尼古拉堡壘
Fort St-Nicolas

想要登高望遠的人,就不能錯過聖尼古拉碉堡,它能將聖貞堡壘、馬賽舊港甚至更遠處的舊城景致一網打盡!雖然守護聖母院看到的視野更廣,但因為距離遠,能見度反而不如這裡理想,特別是下午時分,順光更能拍到好照片。

聖貞堡壘
Fort St-Jean

位於舊河岸底端的是聖貞堡壘,它和對岸的聖尼古拉堡壘皆為路易十四時期建立的要塞,負責守衛海港的入口。該古蹟歷經長時間的改建,2013年時,成了歐洲和地中海文明博物館的一部分,讓這處原本就是當地人喜歡前往曬太陽、聊天的休閒去處,搖身一變成為馬賽深具文化意義的地標。

馬賽舊港區Vieux Port Area

MAP ▶ P.146B2

市政廳

Hôtel de ville de Marseille

馬賽的市政中心

🚇搭地鐵1號線於Vieux-Port站下，步行約5分鐘 🏠Place Villeneuve-Bargemon, 13002 Marseille ☎04 91 55 11 11

　　馬賽市政廳興建於1656年，以產自La Couronne地區的粉紅色石頭建造而成，典雅的風格在舊港河岸成排的建築當中，也顯得相當出色。市政廳中央上方有一尊路易十四的半身塑像，它是馬賽雕刻家Nicolas Galinier的作品，取代原先在法國大革命中被損毀的雕像。

馬賽舊港區Vieux Port Area

MAP ▶ P.146A2

羅馬碼頭博物館

Musée des Docks Romains

追憶昔日海港榮光

🚇搭地鐵1號線於Vieux-Port站下，步行約8~10分鐘 🏠28 Place Vivaux, 13002 Marseille ☎04 91 91 24 62 🌐www.musees-mediterranee.org ❗目前關閉整修中

　　羅馬碼頭博物館主要展示了在1947年出土的羅馬時期海洋文物，像是古物、陶瓷、硬幣、度量器以及存放酒和油的大甕，讓人可以藉此遙想馬賽在1世紀時期的面貌，也證明這個地方在非常早的時期，便掌控了地中海的海洋貿易，具有舉足輕重的地位。

普羅旺斯…**馬**賽 Marseille

馬賽舊港區Vieux Port Area

MAP ▶ P.146B2, C2

坎內比耶大道

La Canebière

筆直的市中心大道

🚇 搭地鐵1號線於Vieux-Port站下，出站即達 🏠 La Canebière, 13001 Marseille

從舊港口向東北延伸約1公里長的坎內比耶大道，早期以製繩聞名，其名稱正是從普羅旺斯語「Canebe」(「麻樹」的意思)演變而來。這條大道因為當地一首有關Canebière的歌曲而聲名大噪，但對遊客而言，輕鬆地走在寬闊街道，感受一種現代歐洲擁有的悠閒氣氛，可能更為吸引人；而兩側櫛比鱗次的建築多建於18~19世紀，也是一路上不可錯過的風景。

馬賽舊港區Vieux Port Area

MAP ▶ P.146B2

馬賽歷史博物館和遺跡花園

Musée d'Histoire de Marseille et le Jardin des Vestiges

橫跨兩千多年的歷史

🚇 搭地鐵1號線於Vieux-Port站下，步行約7分鐘 🏠 2, Rue Henri-Barbusse, 13001 Marseille ☎ 04 91 55 36 00 ⏰ 9:00~18:00 休 週一、1/1、5/1、11/1、12/25、12/26 💲 常設展免費，特展全票€6~12、優待票€3~8；18歲以下、每月第一個週日免費 🌐 musees.marseille.fr/musee-dhistoire-de-marseille-mhm

馬賽歷史博物館位於交易所(Centre Bourse)購物中心內，占地15,500平方公尺，是法國甚至歐洲最大的歷史博物館之一，館方透過古代劇場、神殿到今日城市的模型、文物和圖片，讓人

可以一窺馬賽從1世紀至今的面貌；其中，於1974年在舊港發現的沈船遺跡特別令人驚豔，其年代可以追溯至3世紀。博物館外是遺跡花園(Jardin des Vestiges)，存放著在現址曾挖掘出的古希臘聚落文物。

MAP ▶ P.146B3

聖費赫爾路

Rue Saint-Ferréol

享受多樣購物樂趣

🚇搭地鐵1號線於Vieux-Port站下，步行約3分鐘 🏠Rue Saint-Ferréol, 13001 Marseille ⏰各店不一，約週一~週六 10:00~19:00

坎內比耶大道以寬廣整齊的街道規畫令人印象深刻，但如果想要逛街購物，就得前往與它垂直的弗布爾路。長約1公里的 聖費赫爾路兩旁林立著商店、餐廳、咖啡館和超市，Sephora、H&M、Morgan、Mango、Pull & Bear、Swatch等國際服飾品牌聚集於此，聖費赫爾路走到底就是交易所(Centre Bourse)購物中心。如果這些店還不足以滿足你的購物慾望，一旁延伸的小巷中還有不少品牌專賣店或設計師小店，等著遊客拜訪。

MAP ▶ P.146B3

康提尼博物館

Musée Cantini

精采的20世紀藝術收藏

🚇搭地鐵1號線於Vieux-Port站下，步行約8~10分鐘；或搭地鐵1號線於Estrangin-Préfecture站下，步行約3分鐘 🏠19, Rue Grignan, 13006 Marseille ☎04 13 94 83 30 ⏰9:00~18:00 ❌週一、1/1、5/1、11/1、12/25 💲常設展免費，特展全票€6~12、優待票€3~8；18歲以下、每月第一個週日免費 🌐musees.marseille.fr/musee-cantini-0

馬賽著名的雕刻家珍·康提尼(Jules Cantini)在1888年買下了這棟房子後，於1916年捐贈給政府做為現代博物館之用。目前館藏以1900~1960年間藝術家的作品最為精采，從中可以一探現代美術史的演變歷程，像是野獸派的馬諦斯(Matisse)、立體主義的勞倫斯(Laurens)、幾何抽象主義的康定斯基(Kandinsky)、超現實主義皮卡比亞(Picabia)、戰後時期和1950年代的畢卡索(Picasso)，以及1960年德勒雷(Debré)等人作品，此外還包括一些法國名家的當代攝影作品。

普羅旺斯…馬 賽 Marseille

MAP ▶ P.146A3

聖維克多修道院

MOOK Choice

Abbaye Saint Victor

馬賽最古老的修道院之一

🚇搭地鐵1號線於Vieux-Port站下，步行約15~20分鐘 🏠
3 Rue De l'Abbaye 13007 Marseille 7ème ☎06 99 15
96 62 🕐9:00~18:00 💲修道院免費，地下墓室全票€2 ⏱
www.amisdesaintvictor.com

聖維克多修道院是馬賽最美麗的宗教建築，
於5世紀由一位稱為St. Cassian的僧侶所建，用
來紀念水手與磨坊主人的守護神聖維克多(Saint
Victor)，外觀像座堡壘，曾毀於入侵的撒拉遜人
之手，在11世紀與14世紀再度修復，修道院中
的地下墓室裡有著基督教與異教徒的石棺。

每年2月2日信徒會來此朝聖，當地人販售小船
形狀的蛋糕以追悼2,000年前抵達此處的聖瑪麗
瑪德蓮、聖瑪爾泰、拉扎爾姊妹(Les-Saintes-
Maries-de-la-mer)，這三姊妹在西元40年搭船
停泊在馬賽，並將基督教正式傳送到這個區域。

MuCEM與歐洲文化之都的淵源

1983年時，身兼希臘歌手、演員和政治家身份的梅利納‧梅爾庫里(Melina Mercouri)認為在當時的社會上，人們對於政治和經濟的關注顯然遠遠超越文化，因此有必要在歐盟會員國中推動一項宣傳歐洲文化的活動。於是希臘文化部在1985年以雅典為首座「歐洲文化之城」(European City of Culture)，展開一系列相關的文化推廣計畫，之後每年都有一座城市獲選並兼負起這樣的責任，其中包括巴黎、阿姆斯特丹、馬德里和柏林等等，到了1999年時，頭銜改為「歐洲文化之都」(European Capital of Culture)，而馬賽正是2013年的重點城市。

馬賽政府將舊港西部區域內的古蹟與建築重新活化，以50項建築計畫為它帶來嶄新的氣象與風貌，其中包括多座博物館，而歐洲和地中海文明博物館正是最大的亮點。結合歷史遺跡和當代藝術，配合綠地和複合式商店設施，讓這個區域成為一座「活著的文化博物館」，新落成的場館找來世界第一流的設計師，打造各種造型前衛富特色的建築，也讓這裡成為了建築迷的朝聖地。

歐洲地中海文明博物館周邊MuCEM Area

MAP ▶ P.146A1

歐洲和地中海文明博物館

MOOK Choice

Musée des Civilisations de l'Europe & de la Méditerranée (MuCEM)

令人驚豔的新生古蹟

🚇搭地鐵1號線於Vieux-Port站下，步行約15~20分鐘；或搭地鐵2號線於Joliette站下，步行約15分鐘 🏠7 promenade Robert Laffont (esplanade du J4) 13002 Marseille ☎04 84 35 13 13 🕐5~6月及9~10月10:00~19:00，7~8月10:00~20:00，11~4月10:00~18:00 ⊗週二，5/1、12/25 💲全票€11、優待票€7.5；每月第一個週一免費 🌐www.mucem.org

馬賽政府將掌管舊港入口的17世紀聖貞堡壘和稱為J4的前港口碼頭加以整建，以兩條高架天橋將舊城區、聖貞堡壘和J4連成一氣，形成了一處占地廣大的藝文特區。除了展出歐洲和地中海文物、新建的博物館J4外，還有大大小小的展覽廳、休閒庭園、咖啡館和餐廳等，成為馬賽最熱門的新地標，除了遊客，當地人也愛在這裡散步，欣賞黃昏時沒入海平面的璀璨夕陽。

歐洲和地中海文明博物館

Esplanade J4 — Esplanade J4
Rue de la Cathédrale
Rue Minaudou
Rue de la Loge
科斯凱洞穴 Cosquer Méditerranée
博物館J4廣場入口 MuCEM Accès esplanade J4
J4
倉庫廣場Place du Dépôt
軍隊廣場Place d'Armes
聖羅蘭教堂 Église Saint-Laurent
燈塔Le Tour de Fanal
喬治-亨利‧希維埃建築 Le Bâtiment George-Henri Rivière
博物館舊城區入口 MuCEM Accès Panier
官貞村和走廊 Le Village et la Galerie des Officiers
聖貞堡壘 Le Fort Saint-Jean
荷內國王塔La Tour du Roi René
聖禮拜堂 La Chapelle Saint-Jean
博物館舊港入口 MuCEM Accès Vieux-Port
舊港 Vieux-Port
Quai du Port
Esplanade de la Tourette
Square Protis
Av. Vaudoyer
Rue Saint-Laurent
Rue des Martégales
Av. Saint-Jean
Rue Caisserie
Promenade Louis Brauquier
圖例 景點 廣場 教堂 博物館

聖貞堡壘區

聖貞堡壘位於一座小山丘上，這片歷史古蹟收藏了馬賽的回憶，多條環型步道串連起庭園與建築，其中包括燈塔、禮拜堂，以及如今改設展覽廳的守衛室和官員村等等。

城牆與守衛室
Les Remparts et La Salle du Corps de Garde

從舊城聖羅蘭教堂(Église St-Laurent)前方的高架天橋前往聖貞堡壘，經過皇室門(Port Royal)後，會率先來到守衛室，在這處17世紀的建築中，可以觀看一段介紹堡壘歷史的免費影片。如果想欣賞城牆，不妨沿著環型步道(Chemin de Ronde)走上一圈。

荷內國王塔
La Tour du Roi René

15世紀中葉，荷內國王為了重整這座城市，在昔日被摧毀的默貝塔(Tour Maubert)舊址上興建了一座塔樓。塔樓擁有另一個博物館通往舊港的出入口，其前方平台可以欣賞到360度的全景。

喬治─亨利·希維爾建築
Le Bâtiment George-Henri Rivière

這座位於軍隊廣場(Place d'Armes)上的大型建築，落成於20世紀，如今當售票處和特展展覽廳使用，裡頭還有商店和咖啡館。

官員村和走廊
Le Village et la Galerie des Officiers

緊鄰守衛室旁的成片建築稱為官員村，昔日原本為軍營，19世紀後該堡壘不再駐軍，於是成排的房間搖身一變成了展覽廳，展出一系列以「娛樂時光」(Le Temps des Loisirs)為主題的收藏，其中包括一組最大的馬戲團模型，活靈活現馬戲團後台與前台的所有場景，其他展出還包括從事各種活動的木偶、傳統服飾與日常用品等。

這個號稱以「石頭、水和風」(事實上以鋼筋混凝土)建成、占地約15,500平方公尺的立方體,是歐洲和地中海文明博物館的核心,出自建築師Rudy Ricciotti和Roland Carta的設計。外觀猶如纖維體,鏤空的設計將馬賽燦爛的陽光與明媚的海景邀請入內,使得整個空間在天氣晴朗時閃閃發光,特別是投射在木頭棧道上的不規則倒影,更帶來浪漫且神祕的氣氛。博物館內共分5樓,3座展覽廳主要位於1、3樓,分別供永久展和特展使用。

地中海廳La Galerie de la Méditerranée

位於1樓的地中海廳面積1,500平方公尺,展出從新石器時代至今與獨特的地中海群居生活相關的文物,其中包括各式各樣的日常生活工具,以及圖畫、素描、版畫、聖像等藝術品,展現當時社會所面對到最真實的問題。展覽按照歷史發展分為「農業發明與神祇誕生」(Invention des Arrgicultures, Naissance des Dieux)、「耶路撒冷,三教聖城」(Jérusalem, Ville Trois Fois Sainte)、「公民身份與人權」(Citoyennetés et Droits de l'Homme)和「超越已知世界」(Au delà du Monde Connu)4個主題。

科斯凱洞穴Cosquer Méditérranée

📞04 91 31 23 12 ⏰4~6月及9月~11月上旬9:30~19:30、7~8月9:00~21:00、11月上旬~3月10:00~18:00 💶全票€16、10~17歲€7.5、6~9歲€5 🌐www.grotte-cosquer.com/en

1985年,一位名叫亨利·科斯凱(Henri Cosquer)資深潛水愛好者在卡朗格灣區潛水時無意挖掘到驚人的發現。在36公尺深的地方有個約175公尺長的洞穴,上面有超過400多幅的壁畫,如企鵝、山羊、野牛、鹿等,後來經科學證實這些壁畫的歷史可回溯到3萬年前,這洞穴也被命名為科斯凱洞穴。1991年科斯凱洞穴對外開放,但隨著海平面逐年上升,科學家們面臨了壁畫如何保存和維護的難題,洞穴也因安全問題被封起來。

如今科斯凱洞穴的副本展示在J4的地中海別墅裡,訪客會先在1樓認識亨利的潛水愛好,像是行前的準備工作、使用的器具等。接著往地下走到36公尺深的地方,進行約40分鐘的游船行程,透過語音導覽帶你認識來自3萬年前的哺乳動物與海底世界、神秘的手印與手繪,以及奇形怪狀的鐘乳石與石筍。

舊城周邊Vieux Port Area

MAP ▶ P.146A4

守護聖母院

Notre-Dame de la Garde

飽覽馬賽市容與海景

🚌 於Cours Jean Ballard搭巴士60號於終點站下，車程約10分鐘 🏠 Rue Fort du Sanctuaire, 13281 Marseille 📞 04 91 13 40 80 🕐 7:00~18:00 💲 免費 🌐 www.notredamedelagarde.com

守護聖母院位於馬賽制高點，屬於新拜占庭建築風格，興建於1148年，出自建築師Henri-Jacques Espérandieu之手，其地基前身為一座碉堡。聖母院建築高約150公尺，約40公尺的鐘樓上方聳立著飾以金箔的聖母與聖嬰像，高11公尺的聖母在陽光的照射下閃閃發光，懷抱聖嬰的她面海而立，彷彿看顧著遠方海面上未歸的水手。

這座獻給聖母瑪麗的雪白教堂落成於19世紀中，取代昔日興建於13世紀的同名教堂。從大門進入，首先是僧侶的宿舍，裡面約有30名僧侶。這些僧侶終身都在此修行，每天凌晨2點即展開第一次的祈禱，下午又回到宿舍進行晚禱。教堂位於整座建築的最上層，紅白兩色的大理石柱撐起宏偉的室內空間，牆壁和天花板上裝飾著大量的馬賽克鑲嵌畫，這些彩磚來自威尼斯，由當時最傑出的手工藝匠生產。

位於中殿的三座小圓頂花色不一，圓頂四周的柱頭描繪著來自《舊約》聖經的故事，除了精緻畫作外，牆壁上還可以看見眾多信眾還願的匾額與碑文，二次大戰時期德軍與聯軍交火的槍彈痕跡。如果抬頭看，可以發現教堂內還懸掛了祈禱航海平安的模型船。教堂下方有一座地下室，一道道羅馬半圓形拱廊下容納了6座側禮拜堂，素樸的模樣和華麗的教堂天壤之別。從聖母院可以俯瞰整個市容，絕對不要錯過這個視野極佳的景點。

舊城周邊Vieux Port Area

MAP ▶ P.146B4

光明城市

Cité radieuse

柯比意的建築集大成

🚇搭地鐵2號線於Rond Point du Prado站下，轉搭巴士21、22號於Le Corbusier站下車，步行約3分鐘可達 📍280 Boulevard Michelet, 13008 Marseille

普羅旺斯…

馬

賽 Marseille

　　光明城市是建築大師科比意(Le Corbusier)所設計的現代主義建築，堪稱是當代集合住宅的範本。樓高18層，共337個房間的大型公寓內部規劃為一個垂直型的理想社區，裡面有超級商店、書店、餐廳、咖啡、郵局和幼稚園等公共設施，不僅提供1,600名住戶居住空間，更讓他們可以在此工作、享受生活。光明城市無論規模或在都市規劃的意義上，都比柯比意其他公寓設計更具有代表性，在2016年被聯合國教科文組織入選為世界遺產。

　　一般遊客無法入公寓參觀，但可以參加馬賽旅遊局規劃的建築之旅，探訪市區內的建築名作。或是入住位於公寓內的柯比意飯店(Hotel le Corbusier)，親自體會建築大師的設計理念。

舊城周邊Vieux Port Area

MAP ▶ P.146A1

瑪卓大教堂

Cathédrale de la Major

宏偉的拜占庭式建築

🚇搭地鐵1號線於Vieux-Port站下，步行約20分鐘可達。或搭地鐵2號線於Joliette站下，步行約8~10分鐘可達 📍Place de la Major, 13002 Marseille ☎07 72 15 60 10 🕙10:00~17:30

　　瑪卓大教堂由新舊兩座教堂組成，現今看到醒目的大教堂修建於1852年，共花了42年才建造完成，高700公尺、長146公尺，伴隨著一座直徑達18公尺的圓頂，整體外觀雄偉壯觀，屬於新拜占庭風格。位於一旁的則是建於12世紀

中的舊教堂，呈現典型的普羅旺斯羅馬式風格。

MAP ▶ P.146D2

隆夏宮
Palais Longchamp

MOOK Choice

宮廷風格的噴泉花園

🚇搭地鐵1號線於5 Avenues Longchamp站下，步行約5分鐘
🏠Boulevard Jardin Zoologique, 13004 Marseille

馬賽美術館Musée de Beaux-Arts

☎04 91 14 59 30 ⏰9:00~18:00 ⛔週一、1/1、5/1、
11/1、12/25 💲常設展免費，特展全票€6~12、優待
票€3~8；18歲以下、每月第一個週日免費 🌐musees.
marseille.fr/musee-des-beaux-arts-mba

自然歷史博物館Musée d'Histoite Naturelle

☎04 91 14 59 50 ⏰9:00~18:00 ⛔週一、1/1、5/1、
11/1、12/25 💲常設展免費，特展全票€6~12、優待票
€3~8；18歲以下、每月第一個週日免費 🌐musees.marseille.
fr/museum-dhistoire-naturelle-de-marseille-mhnm-0

打從16世紀開始，馬賽經常遭受缺水之苦，直到19世紀，因為引入Durance運河水才終獲改善，奧爾良公爵便於1839年，選擇在隆夏(Longchamp)高地這個現址，邀請了出身尼姆(Nîmes)的Espérandieu，設計出作為供水塔使用的隆夏宮，以紀念水源的引入。

這項工程前後花了20年才完成，完工後隆夏宮

以華麗典雅的宮廷風格受到歡迎，包括一進門，便可欣賞到半圓形、以雕像點綴其間的花圃和噴泉廣場。隆夏宮從主體兩邊各延伸一段迴廊，迴廊連接的側翼建築，目前分別為馬賽美術館和自然歷史博物館，前者收藏16世紀南法畫家作品，後者展出普羅旺斯的動植物模型、標本，以及從遠古至今的自然歷史。

隆夏宮後方還有一個花園廣場，提供露天咖啡座，以及小火車、騎馬等遊樂設施，深受當地人的喜愛，傍晚時分常可見居民到此聊天、喝咖啡和騎單車，十分熱鬧。

MAP ▶ P.146B1

古救濟院
Vieille Charité

今日的藝文「收容所」

🚇搭地鐵2號線於Joliette站下，步行約8~10分鐘 🏠2, Rue
de la Charité, 13002 Marseille ☎04 91 14 58 80 ⏰
9:00~18:00 ⛔週一、1/1、5/1、11/1、11/11、12/25
💲常設展免費，特展€10 🌐vieille-charite-marseille.com

1671年法國王室下令興建一座貧民庇護所─古救濟院，主要目的是要為馬賽街頭那些貧病交加的外來移民，建造一處收容所，好讓這些貧民不在馬賽到處亂竄，該行為並非善舉而是出於貴族的私心。

古救濟院分為醫院與圓頂教堂兩部分，由法王路易十四的御用建築師Pierre Puget所設計，他最著名的作品正是大名鼎鼎的凡爾賽宮(Château de Versailles)。其教堂展義大利文藝復興時期的風格，但較為簡單樸素，內部目前改設地中海考古博物館(Musée d'Archéologie Méditerranéenne)和非洲、大洋洲與美國印地安藝術博物館(Musée d'Arts Africains, Océanies et Amérindiens)，陳列來自本土或他國的遺跡文物。

馬賽周邊Around Marseille

P.146A1

卡朗格灣區

Les Calanques

自然傳統的濱海風光

從Place Castellane搭乘巴士19號於終點站Madrague de Montredon下，再轉乘巴士20號馳騁在彎曲的海濱公路上；或從Rond-point du Prado搭乘巴士22號抵達終點站Les Baumettes站，再爬一小段山路抵達另一個海灘　www.marseille-tourisme.com

想重溫當地的傳統漁港氣息，不妨走一趟馬賽郊區的小漁港──卡朗格灣區！

從馬賽到卡西斯(Cassis)之間的海岸是溺谷地形，陡峭的石灰岩與地中海交錯著，有許多小峽灣形成安全隱密的船塢，青綠色的海水與雪白的沙灘、石灰岩組成小小的秘密沙灘，常常被日光浴的向日葵族占據。

這些貼著地中海矗立的石灰岩山丘連綿不絕，光禿禿的石壁上長著低矮的植物，共達900種之多，其中還有50種罕見的品種。大大小小的水鳥、狐、石貂、蝙蝠、蛇、蜥蜴也在這裡出沒。夏天裡，許多遊客穿著短褲、帶上太陽眼鏡，往山上健行，在山丘頂端迎著海風，欣賞地中海的遼闊景致是莫大的享受。

馬賽周邊Around Marseille

P.146A1

紫杉堡

MOOK Choice

Château d'If

揭開鐵面人的傳奇

從舊港(1, Quai des Belges)搭Frioul If Express船前往紫杉堡，航班時間固定，依夏、冬季和假日不同，冬季班次較少，船程約20分鐘，船票來回€11.1；班次、時刻表及票價可上網或至碼頭櫃台查詢(電話04 91 22 41 22、網址www.lebateau-frioul-if.fr)　06 03 06 25 26　10~3月週二~週日10:00~17:15，4~9月10:00~18:00　1/1、5/1、12/25　全票€7；18歲以下、11~3月每月第一個週日免費　www.chateau-if.fr

紫杉堡是位於馬賽西南方3.5公里外的小島，為提供砲兵駐守而建於1528年，但始終未成為軍事用地。1580年成為監獄，囚禁重要的政治犯，傳說中路易十四的攣生兄弟「鐵面人」曾囚禁於此。不過，真正讓這個小島不朽的是大仲馬(Alexander Dumas)著名小說《基度山恩仇記》(Le Comte de Monte-Cristo)，這部以馬賽為故事發生地的小說，其中的男主角即監禁在此處，所以島上的監獄還刻意仿故事內容，設計兩間相鄰的囚室，有一條秘密通道穿過牆壁，當你站在塔頂，聆聽海鷗叫聲、呼嘯風聲與潮水拍岸聲響，彷彿重回小說情境，遭受冤獄的男主角鬱悶難解的模樣與暴風雨之夜儼然歷歷在目，監獄裡還播放相關電影，提醒你所有情節。

普羅旺斯…馬賽 Marseille

161

MAP ▶ P.146B2 | Le Petit Pernod

🚇搭地鐵1號線於Vieux-Port站下,步行約2分鐘。 🏠10 Quai du Port, 13002 Marseille 📞04 91 90 50 04 🕐7:00~23:00 (早餐7:00~11:30) 📷@le_petit_pernod

馬賽舊港畔餐廳成排並列,每到天氣晴朗的觀光旺季,露天座席總是坐滿吹著海風享用豐盛海產大餐的顧客們。Le Petit Pernod充滿時髦感的白色系裝潢,在清一色的海鮮餐廳中格外吸引目光。菜單以季節鮮魚為主,烹調出酥炸整隻小烏賊佐沙拉薯條、爐烤鮮魚佐頓飯等色味俱全的料理。店裡的魚湯並不循傳統做法,而是以海鮮湯為底,再堆滿鮮魚、貽貝、蛤蜊、烏賊、大蝦等七、八種豐盛湯料,海鮮多到幾乎看不見魚湯,吃起來十分過癮。

MAP ▶ P.146B2 | Le Miramar

🚇搭地鐵1號線於Vieux-Port站下,步行約2分鐘。 🏠12, Quai du Port, 13002 Marseille 📞04 91 91 10 40 🕐12:00~14:30、19:00~22:30 ❌週一 🌐lemiramar.fr

氣派華麗的Le Miramar是當地有名的馬賽魚湯(Bouillabaisse)店。過去漁夫為了避免浪費,將賣不完的魚獲混合烹調成魚湯,隨著時代的演變反成為招牌美食。一般馬賽魚湯利用產自地中海的5~7種魚來料理,再加入小螃蟹、淡菜和馬鈴薯等配料一塊烹煮而成。侍者會將海味端出給客人過目後,才進廚房將魚肉切下或煮爛,接著將整盤鮮美魚湯盛上桌,由於魚湯裡加入橄欖油、番紅花、月桂葉、蕃茄、迷迭香、百里香、蛋汁、大蒜和蔥等調味,不但色澤呈現褐黃色,喝起來也帶著較濃郁的口感。在喝完湯後,還要享用湯中的海鮮和配料,此外餐廳還會提供和馬賽魚湯互相搭配的麵包與蒜味番紅花蛋黃醬(Rouille),讓人大快朵頤一番。

MAP ▶ P.146A2　Chez Madie Les Galinette

🚇搭地鐵1號線於Vieux-Port站下，步行約6分鐘。　🏠138, Quai du Port, 13002 Marseille　☎04 91 90 40 87　⏰12:00~14:00、19:00~22:00　🚫週日晚上

這家位於馬賽港邊的餐廳，白天可以欣賞馬賽港景，夜晚可以遠眺點著燈火的聖母院，用餐氣氛有些類似小酒館般輕鬆自在。餐廳內除傳統馬賽魚湯外，還提供只有湯品的魚湯，讓用餐者還能同時品嘗其他食物，魚湯也同樣提供麵包和自製的蒜味番紅花蛋黃醬。其他的佳餚還包括以小紅胡椒、檸檬奶油和蕃茄丁佐味的薄生鮭魚片(Carpaccio de Saumon)和牛排(Pavé de Boeuf)，由於老闆娘的父親是牛肉販，因此自然能挑到最好部位的牛肉，加上主廚對火候掌握的恰如其分，讓肉質嫩中帶勁，完全不需要其他調味料，便可吃到最原始的美味。

MAP ▶ P.146A3　Café de l'Abbaye

🚇從聖維克多修道院步行約2~3分鐘可達。　🏠3, Rue d'Endoume, 13002 Marseille　☎04 91 33 44 67　⏰16:00~23:00　🌐larelevemarseille.fr

這間位於聖維克多修道院附近的小咖啡館，是當地街坊鄰居熱愛的用餐地點，因此在它只能擺設6張左右桌子的迷你空間裡，總是可以聽到此起彼落的打招呼聲，而它戶外的露天咖啡座也很小，占據著一條彎曲道路形成的小廣場，每到用餐時間更是一位難求。

可愛的藍色餐廳外觀，和以舊物簡單裝飾的空間，提供非常親切的用餐氣氛，在牆壁的大鏡子上可以看見廚師年輕時的照片，每天早上她總是前往市場選購最新鮮的食材，做出一道道家常卻非常美味的料理，也因此晚到的人只能望著手寫板上被畫掉的菜色興嘆了，由於這裡的甜點也很好吃，因此情況同樣搶手，總之早點到這裡報到準沒錯。

馬賽皂專賣
Au Savon de Marseille

🚇搭地鐵1號線於Vieux-Port站下，步行約3~5分鐘。 🏠 106, Quai du Port, 13002 Marseille ☎04 91 90 12 73 🕐週一~週六10:00~19:00、週日10:00~17:00

　Au Savon de Marseille以傳統馬賽香皂出名，這裡的香皂外型四四方方，沒有過多包裝，外緣甚至切割得不太工整，卻是當地的必買伴手禮。傳統的馬賽香皂只以橄欖油或棕櫚油製成，前者外觀為綠色，後者為白色，不論何種成份皆保溼滋潤、自然舒適，連嬰兒使用也不傷肌膚。除了油量72%外，還強調以手工製成，沒有香味，至少要10個工作天才能完成，但價格並不貴。店內還有色彩鮮豔且香味撲鼻的其他香皂，以及老闆Sylvie Maccanti挑選的香水、沐浴乳、薰香石等產品。

復古生活百貨
Maison Empereur

🚇搭地鐵1號線於Vieux-Port站下，步行約3~5分鐘可達。 🏠 4 Rue des Récolettes, 13001 Marseille ☎04 91 54 02 29 🕐10:00~19:00 🚫週日 🌐www.empereur.fr

　全馬賽舊城區中，可以説再也沒有比Maison Empereur更讓人流連的生活百貨，這間1827年就在馬賽開業的雜貨店從五金行起家，後來越做越有規模。歷經兩百年擴展的店面錯綜複雜，有如洞窟迷宮，產品從居家修繕延伸到金屬刀具、廚房器皿模具、生活小家電、懷舊玩具和復古文具，以及馬賽皂等生活雜貨，商品總數量超過5萬件，特別的是店家精選的商品大多保有職人手感，還有不少來自南法當地老字號工坊，比起現代化的生活賣場更有味道。

馬賽代表點心 Four des Navettes

🚇搭地鐵1號線於Vieux-Port站下，步行約13分鐘可達。 🏠136 Rue Sainte, 13007 Marseille ☎04 91 33 32 12 🕐週一~週六8:00~19:00、週日9:00~13:00、15:00~19:00 🌐www.fourdesnavettes.com

　創立於1781年的Four des Navettes是馬賽最古老的麵包坊，200年來傳承古老配方，使用18世紀沿用至今的古董烤爐，烘焙馬賽的特色點心「船形餅」(navette)。每年2月2日聖維克多修道院舉行聖燭節(Candlemas)，大主教會請出黑色聖母(Black Madonna)繞街遊行，祈求馬賽風調雨順，然後會到烘焙坊為烤爐祝福，讓民眾享用船形餅時，也能得到保佑。

　船形餅的味道像是半發酵的硬麵包，富含橙花香氣，且相當持久耐放。除了本店之外，在藝術購物中心Les Docks Village也設有分店。

精品香水L'Eau de Cassis

🚇搭地鐵1號線於Vieux-Port站下,步行約1分鐘可達。 🏠1 Rue Pytheas, 13001 Marseille ☎04 91 72 86 34 🕐11:00~14:00、14:30~19:00 🈲週日 🌐www. eaudecassis.com

　來自馬賽附近的小漁港卡西斯(Cassis),L'Eau de Cassis使用普羅旺斯在地花卉萃取精華,製造各種香水與香氛產品。品牌創立於1851年,當時在卡西斯的創辦人為一位馬賽名媛調配出第一款香水「L'Eau de Cassis」,之後遂成為品牌名稱。店內縈繞著馥郁氣息,各種設計精美的香水瓶與香水芬芳相得益彰,散發著獨特的女性魅力。

手工木偶Santons Escoffier

🚇搭地鐵1號線於Vieux-Port站下,步行約6分鐘可達。 🏠96, Quai du Port, 13002 Marseille ☎04 91 90 17 69 🕐10:00~19:00 🈲週日 🌐www.santons-escoffier.com

　普羅旺斯當地在聖誕節時喜歡在家擺設耶穌誕生等場景,這些彩色小泥偶舊稱為Santon。在這間Bruno Bonneton開設的工坊商店中,可以看見各式各樣的小泥偶,無論是漁民、農夫、菜販、牧羊人、身著傳統服飾的婦女等,各個栩栩如生,還可以搭配不同的店面、建築與場景,甚至搭建一座屬於自己的村裝。除了已上色的小泥偶之外,還有素色的泥偶,讓顧客可以自行彩繪,價格比彩色的便宜約一半。

糖果專賣 Délices Lamarque

🚇搭地鐵1號線於Vieux-Port站下,步行約2分鐘可達。 🏠6 Rue Pythéas, 13001 Marseille ☎04 91 21 95 42 🕐週一14:00~19:00、週二~週六10:00~19:00,週日11:00~16:00 🌐www.deliceslamarque.com

　這間應有盡有的糖果店,從軟糖、巧克力、棒棒糖到餅乾甜點,各種甜食黨最愛的糖果點心都聚集在架上,店內主要精選南法當地品牌,以散裝或盒裝等方式販售,設計精美的糖果盒和復古包裝特別適合做伴手禮,店家也和當地職人合作推出造型巧克力,彷彿跌入甜甜的夢中,每個角落都充滿幸福滋味。

MAP ▶ P.146B1 **創藝商場Les Docks Village**

🚇搭地鐵2號線於Joliette站下,步行約3分鐘可達。 🏠10 Place de la Joliette, 13002 Marseille 📞04 91 44 25 28 🕐10:00~19:00
🌐www.lesdocks-marseille.com

　　由建於1826年的碼頭倉庫改建,80多家個性商店、餐廳及生活精品等店鋪進駐Les Docks Village中,成為馬賽的創意新地標。商場內看到的都不是耳熟能詳的品牌,而是機車用品專用店、3C設計、設計師選物店等,不僅店家有個性,商場也結合裝置藝術,中庭被設計成貼滿馬賽克磚的藍色世界,或是種植棕櫚樹地熱帶花園,為購物帶來更多樂趣。

MAP ▶ P.146A1 **購物中心**
Les Terrasses Du Port

🚇搭地鐵2號線於Joliette站下,步行約5分鐘可達。 🏠9 Quai du Lazaret, 13002 Marseille, 🕐商店10:00~20:00、餐廳10:00~0:00 🌐www.lesterrassesduport.com

　　由玻璃帷幕搭建的購物中心面對著港口,是鄰近馬賽舊港區最大型、也是最有人氣的購物中心,從流行服飾、時尚精品到各種法國知名的生活品牌一應俱全,並配合季節推出各種折扣活動,可一次掃齊所有想購買的產品。

MAP ▶ P.146B2 **馬賽設計Marseille en Vacances**

🚇搭地鐵1號線於Vieux-Port站下,步行約1分鐘可達。 🏠7, Rue Bailli de Suffren, 13001 Marseille 📞04 91 54 73 17 🕐10:00~19:00 🈹週日 🌐uneteenvacances. com

　　喜歡蒐集T恤的人,就不能錯過這間位於舊港附近的T恤專賣店,不分男女老少,各種尺寸、顏色的T恤,全都印上了與馬賽相關的圖案與文字,像是把馬賽這個法文字諧音寫成英文的「Mars Say Yeahh」,或是將守護聖母院的輪廓融入條碼的圖案,將美國隊長搞笑成馬賽舊名的Massilia隊長等等,其他商品還包括圍裙、帽子、行李帶和小配飾等等。

Where to Stay in Marseille
住在馬賽

MAP ▶ P.146B3
Grand Hôtel Beauvau Marseille Vieux Port

搭地鐵1號線於Vieux-Port站下，步行約1分鐘可達。 4, Rue Beauvau, 13001 Marseille 04 91 54 91 00 all.accor.com/hotel/1293/index.en.shtml

俯瞰著舊港，這間屬於法國Accor飯店集團旗下的4星級飯店，擁有絕佳的地理位置！打從1816年開幕至今，這裡就是許多名人拜訪馬賽的下榻處，接待過作家喬治桑(George Sand)和音樂家蕭邦、法國浪漫詩人拉馬丁(Lamartine)、義大利天才小提琴家帕格尼尼(Paganini)等人，此外，飯店內精緻的帝國和拿破崙三世時期的骨董和家具，更讓它成為當地最具歷史性的飯店。共有73間客房，房型多達5種，其中包括擁有面對舊港陽台的雙層套房(Duplex Suite)，另外還有喬治桑和蕭邦住過的大露臺套房(Terrace Suite)，讓你坐擁舊港全景。

MAP ▶ P.146B2
InterContinental Marseille - Hotel Dieu

搭地鐵1號線於Vieux-Port站下，步行約5分鐘可達。 1 Place Daviel, 13002 Marseille 04 13 42 42 42 marseille.intercontinental.com

旅館建築落成於1753年，前身是馬賽主宮醫院(Hôtel-Dieu de Marseille)，被列為法國的歷史古蹟。主宮醫院見證馬賽18世紀以來的黃金歲月，領導許多劃時代的醫療突破，旅館門楣上的鴿子雕刻，為過往的光輝歷史留下見證。

馬賽洲際酒店與舊港口咫尺之遙，同時擁有寬闊庭院與公共空間，在密集的老街中顯得格外奢侈。飯店內部維持洲際酒店的水準，挑高大廳搭配藝術裝置，自然光從天井灑落，有如進入歐洲博物館，盡顯非凡與尊榮氣勢。客房設計簡潔俐落，由於前身是醫院的緣故，每間客房都擁有極為寬闊的陽台，夜晚華燈初上，在陽台沙發上慵懶地吹海風，欣賞守護聖母院與港區熠熠燈影，如此良辰美景任何語言都難以形容。

蔚藍海岸

Côte d'Azur

文／墨刻編輯部　圖／墨刻攝影組

1887年，記者里耶吉(Stéphen Liégeard)提出「蔚藍海岸」(Côte d'Azur)這個名詞，從此法國南部的地中海沿岸，就以四季充足的陽光和乾淨湛藍的海水聞名。蔚藍海岸的區域涵蓋了右半部的普羅旺斯省，從馬賽往東延伸到蒙頓，越靠近鄰國義大利的地方，又常被稱為「里維耶拉」(Riviera)。

真正把蔚藍海岸的觀光事業推上高峰的，要歸功於第一次大戰結束後百廢待舉的歐陸，於1920~1930年湧向此地的度假人潮。19世紀末，這裡是歐洲皇室成員的避寒勝地，到了20世紀，大眾媒體的傳播打開了知名度，社交名流、政商人士、藝術家、設計師紛紛前來，到里維耶拉度假成了時髦代名詞。

蔚藍海岸地區

蔚藍海岸之最 Top Highlights of Côte d'Azur

節慶宮 Palais des Festival et des Congrès
節慶宮因為坎城名滿天下的影展而出名，這裡有像好萊塢一樣的星光大道，可以看到許多大明星的手印。(P.218)

摩納哥親王宮 Palais Princier
參觀親王宮可以選擇報名導覽行程，或是在外面觀賞衛兵交接，此外這裡也可以一覽整個摩納哥的市景。(P.258)

畢歐 Biot
墨諾得(Eloi Monod)創設了畢歐玻璃工廠，畢歐便成為製造歐洲玻璃工藝品的大本營，而號稱畢歐工廠靈魂的「泡泡」玻璃杯，更成為他們自豪的專利。(P.231)

異國花園 Jardin Exotique
異國花園擁有400多種植物品種，主要來自美洲和非洲，由於植物生長期涵蓋11~3月，即使遭遇冬季，花園也不會全數枯竭而無景可賞。(P.200)

蒙地卡羅與蒙地卡羅大賭場 Monte-Carlo et Casino de Monte-Carlo
摩納哥以度假和賭場聞名，蒙地卡羅大賭場則是摩納哥最華麗的賭場，來到這裡即使不進賭場，也要欣賞一下這座美麗的建築。(P.262)

尼斯

Nice

文●墨刻編輯部
攝影●墨刻攝影組

尼斯是法國第五大城市,在4世紀由希臘人建城,10世紀時歸普羅旺斯伯爵(Comte de Provence)所有,14世紀時,甚至還拒絕承認由法王分封的領主—「安茹的路易」公爵(Louis d'Anjou)接管,因而落入薩瓦王室(House of Savoy)之手,因此在歷史上看來,它還曾經是法國的敵人。被法國短暫佔領期間,路易十四因害怕尼斯人叛變,於是摧毀了許多城堡建築。

今日的尼斯是座新舊融合的城市,因為經歷不同國家與王室的統治,建築風格也呈現多元化,包括希臘時代留下的歷史遺跡,可在近郊的西米耶山丘(Cimiez)找到。而從19世紀維多利亞時代開始,因終年氣候和煦且海水潔淨湛藍,使得尼斯一直是最受歐洲貴族歡迎的度假地,然而對照坎城的上流華貴,尼斯的氣質倒是要平民多了。

雖然以濱海度假勝地著稱,尼斯卻擁有兩座聞名全球的美術館——馬諦斯博物館和夏卡爾博物館,這兩位20世紀的現代藝術大師,都被尼斯澄澈的天空和海水所深深吸引,而蔚藍海岸所象徵的狂放、自由以及不受拘束的天堂情境,一一重現於他們的畫作中。

INFO

如何前往

◎飛機

從巴黎有國內班機飛往尼斯機場(Aéroport Nice Côte d'Azur),飛行時間約1小時15分鐘,其他像是波爾多、里昂等法國大城,荷蘭阿姆斯特丹、德國慕尼黑、英國倫敦、瑞士日內瓦……也有班機往來於尼斯之間。

尼斯機場

🌐www.nice.aeroport.fr

◎火車

從巴黎的里昂火車站(Gare de Lyon)搭TGV直達火車,於尼斯火車站(Nice Ville)下,車程約5.5小時,每日約7班。或從巴黎的里昂火車站搭乘火車,在里昂車站(Lyon Part Dieu)、馬賽聖查理火車站(Gare Marseille St Charles)、亞維儂TGV站(Avignon TGV)轉車前往,車程約6.5小時,每日約2~3班。

從馬賽、坎城均可搭乘TER火車直達尼斯。從馬賽聖查理火車站(Gare Marseille St Charles)搭乘列車於尼斯火車站(Nice Ville)下,車程約2.5小時,約1~2小時一班。從坎城(Cannes)於尼斯火車站(Nice Ville)下,車程約30~40分鐘,約20~30分鐘一班。

班次、時刻表及票價可上網或至火車站查詢,車票可上網、至火車站櫃台購買,或先於台灣向飛達旅遊購買法國火車通行證(France Rail Pass)並訂購車票。

飛達旅遊

📍台北市中山區南京東路三段168號10樓之6
📞(02) 8161-3456分機2 ✉@gobytrain
🌐www.gobytrain.com.tw

尼斯市區

西米埃聖母院修道院
Monastère Notre Dame de Cimiez

馬諦斯博物館
Musée Matisse

考古博物館
Musée Archéologiques

Parc des Arènes de Cimiez

Blvd. Gambetta

Ave. Monte Croce

Blvd. Joseph Garnier

Ave. des Arènes de Cimiez

Ave. Bellanda

Blvd. de Cimiez

夏卡爾博物館
Musée National Message Biblique Marc Chagall

Voie Malraux

尼斯市區火車站
Gare Ville SNCF

俄羅斯東正教大教堂
Cathédrale Saint-Nicolas de Nice

遊客服務中心(車站)

Backpackers Chez Patrick

Ave. Thiers

Hôtel Normandie

Blvd. de Cimiez

Ave. Georges Clémenceau

Rue du Maréchal Joffre

Grand Hôtel Le Florence Nice

Blvd. Dubouchage

Hôtel Ellington

現代與當代美術館
Musée d'Art Moderne et d'Art Contemporain

Rue Fr. Passy

Rue Verdi

Rue de l'Hôtel

Rue François Guisol

Rue Lascaris

Hôtel Brice

Rue du Rivoli

Hôtel Windsor

Keisuke Matsushima

Rue Gioffredo

Rue Cessini

La Trattoria de Giuseppe

Blvd. François Grosso

Rue de la Buffa

Rue Masséna

Hotel De Suède

瑪西納廣場
Place Masséna

尼斯美術館
Musée des Beaux-Arts de Nice

Bld. Gambetta

Rue de France

Rue Dalpozzo

Rue du Congrès

Rue Halévy

Ave.du Verdun

Blvd Jeanjaurès

法院Palais de Justice

舊城區
Vieux Nice

城堡花園
Parc du Château

Hôtel Negresco

馬塞納美術館
Musée Masséna

歌劇院
Opéra

Quai Des États-unis

遊客服務中心(英國人散步道)

Mercure Nice Promenade des Anglais

Le Méridien Nice

大巴士之旅Le Grand Tour
小火車之旅Les Trains Touistiques 上車處

英國人散步道
Promenade des Anglais

天使灣
Baie des Anges

Quai Rauba Capeu

圖例　🍴餐廳　✚教堂　🏛博物館　🚉火車站　🏛政府機關
　　　🎭劇院　🔲廣場　🏨飯店　🌳公園　ℹ️遊客服務中心

蔚藍海岸⋯⋯尼 斯 Nice

法國國鐵

🌐www.sncf.com

◎巴士

　尼斯和周邊城鎮均有巴士往來，從坎城(Cannes)的Gare SNCF站搭ZOU經營的620號巴士前往尼斯(Nice)的Parc Phœnix站，車程約1小時20分鐘。

ZOU巴士602、603、607號同時還經營往來於尼斯和摩納哥(Monaco)之間的路線，車程各約30分鐘。從艾克斯(Aix-en-Provence)和馬賽(Marseille)可搭乘ZOU巴士60號前往尼斯，車程約2小時15分鐘和2小時45分鐘，班次、時刻表及票價可上網查詢。

普羅旺斯—阿爾卑斯—蔚藍海岸客運系統ZOU

🔗 zou.maregionsud.fr/en

Lignes d'Azur巴士公司

🔗 www.lignesdazur.com

機場、火車站、巴士站至市區交通

◎從機場

　　尼斯機場距離市區約6公里，可從第1、2航廈搭乘電車2號線(Tramway T2)到Jean Médecin站再轉乘電車1號線(Tramway T1)往瑪西納廣場Masséna站。另外也可搭乘計程車前往市區，費用約€32。

機場交通資訊

🔗 www.nice.aeroport.fr

Central Taxi Riviera Nice

📞 04 93 13 78 78

◎從火車站

　　尼斯市區火車站(Nice Ville)位於市區，步行至英國人散步道遊客中心約15~20分鐘。也可搭乘電車1號線(Tramway T1)從車站前的Gare Thiers站前往瑪西納廣場Masséna站。或搭巴士8號前往英國人散步道

(Gambetta/Promenade站或Congrès/Promenade站下)。

◎從巴士站

　　尼斯巴士總站(Gare Routière，也被稱為Gare Vauban或Gare St Jean d'Angely)位於市區西北方，主要為歐洲長程線巴士的客運站，可搭乘電車1號線(Tramway T1)從Vauban到舊城區或市區。從Parc Phœnix站進入舊城區或市區，則可搭乘電車2號線(Tramway T2)到Jean Médecin。

尼斯巴士站Gare Routière/Gare Vauban

📍 16 Avenue des Diables Bleus, 06300 NICE

市區交通

　　尼斯市區雖有巴士和電車，但大部分景點步行可達。尼斯市內最常使用的是電車1號線(Tramway T1)，聯繫車站、巴士站和瑪西納廣場，市區巴士由Lignes d'Azur經營，電車票券可和巴士共用，單程票和套票可在74分鐘內任意轉搭市區巴士和電車。1日券和7日券則可在效期內無限次搭乘市區巴士、電車以及前往鄰近城鎮的Lignes d'Azur巴士(部分特殊路線除

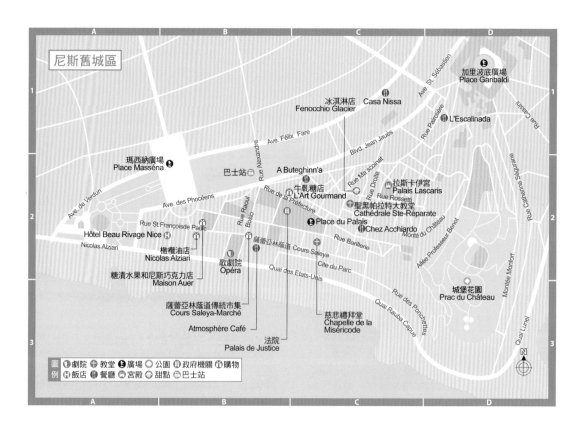

外)。單程票和1日券可直接和司機購買,至於套票和7日券則必在透過自動售票機或售票櫃檯購買。

$ 單程票€1.7(車上購票€2)、機場來回票€10、1日券€7、7日券€13

🌐 www.lignesdazur.com/en/travel-tickets

旅遊諮詢

◎尼斯遊客服務中心Office de Tourisme Métropolitain Nice Côte d'Azur – Bureau de Nice

🌐 www.nicetourism.com

英國人散步道Promenade des Anglais

🚶 從尼斯火車站步行前往約30分鐘可達;亦可搭12號公車或電車於Masséna站下,步行約5分鐘。

🏠 5, Promenade des Anglais – BP4079, 06302 NICE

📞 04 92 14 46 14

🕐 7~9月9:00~19:00、10~6月9:00~18:00(週日休)

火車站Gare

🏠 Av Thiers – Gare SNCF, 06000 Nice

📞 04 92 14 46 14

🕐 7~9月9:00~19:00、10~6月週一至週六9:00~18:00,週日10:00~17:00

🚫 5/1

優惠票券

◎法國蔚藍海岸通行證 French Riviera Pass

分為1日券、2日券及3日券,在有效限期內憑票可免費參觀尼斯和蔚藍海岸周邊城鎮,包括安提布、畢歐、卡納須梅和摩納哥等地約20個景點和博物館、美術館,以及免費參加蔚藍海岸遊船之旅(Trans Côte d'Azur)和尼斯導遊導覽行程。另外可以每天多加€7,加購交通套票,可在效期內無限制搭乘往來城鎮間的巴士(不含來往安提布(Antibes)及摩納哥的交通)。可上網或至遊客服務中心購買。

📞 08 92 14 46 14

$ 1日券€28、2日券€40、3日券€59

🌐 www.frenchrivierapass.com

◎尼斯博物館通行證Pass Musées 4 jours

4天內憑票可免費參觀尼斯10間市立美術館和博物館,包括現代與當代藝術美術館

(Musée d'Art Moderne et d' Art Contemporain)、馬諦斯博物館(Musée Matisse)、尼斯美術館(Musée des Beaux-Arts de Nice)、馬賽納美術館(Musée Masséna)。可上網或至遊客服務中心購買。另一張Pass Musées de Nice只開放給本地居民購買,不適合外國旅客。

$ 全票€15

🌐 www.nice.fr/fr/culture/musees-et-galeries/preparer-ma-visite

觀光行程

◎小火車之旅Trains Touristiques de Nice

從英國人散步道出發,經過瑪西納廣場和舊城區,然後爬上小山丘,進入城堡花園(約停留10分鐘),可以遠眺蔚藍海岸的美麗風景。

🚶 從英國人散步道遊客中心步行約3分鐘

🏠 Monument du Centenaire, 06300 Nice

📞 04 42 72 21 70

🕐 10~3月10:00~17:00、4~5月和9月10:00~18:00、6~8月10:00~19:00,約每30分鐘一班。

🚫 1/1、12/24、12/25、12/31

$ 全票€12、4~12歲€6

🌐 www.francevoguette.com/petit-train-touristique-electrique-nice-chateau/

尼斯行程建議 Itineraries in Nice

城市概略 City Guideline

作為歷史悠久的度假城市,尼斯的高級旅館和餐廳、逛街大道都集中在漫長的海岸線。濱海道路以綠意盎然的馬西納廣場(Place Masséna)為界,以東是尼斯舊城區和港口,以西是旅館和海灘雲集,長3.5公里的英國人散步道(Promenade des Anglais)。尼斯的歷史景點圓形競技場、馬諦斯博物館等位於北方山丘西米耶(Cimiez)地區,從車站搭乘巴士,或乘坐雙層觀光巴士可達。

如果你有1~2天

尼斯各景點距離不遠,巴士交通也相當便利,想要在兩天之內逛完精華景點並不難。如果時間有限又不想走馬看花,可以先從馬諦斯美術館或夏卡爾美術館中挑一間參觀,然後再花半天時間在舊城區或海灘感受度假氣息。

如果你有3天

以尼斯為據點,周邊小城和港町都在搭車30分鐘左右的範圍,像是畫家考克多駐足的漁村Villefranche-sur-Mer、富豪眷顧的高級度假區Beaulieu-sur-Mer等,也可以尼斯為據點,前往坎城、蒙頓或摩納哥一日遊。

尼斯中心區Central Nice

`MAP ▶ P.171A5,B5`

英國人散步道

MOOK Choice

Promenade des Anglais

坐擁海景的悠閒愜意

從英國人散步道遊客服務中心步行即達　位於英國人散步道遊客服務中心前

　　尼斯面向海岸的大道正是英國人散步道，這是1820年時由當地英國僑民募款所修建的步行道，原本只是兩線道，中間以花床和棕櫚樹分開，現在卻寬達八線、長約5公里，大道旁藝廊、商店及豪華飯店林立。至於「散步道」(Promenade)之名則是由英國維多利亞女皇之子卡諾特公爵(Duke of Cannaught)啟用於 1931年，由此可見這條大道的不凡。如今這條靠近岸邊的人行道，依舊是尼斯人最喜歡散步、聊天、騎單車和遛狗的地方，聽著浪濤、迎著海風，感覺十分愜意。

尼斯中心區Central Nice

`MAP ▶ P.171C3,C4`

珍梅德森大道和瑪西納廣場

Ave. Jean Medecin et Place Masséna

尼斯的商業與活動中心

從尼斯火車站步行前往珍梅德森大道，約3~5分鐘可達；或搭電車1號線於Gare Thiers、Jean Médecin或Masséna站下。

　　這條寬廣的大道林立著尼斯的新建築，兩旁均是餐廳、速食店、銀行、辦公大樓和百貨商場，其中特別是商店，多達250家包括Swatch、BCBG Maxazria、Esprit、Morgan、Naf Naf、Zara、H & M、Adidas、FNAC等品牌，讓愛買一族足以從街頭逛到街尾，大呼過癮。

　　大道之南便是瑪西納廣場，四周同樣錯落著餐廳和紀念品店，此外法國知名的拉法葉百貨公司(Galeries Lafayette)也在此設有據點，至於尼斯最高檔的精品名牌店，則集中在連接瑪西納廣場的Ave. de Verdun一帶。此外，瑪西納廣場和英國人散步道同為尼斯嘉年華時的主要表演場所，該廣場午後還有不少街頭藝人獻藝，想登高望遠的人不妨搭乘一旁的大型摩天輪，可由高處眺望尼斯和蔚藍海岸之美。

尼斯中心區Central Nice

MAP ▶ P.171A5

天使灣
Baie des Anges
蔚藍海岸的經典畫面

🚶 從英國人散步道遊客服務中心步行即達　🏠位於英國人散步道遊客服務中心前

在有關尼斯的風景明信片中,天使灣常是最常出現的經典畫面,也就是這處沿著地中海所畫出的美麗海灣,讓蔚藍海岸名聲無遠弗屆,即使在冬日,只要不下雨,一望無際的湛藍海景和陽光沙灘,都讓人心情開朗,使得尼斯成為法國人心目中永遠的避寒勝地。

拜訪天使灣最美好的季節還是在春夏時分,許多美女帥哥紛紛來此,穿著清涼的比基尼和泳褲,直接躍入水中游泳戲水,或是大方的秀出美好身材做起日光浴。由於天使灣的石頭顆顆光滑細緻,當地許多巧克力和糖果也會特別做成這種造型,十分有趣。每年6~9月中旬,會有業者在灣邊租借各種水上設施,遊客也可報名遊船行程,或是在灣邊的餐廳和咖啡館喝杯飲料,不論晨昏,都能享受悠閒時光。

尼斯中心區Central Nice

MAP ▶ P.171D4

城堡花園
Parc du Château
景色優美的眺望據點

🚶 從英國人散步道遊客服務中心步行約20分鐘,可從Quai des États-Unis搭電梯上山;也可參加「小火車之旅」坐車欣賞或下站參觀。　🏠Rue des Ponchettes – Rue de Foresta – Montée Montfort, 06000 Nice 📞04 92 14 46 14 🕐10~3月8:30~18:00、4~9月8:30~20:00 💲免費

位於舊市區東側的小山丘是當地著名的城堡花園,走在園內,除了可以參觀昔日聖母院遺址,還可以在美麗的的坡林綠地裡,居高臨下眺望尼斯的蔚藍海景。

蔚藍海岸…

尼
斯
Nice

MAP P.171B4

馬塞納美術館

Musée Masséna

引人入勝的華美建築

🚶從英國人散步道遊客服務中心步行約10分鐘 ⏰65, Rue de France, 06000 NICE (入口位於英國人散步道35號) ☎04 93 91 19 10 ⏰11~4月11:00~18:00、5~10月10:00~18:00 🚫週二、復活節、1/1、5/1、12/25 💲全票€10；持尼斯博物館通行證、18歲以下免費 🌐www.nice.fr/fr/culture/musees-et-galeries/musee-massena-le-musee

這座興建於1898~1901年仿義大利風格的別墅，因為外觀宏偉優雅，雖稱不上是尼斯的主要美術館，卻也吸引不少人駐足參觀。該建築原為拿破崙的後代馬塞納(André Massena)所有，他在1917年將它捐給政府，4年後改建成美術館對外開放參觀。

遊客一進門便可欣賞到優美的英式庭園，館內收藏了不少與拿破崙相關的文物、家具；2樓展示尼斯1792~1914年間的文物與畫作，透過這些作品，可以一窺尼斯過去的風貌，包括早期嘉年華的場景；3樓則是臨時展覽區，並展示一些曾在尼斯生活、工作的音樂家、藝術家的民間創作。值得一提的是，從這裡可居高臨下欣賞尼斯海灣風光，不經意映入眼簾的窗外美景，如同一幅生動的風景畫引人入勝。

巴洛克建築

位在法國南部和義大利之間的區域，保留了在法國難得一見的巴洛克建築，其中最具代表性的城市之一便是尼斯。巴洛克(Baroque)的原文是葡萄牙文，意指「變形的珍珠」，風行於16~18世紀的歐陸，特色是建築外加華美絕倫的雕飾，可以說是銜接義大利文藝復興建築晚期的「矯飾主義」，是一種為了炫耀財富和權勢的建築。

除了富人權貴有財力可以蓋出巴洛克建築，教堂也是巴洛克風格的愛好者，有句話說：「對神來說，沒有什麼是過於美麗的」，便是當時天主教勢力極盛的寫照。

由於法王路易十四(Louis XIV)個人不喜歡巴洛克形式，使得這種華麗建築在法國本土非常少見，而當時不隸屬於法國的尼斯，卻因此保存了巴洛克風格的建築，在舊城區的法院(Palais de Justice)、聖黑帕拉特大教堂和慈悲禮拜堂等，都是其中的代表。

MAP P.172

舊城區

Vieux Nice

MOOK Choice

繽紛花海點綴的街景

🚶從瑪西納廣場前步行約5分鐘

薩蕾亞林蔭道傳統市集

🚶從瑪西納廣場前步行約7鐘 ⏰Cours Saleya, 06300 NICE ⏰骨董市集週一6:00~18:00；花市週二、週四和週五6:00~17:30，週三和週六6:00~18:30，週日6:00~13:30。 🚫花市週一、假日下午

尼斯原為希臘人所建，曾淪為羅馬殖民地，最後由義大利的薩丁尼亞王國轉手給法國，這些歷史所留下的遺跡，在尼斯舊城區裡都找得到，像是法院(Palais de Justice)、歌劇院(Opéra)、聖黑帕拉特大教堂(Cathédrale Ste-Réparate)、加里波底廣場(Place Garibaldi)、慈悲禮拜堂(Chapelle de la Miséricorde)等，洋溢巴洛克建築風情。值得注意的是舊城區的某些路牌以尼斯方言Nissard寫成，這種方言近似西班牙文與義大利文的合體，卻與法語大異其趣。

尼斯中心區Central Nice

MAP ▶ P.171A4

尼斯美術館

Musée des Beaux-Arts de Nice

海報之父的作品珍藏

🚶 從英國人散步道遊客服務中心步行約20分鐘；可搭巴士38號在Musée Chéret站下 🏠 33, Avenue des Baumettes, 06000 Nice ☎ 04 92 15 28 28 🕐 11~4月11:00~18:00、5~10月10:00~18:00 🚫 週一、復活節、1/1、5/1、12/25 💰 全票€10；持尼斯博物館通行證、18歲以下免費 🌐 www.musee-beaux-arts-nice.org

　　這座當年為了烏克蘭公主於1878年而建的別墅，洋溢著濃厚的義大利文藝復興式風格，隱身於尼斯遠離鬧區的靜謐山坡路上，呈現一股優雅美麗的氣質。

　　美術館於1928年開幕，主要匯集了過去4個世紀的珍貴藝術品收藏，其中以晚年在尼斯工作

的畫家朱利斯‧雪瑞(Jules Chéret)的海報作品最為精采，他是著名的「海報之父」(Father of the Poster)，其他像是曾為館長的Gustav Adolf Mossa等不少曾在蔚藍海岸地區一帶生活的畫家作品，也出現在展覽中。館內也收藏不少大師作品，例如羅丹(Rodin)的雕塑，後期印象派畫家波那爾(Bonnard)、莫內(Monet)、希斯里(Sisley)等人的作品也都看得到。

　　興建於1855年的歌劇院，可說是舊城區的起點，華美的內部廳共4層樓高，為典型的巴洛克式建築，因此外觀上左右並不十分對稱，隔鄰有另一棟興建於1786年的建築，據說拿破崙曾停留在此，並寫了一封情書給愛人約瑟芬。

　　想感受南法人的活力與朝氣，絕對要逛逛舊城區裡的薩蕾亞林蔭道傳統市集(Cours Saleya-Marché)，這裡除了週一是骨董市場，其他天都有花市、果市和魚市，非常熱鬧。市集裡還販售由鷹嘴豆糊爐烤而成的傳統小吃「酥卡」(Socca)，以及一種稱為「Farci」的包捲，任何只要是包了東西的都可稱為是「Farci」，以橄欖油烹調的可口小菜，在路邊小店或市集攤位都可買到，包捲口味

眾多，包括沙丁魚熟菜包捲(Sardines Farcies au Vert de Blettes)和蕃茄醬汁迷你尼斯式包捲(Petits Farcis Niçois, Coulis de Tomate)等。

　　加里波底廣場是舊城區的盡頭，矗立著尼斯革命家加里波底(Garibaldi,1807~1882)的雕像，他在法國與義大利薩丁尼亞王國纏鬥之際，為捍衛尼斯不惜登高一呼，表達寧作義大利人也不願效忠法國的心願。廣場所連接的Rue Catherine Ségurane則是以另一位尼斯女英雄瑟古罕來命名，在16世紀的尼斯數度被法軍包圍之際，她冒死送糧進城給尼斯軍隊，甚至勇敢殺敵。從加里波底和瑟古罕的故事，我們可以看到，尼斯人對於家園故土的榮譽心，和他們自豪的光輝歷史。

蔚藍海岸…**尼**斯 Nice

MAP ▶ P.171D4

現代與當代藝術美術館

Musée d'Art Moderne et d' Art Contemporain

集現代藝術之大成

🚶 從遊客服務中心步行約20分鐘；或搭電車1號線於Garibaldi站下；或搭8、12、38號巴士於Promenade des Arts站下；或搭15、33、38、49、57號巴士於Garibaldi站下，皆步行約3分鐘。🏠Place Yves Klein, 06364 NICE ☎04 97 13 42 01 🕐11~4月11:00~18:00、5~10月10:00~18:00 🚫週二、復活節、1/1、5/1、12/25 💲全票€10；持尼斯博物館通行證、18歲以下免費 🌐www.mamac-nice.org

這座於1990年開幕的現代與當代藝術美術館，以展示1960~1970年代的作品為主，包括來自法國、美國和其他歐洲國家的新寫實主義、普普藝術和尼斯畫派等藝術家的作品，1、2樓以特展為主，並設有影片視聽室，時間有限的人可以先參觀3、4樓，這裡才是美術館的拜訪重點，

除了安迪沃荷(Andy Warhol)的作品外，還有法國馬賽雕刻家César將一輛紅色福特T型車壓縮成1.6公尺高的裝置藝術，種類繁多、館藏豐富，令人目不暇給。事實上，美術館本身也是一件藝術品，4座以白色鋼骨結構和大理石組成的現代化建築，以透明玻璃迴廊相接，呈現出現代簡約的美學氣息。圓拱屋頂處的室外花園視野極佳，可將尼斯舊城風光一覽無遺。

MAP ▶ P.171A3

俄羅斯東正教大教堂

Cathédrale Saint-Nicolas de Nice

為尼斯增添異國風情

🚶 從尼斯市區火車站步行約15分鐘；或搭64號巴士於Tzaréwitch / Gambetta站下 🏠Ave. Nicolas II, 06000 Nice ☎09 81 09 53 45 🕐週一至週五10:00~13:30、14:00~17:30，週六至週日10:00~18:00(週日9:00~12:00不對遊客開放) 🌐www.sobor.fr

1912年開始啟用的東正教大教堂外觀非常引人注目，外觀有著強烈的俄羅斯風格，是典型的巴洛克建築。這座大教堂從外到內一派金碧輝煌，因為早在19世紀末，已有許多富有的俄國人前來尼斯避寒度假。1865年王儲尼古拉·亞歷山德羅維奇(Nicholas Alexandrovich)赴歐旅遊途中，因感染肺結核病逝於此，末代沙皇尼古拉二世(Tsar Nicholas II)在他病逝的別墅原址興建這

座東正教堂作為紀念，至今教堂仍由俄羅斯直接管轄。色彩鮮豔的圓頂尖塔，讓它成為在俄國之外最美麗壯觀的俄羅斯風格建築，教堂內更陳列許多末代沙皇家族捐獻的的聖器和聖畫，在為數不多的沙皇遺物中顯得彌足珍貴。

尼斯周邊Around Nice

MAP ▶ P.171C2

夏卡爾博物館

MOOK
Choice

Musée National Message Biblique
Marc Chagall

畫家眼中的神聖世界

🚇從尼斯市區火車站步行約15分鐘；或搭5號公車於Musée
Chagall站下。 🏠Ave. du Docteur Ménard, 06000 Nice
☎04 93 53 87 20 🕐11~4月11:00~18:00、5~10月
10:00~18:00 🚫週二、復活節、1/1、5/1、12/25 💲展覽
期間全票€10、優待票€8，非展覽期間全票€8、優待票€6 🌐
musees-nationaux-alpesmaritimes.fr/chagall/en

出身俄國猶太裔的夏卡爾(Marc Chagall)在法
國習畫，也在法國成名，全名「夏卡爾聖經使
命」的博物館於1973年7月7日夏卡爾生日當天
開幕。由於該博物館成立於夏卡爾生前，因此完
全依照畫家的概念設計與規劃。建築出自柯比意
(Le Corbusier)的合作夥伴André Hermant之
手，為了展現畫作本身，以及「靈性之屋」的寧
靜氣氛，特別以極簡的線條設計。

主展場以舊約聖經的前兩部《創世紀》和《出
埃及記》為主題，是夏卡爾在1954~1967年所
創作的12幅大型畫作，畫作在他本人的監督下懸
掛，順序依年代排列，其中幾幅甚至直接引用聖
經裡的故事，例如天堂裡的亞當和夏娃，夏卡爾
在這些聖經角色中融合了自己的創作元素，像是
動物、花朵與戀人。

第二間比較小的展示廳中另有5幅畫作，呈現
舊約聖經中的《歌之歌》，不但傳達了夏卡爾幻
想世界的所有圖像，也表達了他對上帝之愛的歌
頌。其實猶太人的信仰裡並沒有天使，但夏卡爾
的畫中卻經常出現這項元素，那是因為他將在法
國的天主教生活經驗一併融入畫裡。最令人讚嘆
的還包括音樂廳(Auditorium)，每扇玻璃均述說
《創世紀》的故事，天使歌頌著上帝的光輝，窗
外的陽光灑讓色彩繽紛的夏卡爾畫也閃閃發亮。

蔚藍海岸⋯

尼
斯
Nice

MAP ▶ P.171D1

馬諦斯博物館

MOOK Choice

Musée Matisse

遇見野獸派大師的蛻變

🚌 從市區搭乘5、18、16、33號巴士於Arènes / Musée Matisse站下；與夏卡爾博物館之間可搭乘5號巴士 🏠164 Ave. des Arènes de Cimiez, 06000 Nice ☎04 93 81 08 08 🕐11~4月11:00~18:00、5~10月10:00~18:00 ㊡週二、復活節、1/1、5/1、12/25 💰全票€10，含考古博物館；持尼斯博物館通行證、18歲以下免費 🌐www.musee-matisse-nice.org

亨利・馬諦斯(Henri Matisse)是法國的野獸派大師，他在尼斯西米耶山丘(Cimiez)上的博物館，以17世紀的別墅改建而成，與考古博物館(Musée Archéologiques)和聖母院修道院(Monastère Notre Dame de Cimiez)比鄰而居。

馬諦斯在1919年遷居到尼斯，來去數次直到1954年過世，他與和尼斯的相遇十分傳奇。這位畫家在1916年初抵此地時，終年陽光普照的

尼斯卻連續下了一整個月的雨，就在馬諦斯灰心地要離開的時候，隔天早上卻放晴了。天空的雲被風吹散開來，金黃色的陽光灑進屋裡，心神蕩漾的馬諦斯領悟到他再也捨不得離開這個城市，於是決定住了下來。1938年，馬諦斯遷入距離博物館不遠處的女王飯店(Hôtel Excelsior Régina)。

博物館內刻意布置成馬諦斯昔日工作時的模樣，收藏有68幅油畫、236幅素描、218件雕刻、57件雕塑，以及畫家的私人收藏等，展現馬諦斯各個時期的畫風，包括第一幅畫《書的靜物畫》(Still Life with Books)、剪貼畫《四號裸女》(Nu Bleu IV)、和《海浪》(The Wave)。

MAP ▶ P.171D1

西米埃聖母修道院

Monastère Notre Dame de Cimiez

一窺方濟各修士的生活

🚌 從馬諦斯博物館步行約10分鐘；從市區搭35號巴士於Monastère站下 ☎04 93 81 00 04 🏠Place du Pape Jean Paul II, 06000 Nice 🕐9:00~18:00 ㊡週六、週日、國定假日 💰免費

這是尼斯最古老的教堂，矗立在西米耶區(Cimiez)的最高點，旁邊有一座植滿玫瑰的花園，一畦畦的玫瑰像野火燎原一樣地盛開。花園的圍牆邊可以眺望尼斯的海景，沿著尼斯的斜坡上，獨棟獨院的別墅面海而立，據說，英國著名歌手艾爾頓強(Elton John)的黃色別墅就位於山頂。另外還可以看到羅馬古城的廢墟，內有大型浴場及圓形劇場遺跡，常常是夏日舉辦活動

的場地，而赭紅色建築的馬諦斯博物館(Musée Matisse)即在左邊。

聖母修道院內有一座博物館，記錄著13~18世紀方濟各修士(Franciscans)的生活狀況和文物，也因此該教堂又稱為尼斯聖方濟各教堂與修道院(Église et Monastère Franciscain de Nice)，至今這裡依舊住著一小群該會修士。此外，馬諦斯、杜菲(Raoul Dufy)和1937年時贏得普立茲文學獎的法國作家Roger Martin du Gard等名人，均長眠於修道院的墓園。

尼斯周邊 Around Nice

MAP ▶ P.9G4

凱伊洛斯別墅

MOOK
Choice

Villa Kérylos

重現古希臘的燦爛藝術

🚌 從尼斯市區搭15號巴士於Kerylos站下；從Beaulieu-sur-Mer火車站步行約9分鐘；從埃茲搭83號巴士於Kerylos站下 🏠 Impasse Gustave Eiffel, 06310 Beaulieu-sur-Mer ☎ 04 93 01 01 44 ⏰ 9~4月10:00~17:00、5~8月10:00~18:00 ⊗ 1/1、5/1、11/1、11/11、12/25 💲 全票€11.5；18歲以下、11月及1~3月第一個週日免費 🌐 www.villakerylos.fr

　　凱伊洛斯別墅是德國考古學家西奧朵·雷納克(Théodore Reinach)一手打造的，由同是古希臘文明愛好者的建築師龐特莫利(Emmanuel Pontremoli)設計、施工，花了6年時間(1902~1908)而建，龐氏也是知名建築師加尼葉(Charles Garnier)的好友。Kérylos取自希臘文，意指「翠鳥」或是「燕鷗」，是常在希臘神話中出現的頌詩之鳥，讓人想起陽光和海洋的美好，而別墅正是環抱如此美景的建築。

　　凱伊洛斯別墅可說是一棟精美的希臘博物館，除了1樓的豪華浴場和門口2世紀的骨董馬賽克氣勢驚人外，圖書室(Bibliothèque)、餐廳(Salle à manger)、客廳(Salon)、雷納克及其夫人臥室(Chambre de Reinach)等，每間房裡都可看到以希臘神話人物為主題設計而成的圖騰，所選用的素材在20世紀初都是一流之選；地下室藝廊的複製希臘諸神神像值得一看。別墅建好之後，雷納克1928年過世前就常來此度假。他的子孫也住在這裡，一直到1967年別墅被列名歷史古蹟為止。

蔚藍海岸…**尼**斯 Nice

181

費哈岬

MOOK Choice

Cap Ferrat

上流社會的雅致品味

🚉 從尼斯搭乘TER可直達濱海自由城,車程約8分鐘;從尼斯市區搭乘15號巴士於Port de Saint Jean站下 ⓦwww.saintjeancapferrat-tourisme.fr

費哈岬是蔚藍海岸的一個半島,與聖讓費哈岬鎮(Saint Jean Cap Ferrat)相連,距離尼斯約10公里。這個地方也被稱為億萬富翁的半島(Presqu'île des milliardaires),以坐落在松樹林中的豪華別墅聞名。聖讓費哈岬鎮可以說代表了整個蔚藍海岸的奢華風采,這個昔日的漁村在20世紀初迎來了許多富裕的外國家庭,其中最有名的就是貝阿提絲・羅斯柴爾德的花園別墅(Villa Ephrussi de Rothschild),從此小漁港變成了上流社會的的度假勝地。

羅斯柴爾德花園別墅 Villa & Jardins Ephrussi de Rothschild

©OTMNCA

🚉 從尼斯市區搭乘15號巴士於La Rade站下;距離凱伊洛斯別墅約800公尺 ⓐ06230 Saint-Jean-Cap-Ferrat ☎04 93 01 33 09 ⓗ11~1月週一至週五14:00~18:00、週末和假日14:00~18:00、3~6月及9~10月10:00~18:00、7~8月10:00~19:00 ⓢ全票€16、65歲以上€15、7~25歲以上€11 ⓦwww.villa-ephrussi.com

擁有蔚藍海岸最美花園的羅斯柴爾德紀念館,由富家女貝阿提絲(Béatrice Ephrussi de Rothschild)一手打造。貝阿提絲的父親是法蘭西銀行(Banque de France)的董事,她自己則嫁給瑞士銀行家,雙方家庭累積的驚人財富,使貝阿提絲有足夠的財力培養她對藝術的愛好。貝阿提絲熱愛義大利的文藝復興風格,在1905年挑中蔚藍海岸的費哈岬來打造她心目中的夢幻別墅,也就是現在的紀念館。

這棟別墅耗時7年完工,貝阿提絲不甘只作個的閒散貴婦,親自監督各項工程,因此當你進入紀念館參觀時,不只館內的裝潢和收藏的奢華程度令人咋舌,也能感受到女主人營造別墅的用心和細膩。

1樓

別墅外牆以貝阿提絲喜愛的粉紅色做主調,從有頂棚的挑高中庭走進,大理石柱和文藝復興時期的畫作及掛毯襯托出大廳的氣勢。另有路易十五及路易十六沙龍,房間裡的木雕飾、地毯、有織錦套的沙發家具皆是當時一流之選。而貝阿提絲自己使用的起居室,有珍貴的小型骨董沙發和18世紀原屬瑪麗皇后(Marie-Antoinette)的寫字桌。

2樓

這裡才是貝阿提絲珍貴收藏的主要房間。因著對陶瓷的熱愛,她收藏了上百套完整的陶瓷茶具,每一套的花紋及設計都不相同,規模及豪華度絕對不輸皇室。另有一間猴玩陳列室,收藏了猴子裝飾品,甚至有一間弗拉哥納廳,收藏路易十五時代大畫家Jean-Honoré Fragonard(弗拉哥納香水創始人的後代)的手稿。

花園

這棟別墅擁有廣大的花園,除了別墅旁的法式花園,還有西班牙式、佛羅倫斯式和日式花園。貝阿提絲花費許多心力和時間打造這座別墅,卻在別墅竣工後4年(1916年)失去她摯愛的夫婿。喪夫的貝阿提絲從此遠離此處,在死後將包括別墅在內的四棟豪宅捐給法蘭西學院(Institute de France),而她所遺留的精緻華美風格將永存世人心。

卡普代
Cap d'Ail
美好年代的優雅閒情

🚗 從尼斯、摩納哥搭乘TER可直達卡普代，車程分別約20分鐘和5分鐘，班次頻繁；從尼斯、摩納哥搭乘607號巴士於Cap d Ail Edmond s站下即達遊客服務中心 🌐 cap-dail.com/en

山茶花別墅Villa Les Camélias
🚶 從卡普代火車站或遊客服務中心步行約8~10分鐘 📍 17 avenue Raymond Gramaglia, 06320 Cap d'Ail ☎ 04 93 98 36 57 🕐 11~3月週二至週五9:30~12:00、13:30~16:30、週日10:00~16:00 ❌ 週一、週六 💲 全票€9、優待票€5 🌐 www.villalescamelias.com/en

　　在摩納哥不遠處，卡普代被美好年代風格(Belle Epoque)的別墅填滿，展現了19世紀末的輝煌建築，其中的山茶花別墅(Villa Les Camélias)紀錄了卡普代的歷史。博物館1樓透過檔案、照片訴說小鎮的獨特歷史以及曾經造訪過的名人，還有一台自動演奏鋼琴；2樓則是西班牙畫家Ramiro Arrue(1892~1971)的作品，這位畫家一生致力於捕捉巴斯克地區(Basque)的靈魂和風景。卡普代有一條海濱步道，全長約2.6公里，從Mala海灘一路延伸到摩納哥邊境的Marquet海灘。

濱海自由城
Villefranche sur Mer
南法港口的繽紛風情

🚗 從尼斯搭乘TER可直達濱海自由城，車程約8分鐘，班次頻繁 🌐 www.tourisme-villefranche-sur-mer.com

　　濱海自由城是蔚藍海岸上的主要港口之一，是大型郵輪的重要停靠地。這裡也是世界上最美麗的港口之一，七彩繽紛的房屋、清澈的蔚藍海水，彷彿上帝在創造這座小鎮時打翻了色盤，吸引許多電影如《金玉盟》(An Affair to Remember)和《一路玩到掛》(The Bucket List)都曾到此取景。挑選一家咖啡廳坐下，欣賞由華麗的遊艇和樸素的pointus(普羅旺斯的傳統漁船)、16世紀的城堡和豐富多彩的建築組成的美景，這簡直就是心目中的南法度假！

蔚藍海岸⋯尼斯 Nice

MAP ▶ P.172C2 **Chez Acchiardo**

🚶 從瑪西納廣場步行約5分鐘　🏠38 Rue Droite, 06300 Nice　📞04 93 85 51 16　🕐12:00~14:00、19:00~22:00　❌週六、週日

　位於尼斯舊城區的巷弄中，這間老字號的餐廳深受當地人喜愛，只要一開店便座無虛席。餐廳從1927年開業至今，已經傳承了四代，而顧客也都是從小吃到大的老主顧。店內提供自然而不失細膩的地中海菜色，像是結合地中海當地鮮蔬和海味的尼斯沙拉(Salade Niçoise)、當日鮮魚以及肉類料理都深受好評。想要認識尼斯傳統美食，可以先點一份開味拼盤，包括蔬菜鑲肉、鷹嘴豆薯條、尼斯烘蛋等，都是必嘗的當地美味。

MAP ▶ P.172D2 **L'Escalinada**

🚶 從瑪西納廣場步行約10分鐘　🏠22, Rue Pairolière, 06300 Nice　📞04 93 62 11 71　🕐11:30~14:30、18:30~22:30　🌐www.escalinada.fr

　1960年即開始對外營業的L'Escalinada位於舊城區，由於提供最道地的南法菜，價格又不貴，很受內行老饕喜愛，每到用餐時間，便會上演當地人和觀光客一湧而入的情景，經常一位難求。而它的露天座位每逢天氣晴朗時，邊用餐邊欣賞石階坡路的人來人往，特別可以感受到南歐特有的小鎮風情。

　L'Escalinada是一間家常菜餐廳，沒有過多擺盤，每道菜卻都美味到令人難忘，光是尼斯傳統前菜，就足以擄獲人心，像是囊括了法國南部鄉野極品橄欖、蕃茄、萵苣、蛋和鯷魚的尼斯沙拉(Salade Niçoise)，甚至混合生洋蔥、嬰兒朝鮮薊、小章魚茄子、橄欖油烤紅辣椒、沙丁魚等各種尼斯當地食材的招牌菜La Ribambelle de l'Escalinada，都讓人回味無窮。至於主菜不妨選擇當地的傳統菜馬鈴薯燜牛肉(Daube de Boeuf, pâtes fraîches)，這道以當地紅酒燉煮的料理，味道香濃卻不黏膩，嘗一口就令人愛上。

A Buteghinn'a

🚶從瑪西納廣場步行約7分鐘 📍11 Rue du Marché, 06300 Nice ☎04 93 92 28 22 🕐10:00~16:00 ✕週一、週日 🌐www.abuteghinna.fr

尼斯在地的特色小吃,是使用一種用俗稱「火焰菜」的恭菜製作內餡,口感清爽美味的蔬菜派(Tourte aux blettes),特別的是,這種派可以做成鹹食,也可以加糖做成甜派,做點心的時候有點甜鹹回甘的口感,喜歡上了很容易越吃越上癮。

A Buteghinna小巧的店面看起來很樸素,但當地人一致推薦,想要吃到最道地的尼斯蔬菜派,來這裡準沒錯。三個好朋友共同合作,使用自家栽種的蔬果和尼斯當地農產品,製作各種手工點心和甜鹹蔬菜派,在鋪著花桌巾的小店面品嘗法國媽媽的手工料理,感覺特別有人情味。

Keisuke Matsushima

🚶從英國人散步道遊客服務中心步行約5分鐘 📍22, ter Rue de FraNice, 06000 Nice ☎04 93 82 26 06 🕐12:00~13:30、19:00~21:30 ✕週一、週日 🌐www.keisukematsushima.com

這是身兼老闆和主廚的日本人Keisuke Matsushima所開設的餐廳,他在東京接受正統的法式料理教育,多年後更利用旅居法國的機會,向法國多家餐廳的主廚學習法式佳餚。25歲生日那年,他在尼斯開了第一家餐廳──Keis Passion,以美味的尼斯佳餚深受客人的喜愛,3年後,不到30歲的他,就獲得米其林一星級的榮耀。

餐廳裝潢結合日式雅致和法式優雅,每季都會依據時令食材更換菜單。主廚運用當地食材,像是龍蝦、羊肉、野雞、野豬、野兔、乳鴿等,搭配蘆筍、朝鮮薊、淡菜、酢漿草、胡蘿蔔、帕馬火腿、橄欖油、鵝肝、南瓜果醬、茴香等新鮮配料,完全不需要多餘的調味料,即可品嘗到食物的原汁原味,體會真正地中海佳餚所強調的健康、自然又爽口的口感。

Casa Nissa

🚶從尼斯市區火車站步行前往,約20分鐘可達;或搭電車1號線於Masséna站下,步行約1~2分鐘 📍55, Rue Gioffredo, 06000 Nice ☎04 69 00 17 10 🕐週一至週四8:00~22:30,週五至週六8:00~23:00 ✕週日 🌐casa-nissa.com

位於馬西納廣場旁、拉法葉百貨公司的對面,紅色招牌和植物盆栽妝點的露天咖啡座,讓這間咖啡館相當吸睛,特別是位於入口處的尼斯嘉年華人偶,延續著節慶熱鬧的氣氛。餐廳內以溫暖的黃色調為主,搭配著木頭桌椅,牆壁上掛著從古典到現代風格不一的畫作,就像它提供的融合菜色,橫跨義大利、西班牙、普羅旺斯和地中海料理。

每天中午,餐廳都提供份量十足的特價主菜(Plat du Jour),你也可以選擇搭配前菜或甜點的套餐,甚至包含飲料的三道式全餐,價格從€14.5起,非常經濟實惠,如果只是想吃點點心,炸花枝、臘腸等西班牙小菜會是很好的選擇。此外,每週四到週六20:00,還有現場音樂演出,帶你進入南法或拉丁音樂的世界。

Where to Buy in Nice
買在尼斯

MAP ▶ P.172B2 **老字號橄欖油Nicolas Alziari**

🚃搭電車1號線於Opéra – Vieille Ville站下，步行約3分鐘 🏠14 Rue Saint-François de Paule, 06300 Nice ☎04 93 62 94 03 ⏰週一至週六9:00~19:00，週日10:00~19:00 🚫國定假日、1/1、5/1、12/25 💻www.nicolas-alziari.com

尼斯以出產優質的橄欖聞名，其中，又以靠近薩蕾亞林蔭道的這家橄欖油店最為知名，小小的一家店面無論何時都擠滿了客人。Nicolas Alziari自1868年成立橄欖磨坊開始，到1936年在這裡開設店面，迄今已經傳入第五代之手，之所以如此受歡迎除了因為老闆為求保證品質，將來自尼斯或其他各地的橄欖，透過自身的味覺、嗅覺和經驗，專業的分門別類後調和製作成獨一無二的橄欖油，更重要的是，所有橄欖油皆遵循古法以磨坊製成，讓所有人一早前來，就可以買到新鮮芬芳的橄欖油。除了橄欖油，所有跟橄欖有關的產品也一應俱全，包括橄欖木製成的砧板、杯子、胡椒罐、刀柄及橄欖油製的香皂，都是送禮自用的好選擇，此外店內還有各色蜂蜜、香料與醋，豐富顧客餐桌上的味道。

MAP ▶ P.172B2 **糖漬水果和尼斯巧克力 Maison Auer**

🚃搭電車1號線於Opéra – Vieille Ville站下，步行約3分鐘 🏠7, Rue St François de Paule, 06300 Nice ☎04 93 85 77 98 ⏰9:00~13:30、14:00~18:00 🚫週一、週日 💻www.maison-auer.com

糖漬水果(Fruits Confits)是最能代表尼斯的一種味道，這間位於薩蕾亞林蔭道旁的Maison Auer，便是當地最知名的糖漬水果店。創立於1820年，當時便以糖漬水果打出名號，如今店內，也可以看到各式晶瑩透明的糖漬水果，雖然店家強調所有水果都可以加工製成，但還是以較堅硬的水果如蘋果、桃李、奇異果為主，其中Madeleine產的桃子、Corsican的橘子、馬賽的無花果、Serteau的洋梨、心型櫻桃、玫瑰杏仁及普羅旺斯的甜瓜最為有名。

將這挑細選的頂級水果去皮後浸泡在糖水中，慢慢的，水果的水份就會被糖份所取代，然後散發出誘人的光澤，由於使用的是天然製成的糖，嘗起來並不會過份黏膩，或者搭配紅茶食用味道更佳。自從以糖漬水果打出名號後，Maison Auer到了1960年，又賣起靈感來自尼斯海灘鵝卵石的巧克力，以桔子乾、咖啡當內餡，或是裹上白色糖粉的巧克力，同樣深受歡迎。法國南方人對甜食一直情有獨鍾，製作過程標榜絕對是天然製品，使用的原料有葡萄糖和天然香料，如茉莉、紫羅蘭、薰衣草等，吃起來甜蜜可口，最不能錯過。

MAP ▶ P.172C2 **牛軋糖專賣L'Art Gourmand**

🚃搭電車1號線於Opéra – Vieille Ville站下，步行約3分鐘 🏠21, Rue du Marché, 06300 Nice ☎04 93 62 51 79 ⏰10:00~19:00

尼斯的法式牛軋糖(Nougat)也很有名，和台灣不同的是，它包裹著碎杏仁、核桃或胡桃，吃起來香香甜甜的，而且外形也比較大塊，如果不買一包包已分裝好的，可以到店裡指定所需分量，切割秤重後購買。

開幕於1998年的L'Art Gourmand，強調以傳統手工技術製作而成，很受當地人歡迎，尼斯牛軋糖吃起來甜，但偏偏又令人回味無窮。除了牛軋糖，這裡的巧克力和冰淇淋也是魅力商品，2樓有個小小咖啡座，買了甜點就可以直接到樓上坐下來享用。

Hôtel Beau Rivage Nice

🚇 從尼斯市區火車站步行約25分鐘；或搭電車1號線於Masséna站下，步行約3~5分鐘 📍24, Rue Saint François de Paule, 06300 Nice ☎04 92 47 82 82 🆔 www.hotelNicebeaurivage.com

位於梅西納廣場和海灘之間，這間四星級的飯店擁有絕佳的地理位置，不但前往英國人散步道、舊城和梅西納廣場都在咫尺之遙。飯店創立於1860年，是尼斯英國人步道一帶最早出現的飯店之一，此外也深受當時如馬諦斯、尼采等藝文人士的喜愛。不過從它今日嶄新的外觀看來，很難想像它悠久的歷史，因為2004年時，知名的巴黎建築師Jean-Michel Wilmotte將它全盤翻新，並以尼斯和現代風格為其定調。

從寬敞明亮的大門進入室內，以白色和咖啡色為基調的大廳展現溫暖的氣氛，為了讓整體設計符合飯店名稱的原意─「美麗海岸」，Wilmotte大量採用的鵝卵石、木頭等元素，讓整間飯店散發普羅旺斯的詩意與熱情。飯店內有一間餐廳和Lounge，夏天時另有海灘餐廳供應午、晚餐，讓你在陽光燦爛的季節，可以面對著地中海享受天使灣的美好風情。

Le Negresco

🚇 從英國人散步道遊客服務中心步行約5分鐘 📍37, Promenade des Anglais, 06000 Nice ☎04 93 16 64 00 🆔 www.hotel-negresco-Nice.com

擁有漂亮粉紅色屋頂的Hôtel Negresco是尼斯的地標，興建於1912年。說它是當地最高檔的飯店絕對當之無愧，許多名人貴族來到尼斯均指定下榻於此，像是伊莉莎白二世女王(Queen Elizabeth II)、馬諦斯、希區考克(Alfred Hitchcock)、卓別林(Charlie Chaplin)等都曾是座上賓。

飯店就位於天使灣畔，絕佳的地理位置讓人待在房內，就能坐擁海天美景；飯店裝飾豪華瑰麗，包括路易十三(Louis XIII)時期至今的眾多藝術品，都值得讓人細細品味，來到這裡，也就像是進入一座博物館，其中皇家沙龍(Salon Royal)內的華麗水晶燈，是當年為了迎接沙皇而設計，價值不菲。

Hôtel WindsoR

🚇 從英國人散步道遊客服務中心步行約8分鐘 📍11, Rue Dalpozzo, 06000 Nice ☎04 93 88 59 35 🆔 www.hotelwindsorNice.com

住在Hôtel WindsoR，感覺就像展開一項探險旅行，因為所有客房皆邀請不同的藝術家設計，或時尚、或可愛，各自散發出不同的藝術氣息與設計風格，讓人下榻前不禁期待自己究竟會住到哪種類型的房間，此外，也別忘了好好欣賞每個角落不同的藝術陳設，讓人彷彿置身於一座美術館。不過美術館絕對不可能如此輕鬆舒適，飯店內附設了健身房、瑜珈室、SPA館、熱帶花園和游泳池，只怕來到這裡，讓人不想出門！

Mercure Nice Promenade des Anglais

🚇 就位於英國人散步道遊客服務中心旁 📍2, Rue Halévy, 06000 Nice ☎04 93 82 30 88 🆔 all.accor.com/hotel/0360/index.fr.shtml

Mercure屬於法國Accor飯店集團中的四星級飯店，它在尼斯擁有多處據點，其中這間位於英國人散步道上、遊客服務中心旁的位置最好，坐在餐廳就可以盡覽蔚藍海岸的美麗，以這個地段來說，房價不算貴。這間飯店共有124間客房，近期才以令人感到寧靜的風格完成整修，以白色為基調，素淨的牆壁和床單搭配色彩繽紛的地毯，讓房客置身於非常放鬆的環境。

Hotel De Suède

🚇 從尼斯市區火車站步行約20分鐘；或搭電車1號線於Masséna站下，步行約5分鐘。 📍18 Avenue de Suède, 06300 Nice ☎04 93 88 73 73 🆔 www.hoteldesuedeNice.com

位於尼斯餐廳與商店聚集的市街巷弄中，位置鬧中取靜。從旅館步行到英國人散步道或著舊城區都相當便利。這間三星級的飯店館內設計古樸雅致，簡單但設備一應俱全，價格也相對親民，從早餐用餐區可以俯瞰尼斯市街，以良辰美景開啟美好的一天。

蒙頓

蒙頓
Menton

文●墨刻編輯部
攝影●墨刻攝影組

走進蒙頓，讓人有種穿梭時空隧道的感覺，古羅馬、法國、義大利等不同時期的文明遺跡，建構出這座城市的印象。最初由古羅馬人建城，12世紀時被來自熱內亞的凡多(Vento)家族統治，1346年又成為摩納哥王室格里馬迪家族的資產，從此之後，蒙頓的歷史就和摩納哥共進退。

摩納哥領主荷諾黑二世(Honoré II, 1597~1662)將王宮興建於舊市區的Rue Longue上，並下令修築堡壘(Bastion)，也就是前考克多博物館的所在地。1793年，摩納哥被迫成為法國共和下的一城，1815年的《巴黎和約》又把摩納哥及蒙頓都納入薩丁尼亞王國(King of Sardinia)的保護，之後幾經流離，1861年時，摩納哥將蒙頓賣給法國，蒙頓終於找到了自己最後的主人。

蒙頓位在法國義大利的邊境，一年四季都有溫和適中的好氣候，因此特別適合柑橘類的水果生長，其又大又黃的檸檬不但適合搭配當地的海產，近年來更因此在國際間打開知名度，歡騰熱鬧的檸檬節(Fête du Citron)把水果變成了遊行的主角。

INFO

如何前往
◎火車

從尼斯火車站(Nice Ville)搭乘TER火車直達蒙頓火車站(Menton)，車程約30~40分鐘，約15~30分鐘一班。從摩納哥火車站(MonacoMonteCarlo)搭乘TER火車直達蒙頓火車站(Menton)，車程約10分鐘，約10~30分鐘一班。班次、時刻表及票價可上網或至火車站查詢，車票可上網、至火車站櫃台購買，或先於台灣向飛達旅遊購買法國火車通行證(France Rail Pass)並訂購車票。

飛達旅遊

⌂台北市中山區南京東路三段168號10樓之6
☏(02) 8161-3456分機2
◎@gobytrain
🕸www.gobytrain.com.tw

法國國鐵

🕸www.sncf.com

◎巴士

從尼斯機場第2航廈(NICE Aéroport T2)到蒙頓可以搭ZOU經營的機場專線80號巴士，行經卡普代(Cap d'Ail)和摩納哥(Monaco)，車程約1.5小時，約每45~60分鐘一班。

從尼斯市區到蒙頓沒有直達巴士，先搭乘ZOU經營的607號巴士到摩納哥的Place d'Armes站，再換乘608號巴士前往蒙頓，車程約1.5小時。

從摩納哥搭乘ZOU經營的608號巴士前往蒙頓的Casino站，車程約50分鐘。班次頻繁，時刻表及票價可上網查詢。

普羅旺斯―阿爾卑斯―蔚藍海岸客運系統ZOU
🔗 zou.maregionsud.fr/en

Lignes d'Azur巴士公司
🔗 www.lignesdazur.com

尼斯機場專線Nice Airport Express
☎ 04 13 94 30 50 💲單程€19.4
🔗 www.niceairportxpress.com

蒙頓巴士總站Gare Routière à Menton
🏠 6 Avenue de Sospel à Menton
☎ 04 93 35 93 60
🕐 週一至週六7:30~18:30、週日9:30~12:30，14:00~17:30
🔗 www.zestbus.fr

火車站、巴士站至市區交通
◎從火車站和巴士總站到市區

蒙頓火車站和巴士總站位於市區，至大部分景點皆步行可達。從火車站(Gare SNCF)可搭乘免費電動接駁車(La Navette)，或搭乘巴士1、2、3號至市區。

市區交通

蒙頓市區有巴士，但大部分景點步行可達。市區內一共有15條路線，遊客較常用巴士1、2、3號在市區移動。車票可直接和司機購買，10張套票則需要到售票櫃檯或遊客服務中心購買。
💲單程票€2、10張套票€15、1日券€5
🔗 www.zestbus.fr

◎免費電動接駁車La Navette

蒙頓市區提供免費的電動接駁車環繞市區，行經10個車站，從要塞博物館(Musée Jean Cocteau le Bastion)前的Marché站行經蒙頓火車站(Gare SNCF)和Casino站，再回到Marché站。
🔽 週一至週日9:00~18:00，約每20分鐘一班
🚫 5/1
💲免費
🔗 www.menton.fr/La-navette-de-centre-ville-100-electrique-et-gratuite.html

旅遊諮詢
◎蒙頓遊客服務中心Office de Tourisme Menton
🚶 從蒙頓火車站步行前往，約5~8分鐘可達
🏠 8, Ave. Boyer, 06500 Menton
☎ 04 83 93 70 20
🕐 週一至週六9:00~12:00、14:00~18:00，週日9:00~13:00
🔗 www.menton-riviera-merveilles.fr

MAP ▶ P.189D2

舊城區

Vieux Menton

走進義大利小鎮風情

🚋 從遊客服務中心步行約20分鐘；搭乘電動接駁車或巴士1、2、3號至Marché、Trenca站下，步行約3~5

從聖米歇爾教堂所在的廣場Place de la Conception沿Rue Mattoni往前走，就進入舊城區，這條路是蒙頓的第一條磚頭路，砌於17世紀，「Mottoni」就是義大利文「磚頭」的意思。

再往前走，接著是Rue Longue、Rue de Brea和Rue St Michel三條路，「Longue」在拉丁文裡意指「直角」，事實上在羅馬時代，蒙頓是羅馬人興建於交通要道上的城市之一，因此走在這裡，會有種恍若走入義大利小鎮街道般的感受，米黃色的3層樓建築，簡陋的木門木窗，家家戶戶有如掛國旗般的晾著衣服，偶爾穿著花衣的老人推開窗對好奇抬頭的觀光客微笑，夾在樓與樓之間稱為「Mezzarino」的閣樓，正是典型的17世紀義大利民家風格。

從Place de la Conception往另一個方向走，可以連接到蒙頓的主要購物街道Rue Saint Michel，整條路為行人徒步專區，有許多服飾店、食品店、和傳統藝品店。觀光客最愛買的不外乎是帶有柑橘類水果香味的香水「蒙頓之水」(Eau de Menton)，和用橄欖油特製的「馬賽香皂」(Savon de Marseille)，而普羅旺斯風格的家飾品及桌布窗簾也很受歡迎，由於蒙頓不像尼斯和坎城是觀光大都市，因此價格相對便宜多，相當值得在此選購。

MAP ▶ P.189D2

聖米歇爾教堂

Basilique Saint Michel Archange

蒙頓地標與賞景點

🚋 從遊客服務中心步行約20分鐘；搭乘電動接駁車或巴士1、2、3號至Marché站下，步行約5分鐘 ⊙22, Rue St-Michel, 06500 Menton ☎04 93 35 70 45 ◐週一至週五15:00~17:00、週六 10:00~12:00，15:00~17:00 ⊗週日和國定假日 ⊕www.menton.fr/la-basilique-saint-michel-archange.html

聖米歇爾教堂有一座美麗而突出的鐘塔，使它成為蒙頓的地標建築。教堂的正面值得一看，主要大門上有大天使聖米歇爾的雕像，聖米歇爾象徵公正與平衡，也是聖經中在最後末日審判手持天秤決定

世人命運的重要角色。左邊有薩丁尼亞王國騎士持刀的雕像，右邊則是驅逐黑死病的圖騰。

整體而言，聖米歇爾教堂和它所在的廣場周邊，巧妙呈現了法國蔚藍海岸地區巴洛克建築的風格，廣場的牆面可以看見慶祝格里馬迪家族統治700年(1297~1997)的紀念壁畫，這裡也是眺望蒙頓海岸線的最佳觀賞點。

柑橘之都，蒙頓

蒙頓因為得天獨厚的海灣地理，成為柑橘類的絕佳產區，就連市區內的行道樹都是結實累累的柑橘。市場上堆滿了橙黃色的檸檬(Citron)、蒙頓特產的苦橘(Orange Amère)，臍橙、金桔、柚子，以及各種叫不出名稱的種類，直叫人眼花撩亂。蒙頓生產的檸檬表皮肥厚富含油脂，香氣十足，特別適合提煉精油和製作果醬，舊城區的商店內，販賣著各式各樣的柑橘精油和檸檬皂、檸檬香氛等製品，餐廳則供應各種檸檬果醬、檸檬水和當地自製的柑橘酒。每年二月當地還會舉辦盛大的蒙頓柑橘節(La Fête du citron à Menton)。利用檸檬和柳橙排列組成的花車妝點市中心的比歐維花園(JardinsBiovès)，還有精彩的花車遊行，讓活動充滿迷人香氣。關於柑橘節詳細攻略請見P48。

MAP ▶ P.189D2

室內傳統市場

Marché Couvert (Les Halles)

一次滿足購物口腹之慾

從遊客服務中心步行約15分鐘；搭乘電動接駁車或巴士1、2、3號至Marché站下 ⬥Quai de Monléon,06500 Menton ☎04 93 35 75 93 ⬦7:30~13:00

蒙頓的傳統市場是最能感受南法人熱情爽朗個性的地方，在這裡除了可以買到蒙頓當地最新鮮的柑橘類水果，像是檸檬和柳橙，也可以買到普羅旺斯地區最常見的食材和小吃，例如Gorbio的山羊乳酪(formage chèvre)、有甜味也有鹹味的派餅(fougasse nuntonvaise)、不同口味的披薩(la pichade)、炸餅(barba juan)、最能代表蒙頓的檸檬塔(tarte de citron)、果醬(fruit confitures)、檸檬口味的橄欖油(huile d'olive)或是蒙頓檸檬酒(liqueur aux citrons de menton)，邊逛邊吃或邊選擇產品，一路就像逛路邊攤一般愉快，輕輕鬆鬆就能填飽肚子，還可滿載而歸。

MAP ▶ P.189C2

考克多結婚禮堂

MOOK Choice

Salle des Mariages Jean Cocteau

考克多的浪漫想像

從遊客服務中心步行約10~12分鐘；搭乘電動接駁車或巴士1、2、3號至Musée站下 ⬥17 Rue de la République, 06500 Menton ☎0492 10 50 00 ⬦週一至週五8:30~12:00、14:00~16:30 ⬧週六、週日和國定假日 ⬨全票€2、優待票€1，18歲以下免費 ⬩www.museecocteaumenton.fr/La-salle-des-mariages.html

位於蒙頓市政廳內的這間結婚禮堂，是蒙頓的主要觀光景點之一，因為壁畫出自於考克多之手，繪製於1957~1958年間，讓這間原本看來很普通的小會議室變得不平凡，法國多位知名歌星與影星都曾在此舉行婚禮。

壁畫分為四部分，正面是一對相望的男女，女子頭上戴的帽子是當地傳統的服飾，天花板是騎著飛馬的天使，兩邊牆壁是婚禮歡天喜地的場景，洋溢著考克多異想天開的夢幻世界與地中海隨性明亮的浪漫氣息。

蔚藍海岸……蒙頓 Menton

考克多博物館之溫德曼收藏

MOOK Choice

Musée Jean Cocteau collection Séverin Wunderman

聽得見海聲的博物館

🚶 從遊客服務中心步行約15分鐘；搭乘電動接駁車或巴士1、2、3號至Bastion站下 🏠2, Quai de Monléon, 06500 Menton 📞04 89 81 52 50 💻museecocteaumenton.fr
⚠️暫時關閉，開放時間請上網確認

要塞博物館(Musée Jean Cocteau le Bastion)
🏠Quai Napoléon III – Bastion du Vieux Port 📞04 93 18 82 61 🕙10:00~12:30、14:00~18:00 🚫週二、1/1、11/1、12/25 💰全票€5、優待票€3.75，18歲以下免費

一般人對於考克多(Jean Cocteau,1889~1963)恐怕有點陌生，但若是提到他1946年的電影《美女與野獸》(Beauty and Beast/La Belle at la Bete)，大概就無人不曉了。

在法國的藝文界中，考克多是一位奇才，19歲就開始發表詩作，1930年開始電影編劇工作，他寫了《詩人之血》(The Blood of a Poet/Le Sang d' un Poete)、《陰間機器》(The Infernal Machine/ La Machine Infernale)、《我的首航》(My First Voyage)等劇作，第一次大戰期間他染上毒癮，之後還曾進入勒戒所接受治療，但仍持續創作小說。

考克多是電影導演、是作家、畫家，也是詩人，雖然說有些評論家認為他跨足許多創作類型，卻未能專精，但他對藝術的熱情，卻對後人影響很深，特別是他的繪畫作品中展現另一種非主流、非學院派的前衛色彩，展現了這位以電影導演與劇本寫作聞名的多媒體奇才對於藝術的見解。

由於考克多非常喜愛蔚藍海岸，因此在這裡住了很長一段時間，位於蒙頓港邊的17世紀堡壘，現為要塞博物館(Musée Jean Cocteau le Bastion)收藏了他許多知名的繪畫作品，包括1960年代為著名法國性感女星碧姬・芭杜(Brigitte Bardot)繪製的畫作，這位貌美的女星也是將蔚藍海岸塑造成享樂主義天堂的功臣，此外博物館裡還展示了他在1961年創作、內容描述一位青年漁夫和一個小女孩調情並相戀的故事的系列畫作《蒙頓人不道德之戀》(Innamorati au Amoureux Mentonnais)。

2003年時，熱愛考克多作品的美國收藏家溫德曼(Séverin Wunderman)來到了蒙頓，和市長商議捐獻他手中考克多作品的計畫，同年蒙頓市議會通過了興建新博物館的建議，於是在2007年舉辦建築設計競賽後，為羅浮宮設計伊斯蘭藝術藝廊的法國建築師Rudy Ricciotti脫穎而出，隔年便開始動工，終於在2011年時，於舊港附近的落成了這棟龐大的白色建築，占地超過29,000平方呎的它由上空看仿若一隻巨大的蜘蛛。

溫德曼從19歲就開始收集考克多的作品，在他捐出的1,800件作品中，其中光是考克多的就多達990件，加上之前考克多博物館收藏的作品，使它幾乎可說是全世界最大的考克多收藏。該博物館共分為7個部份，按年代展示考克多從早期較罕為人知的地中海畫到後期的作品，從這些充斥著閃爍的陽光、純淨的海洋、粗獷的水手、戴遮陽帽的女人的作品中，可以明顯感受到考克多深受蔚藍海岸影響。

卡諾雷斯宮美術館

Musée des Beaux-Arts du Palais Carnolès

美麗的建築與藝術

ⓘ 從遊客服務中心步行約20分鐘；搭乘巴士7、24號至Viking站下，步行約5分鐘 ⓐ3, Ave de la Madone, 06500 Menton ☎04 93 35 49 71 ⓤwww.menton.fr/Musee-des-Beaux-Arts-Palais-de-Carnoles.html ❗美術館暫時關閉，開放時間請上網確認

卡諾雷斯宮美術館的建築興建於1717年，原為摩納哥王室的夏日度假別墅，到了1977年改建成美術館對外開放參觀。

入內可以欣賞到英國知名畫家Graham Sutherland的作品，他的畫風在南法深受歡迎，後來甚至還在蒙頓置產成為榮譽市民，此外，還可以看到不少13世紀至今出自法國和義大利畫家的作品，特展館則有一些關於當代藝術家的創作。

美術館外是座漂亮的庭園——Jardin du PalaisCarnolès，除了栽植多達400株50種不同的柑橘、檸檬果樹外，1994年開始，也裝飾了不少優美的雕塑作品，庭園的可看度可一點也不輸美術館本身。

瑪麗瑟雷娜別墅花園

Jardin de la Villa Maria Serena

隱密的亞熱帶庭園

ⓘ 搭乘巴士1號至Frontière St Ludovic站下，步行約5分鐘 ⓐ 21, Promenade Reine-Astrid, 06500 Menton ⓥ每週二及週六15:00、週四10:00，只開放導覽參觀 ☎04 93 28 35 94 ⓢ全票€10、優待票€7；6歲以下免費 ⓤwww.menton-riviera-merveilles.fr/offres/jardin-maria-serena-menton-fr-3051210/

這座花園距離法義兩國邊境不遠，是1880年時由知名建築師、同時也是巴黎歌劇院的建築師加尼葉(Charles Garnier)為他的朋友勒瑟普(Ferdinand de Lesseps)所建，融合了路易十五及路易十六的風格，也是「美好年代」(Belle Époque)的典型代表。

由於蒙頓擁有地中海的絕佳氣候，終年無雪，花園又位在岩壁前方，正好阻擋掉不少強勁的北風，因此許多移植自亞熱帶的植物在此都能生長的很好。別墅是遠眺舊城區的極佳眺望點，可惜向來只對貴賓開放，一般遊客預約的話可以參觀花園及別墅外觀。

蔚藍海岸…蒙 頓 Menton

MAP ▶ P.189D2 **Saveurs d'Eléonore**

📍 從遊客服務中心步行約15分鐘；搭乘電動接駁車或巴士1、2、3號至Marché站下 🏠4 Place Dr Théophile Fornari, 06500Menton ☎06 93 57 60 00 🕐11:00~15:00 ⊗週一

緊鄰蒙頓的室內傳統市場，這間只做午餐生意的老字號餐館，長久以來深受遊客和當地居民喜愛。餐廳沒有英文菜單，不過幾乎每一桌都會點一盤價廉物美的招牌拼盤，包括自製蕃茄、鯷魚抹醬搭配的麵包、新鮮沙拉、南瓜派鹹派、櫛瓜鑲肉、當地起司等在地家常美食匯集盤中，色彩和味覺都豐富出色。主餐方面，燉得香濃軟爛的蕃茄燉肉、烤海鮮拼盤等都是美味掛保證的人氣料理。

MAP ▶ P.189D2 **柑橘主題專賣Au Pays du Citron**

📍 從遊客服務中心步行約15分鐘；搭乘電動接駁車或巴士1、2、3號至Trenca站下 🏠22 Rue Saint-Michel, 06500 Menton ☎04 92 09 22 85 🕐10:00~19:00 🌐www.aupaysducitron.fr

以蒙頓檸檬為主題，各式各樣你能想像的檸檬產品都能在這裡買到。店家特製酸香爽口的檸檬酒讓顧客試喝，此外還有柑橘果醬、柑橘保養品、香氛皂到精油、手工點心等應有盡有，可以盡情試吃挑選，把最代表蒙頓的檸檬芬芳帶回家。

MAP ▶P.189C2 拱門果醬店L'Arche des Confitures de la Maison Herbin

🚶 從遊客服務中心步行約12分鐘；；搭乘電動接駁車或巴士1、2、3號至Musée站下 🏠2, Rue du Vieux College, 06500 Menton ☎04 93 57 20 29 🕐週一至週五9:30~12:30、14:00~19:00，週日10:00~12:30、15:00~19:00 🌐www.confitures-herbin.com

這家果醬老店已經有將近40年的歷史，至今仍使用傳統的方法製造果醬(Confitures)，除了蒙頓當地的老主顧以外，還有許多義大利及法國其他地區的遊客慕名前來採購。目前店裡供應超過200種以上的口味果醬，最受歡迎的三種口味分別為：苦橘(Orange Amère)、三種柑桔(Trois Agrumes)和最代表蒙頓的檸檬(Citron)，老闆透露，每一種口味都是經過研發、開會討論、請客人試吃評價的過程才決定要不要量產的。

在店裡也可看到20世紀初英國的商業廣告海報，推銷蔚藍海岸的柑橘類果醬是早餐的必需品，因此蒙頓除了檸檬，它的新鮮果醬在歐洲的好名聲也早已流傳許久。

MAP ▶P.189B2 Hotel Chambord

🚶 從遊客服務中心步行約3分鐘；從火車站步行約6分鐘 🏠6 Avenue Boyer, 06500 Menton ☎04 93 35 94 19 🌐hotel-chambord.com

位在蒙頓主要大街上，面對綠意盎然的比歐維花園（Jardins Biovès），步行到熱鬧市街以及濱海沙灘都是咫尺之遙。有別於典雅的外觀，客房設計為當代時尚風格，舒適的大床和寬敞空間，帶來滿意度十足的入住體驗。早餐可以選擇在餐廳或客房享用，坐在客房陽台享用現做可頌和熱咖啡，海景和綿延山勢映入眼簾，優美景色讓人備感享受。

蔚藍海岸… 蒙頓 Menton

埃茲
Èze

文●墨刻編輯部
攝影●墨刻攝影組

位在地中海岸700公尺高斜坡上的埃茲，是蔚藍海岸最美麗的小鎮之一。埃茲在西元前500年就有建城的歷史，卻到了1860年才被納入法國領土，因其居高臨下的絕佳戰略位置，使它在歷史上陸續成為摩爾人(Moorish)和土耳其人侵略的目標。中世紀的埃茲屬於摩爾人所有，從1388年開始被薩瓦王室(House of Savoy)統治，並曾在1706年被路易十四(Louis XIV)攻破城池，城堡也因此被毀。

近代的埃茲要和平多了，並以它絕美的海岸線成為地中海最受歡迎的度假小鎮，除了瑞典王子威廉(Prince William of Sweden)曾在埃茲長住過一段時間，另外一位在埃茲停留的名人則是尼采(Friedrich Nietzsche)。

哲學家尼采在1883年來到埃茲，雖然只待了幾天，但他在1884年和1886年又多次前來埃茲，並在此完成《查拉圖斯特拉如是說》(Ainsi Parlait Zarathoustra)一書的第三部。據說當尼采待在埃茲的時候，他很喜歡在城內外散步，有時連續走上7~8個小時也不覺得累，舊城攀頂的一條小徑因此更名為「尼采步道」(Chemin de Nietzsche)，從這裡可以眺望到尼采鍾愛的寬闊海景。

現在的埃茲不再是戰略小鎮，而是星光閃閃的觀光之城，規模不大的城區卻擁有兩間5星級高級酒店，和一間米其林評鑑2星的餐廳，因此你在埃茲，可同時擁有小鎮的靜謐氣氛和一流的度假水準。

INFO

如何前往

◎火車

從尼斯火車站(Nice Ville)搭乘TER火車直達埃茲火車站(Èze)，車程約16分鐘，約30分鐘一班。從摩納哥火車站(Monaco Monte Carlo)搭乘TER火車直達埃茲火車站(Èze)，車程約8分鐘，約30分鐘一班。班次、時刻表及票價可上網或至火車站查詢，車票可上網、至火車站櫃台購買，或先於台灣向飛達旅遊購買法國火車通行證(France Rail Pass)並訂購車票。

飛達旅遊

⊙台北市中山區南京東路三段168號10樓之6
☎(02) 8161-3456分機2
◎線上客服：@gobytrain
ⓦwww.gobytrain.com.tw

法國國鐵

ⓦwww.sncf.com

◎巴士

埃茲全圖

N

Avenue de Verdun

遊客服務中心 ❶

異國花園
Jardin Exotique

金山羊城堡飯店
Château de la Chèvre d'Or

尼采步道Chemin de Nietzsche

Avenue Raymond Poincaré

埃茲火車站

圖例：◎景點 ❶遊客服務中心 ⊞飯店 ◉車站 ▣巴士站

從尼斯(Nice)的Vauban站搭Lignes d'Azur經營的82號巴士前往埃茲(Èze)的Èze Village站，車程約30分鐘；回程則搭乘83號巴士。從摩納哥(Monaco)搭Lignes d'Azur經營的112號巴士前往Èze Village站，車程約20分鐘，週一至週六每日約6班，週日和國定假日停駛。班次、時刻表及票價可上網查詢。

Lignes d'Azur巴士公司
🔗 www.lignesdazur.com

普羅旺斯—阿爾卑斯—蔚藍海岸客運系統ZOU
🔗 zou.maregionsud.fr/en

火車站、巴士站至市區交通

◎從火車站到市區
埃茲火車站位於海邊，距離坐落於山上的埃茲城區(Èze Village)約有3公里遠，除了搭乘巴士或步行上山，也可搭計程車前往，車資約€20。

計程車服務
☎ Taxi Salva：06 42 61 07 80
☎ Taxi André：06 09 84 17 84

◎從巴士站到市區
巴士站位於埃茲山城內，大部分景點皆徒步可達。

市區交通

◎步行
埃茲山城內的大部分景點皆徒步可達。

尼采簡介

尼采(Friedrich Nietzsche,1844~1900)是出身德國近代最偉大的詩人哲學家，他在大學主修神學及古典文獻學，並於1869年受聘於巴賽爾大學教授文獻學，但直到1879年尼采辭去教職後，才真的開始發展他的重要思想。

他認為凡是具有藝術、宗教、哲學等特質的人類，為了生存的奮鬥，應該受到思想鼓舞，而共分四部的《查拉圖斯特拉如是說》則拋棄了浪漫的修飾，強調以根源之力去生出超人和強者。尼采最具創見的地方是他提出「價值轉換」，他否定時代意識及人類生活的價值實體，認為價值轉換必須藉由人的超人權力意欲來實踐，也就是說，真理和善惡，不過是人生現實中的假設和虛象。

尼采在1889年精神分裂，1900年死於德國威瑪。在尼采的著作裡我們不只可感受到他深刻的文學性，也可見到他犀利的哲學性批判，他是一位超越時代的哲學家，相信是無庸置疑的。

旅遊諮詢

埃茲遊客服務中心 Office de Tourisme Èze
可提供旅遊諮詢、資料地圖、住宿、餐廳、租車、行程規畫相關旅遊資訊。

📍 從埃茲山城巴士站步行前往，約1分鐘可達。 🏠 Place du Général de Gaulle, 06360 Èze ☎ 04 93 41 26 00 ⏰ 5~9月週一至週五9:00~18:00，週末及國定假日9:00~12:00，13:00~18:00；2~4月及10月週一至週五9:00~17:00，週末及國定假日9:00~12:00，13:00~17:00；12~1月週一至週五9:00~16:00，週六9:00~12:00，13:00~16:00 🔗 www.eze-tourisme.com

蔚藍海岸…埃
茲 Èze

197

MAP ▎ P.199

舊城區

MOOK Choice

Le Village

迷人街道的蜿蜒風情

🚶 從遊客服務中心步行至舊城區入口約5分鐘

埃茲舊城位在海拔429高的崖壁上，在一座中世紀城堡遺址中，蜿蜒曲折的鵝卵石小徑之間點綴著一些迷你廣場，有些廣場附有飲水噴泉，不妨稍作停留再繼續攻頂。這座中世紀城市擁有許多傳統的房屋，供工匠、藝術家和廚師們工作。城堡的最高點是異國花園，可以俯瞰蔚藍海岸的無敵海景。

走在埃茲彎彎曲曲的舊城街道裡，鵝黃色的建築和精心設計的小店招牌，展現小鎮典雅而迷人的風格。埃茲的巴洛克式教堂興建於18世紀，以透視畫風裝飾，教堂內部可以看到埃茲的紋徽，是一隻浴火重生的鳳凰，也可看到女神雕像，因為埃茲

「Èze」的名稱正是來自埃及的女神名「Isis」。

　埃茲整座城鎮依山坡而建，形勢非常陡峭，一直到1952年，城鎮的給水都必須用驢子由山下往上拖運，Place du Planet是城裡難得一見的平地，因此在此可以看見噴泉，此廣場上還有一座名為House Riquier的房屋，相當值得一看。Riquier家族來自尼斯，是埃茲13~14世紀有名的望族，這棟房屋最後在1930年由音樂家Barlow家族買下，目前部分屬於艾查城堡飯店，部分則為私人所有。

MAP　P.199A3

Le Nid d'Aigle

創意地中海料理

從遊客服務中心步行約10分鐘　1 Rue du Château, 06360 Èze　04 93 41 19 08　9:00~17:00 (7~8月至22:00)　@restaurant.leniddaigle.eze

　坐落在埃茲舊城區的山坡上，Le Nid d'Aigle不僅提供精緻美食，還擁有地中海海岸線的壯麗全景。餐廳名字直譯成中文為「鷹巢」，完美地配合其高聳的地理位置。

　鷹巢餐廳以富有創意的地中海料理而聞名，菜單巧妙地融合了傳統法國風味與現代烹飪技巧。招牌料理是烤章魚腳佐燉菜，章魚腳塗滿醬汁後再燒烤，Q彈有嚼勁的口感，再搭配五顏六色的醃製蔬菜和燉菜讓人胃口大開，尤其在參訪完舊城區彎彎曲曲的斜坡街道，急需補充體力的狀態下。此外還有精心挑選的酒單，旨在搭配每道菜所呈現的多樣風味。

　餐廳的露台提供無與倫比的用餐體驗，讓客人在享受美食的同時，可以欣賞到地中海的湛藍海岸線和迷人的中世紀村莊。室內裝潢也設計得雅致，體現了蔚藍海岸的優雅和魅力。裝潢巧妙地將現代美學與經典元素融合在一起，創造出一個溫馨而精緻的氛圍。

蔚藍海岸…**埃**茲 Èze

巴士站　巴士站

埃茲舊城區

Avenue de Verdun

La Colette

公共廁所
遊客服務中心

市政廳

郵局　停車場

Avenue du Jardin Exotique

尼采步道 Nietzsche
Chemin de

聖墓教堂
Église Notre-Dame-de-l'Assomption

Rue de l'Église

異國花園
Jardin Exotique

Rue de la Paix

圖 例
景點　住宿
廣場　餐廳
教堂　郵局
廁所　停車場
遊客服務中心
政府機構
巴士站

Rue du Château
Rue du Château
Le Nid d'Aigle

Rue de la Pise

飲水噴泉

Rue de la Pise

艾查城堡飯店
Château Eza

Place du Planet

Rue Principale

Rue du Barri

Rue du Burnou

金山羊城堡飯店
Château de la Chèvre d'Or

MAP ▶ P.199A2

異國花園

Jardin Exotique

熱帶植物與無邊海景

從遊客服務中心步行約15分鐘　Rue du Château, Vieux Village, 06360 Èze　04 93 41 10 30　7~9月9:00~19:30、4~6及10月9:00~18:30、11~3月9:00~16:30　全票€6（4~10月€7）、優待票€4；12歲以下免費　www.jardinexotique-eze.fr

異國花園的所在地原是埃茲的堡壘，1706年因路易十四破城而毀，直到1949年才被重建成現在的花園。坐落於海平面429公尺以上的中世紀廢墟遺址，是埃茲的最高點，也是俯瞰蔚藍岸線以及舊城區最佳的眺望點。

異國花園擁有400多種植物品種，主要來自美洲和非洲，展示了來自世界各地的多肉植物、仙人掌和稀有植物品種，將異國的花卉與地中海的壯麗背景巧妙結合。由於植物生長期涵蓋11~3月，即使遭遇冬季，花園也不會全數枯竭而無景可賞。曲折的小徑引領著訪客穿越花園，其中一個亮點是禪花園，是一個寧靜的綠洲，遊客可以在精心布置的石頭和冥想的綠意中放鬆身心。

MAP ▶ P.199B3
金山羊城堡飯店
Château de la Chèvre d'Or

🚶從遊客服務中心步行約8~10分鐘 🏠Rue du Barri, 06360 Èze ☎04 92 10 66 66 🌐www.chevredor.com ❗2024年3月29日重新開放訂房

飯店名稱來自埃茲的金山羊傳説，一説是金山羊在山城裡保護寶藏並防止外人偷竊，另一説則是金山羊會指引迷途的人。

5星級的金山羊城堡飯店接待著最奢華的埃茲遊客，當你一邊作日光浴的時候，地中海的海岸線就在你腳下，能想到在這樣的絕壁美景下蓋一間飯店的人不是法國人，而是美國迪士尼的總裁華德·迪士尼(Walt Disney)。根據觀光局的數字，埃茲的外國遊客中有35％是美國人，因此由美國最有生意頭腦的迪士尼提供點子蓋一間飯店，也就不是太令人意外了。

要在這樣的飯店裡享受，一個晚上必須花上不少的費用，但因為美景迷人，所以還是吸引不少人到此結婚蜜月，飯店為了提供婚禮的服務，還在花園設置了一座聖母像。此外，這裡的同名餐廳也獲得米其林兩顆星的評鑑。

MAP ▶ P.199A3
艾查城堡飯店Château Eza

🚶從遊客服務中心步行約8~10分鐘 🏠Rue de la Pise, 06360 Èze ☎04 93 41 12 24 🌐www.chateaueza.com

艾查城堡飯店原為瑞典王子(Prince Guillaume of Sweden)在1923~1953年間的住處，一直到1976年，這裡都是瑞典王室的避寒度假城堡，之後改建為飯店，昔日作為家畜棚的城堡1樓，現在也改設藝品店。

艾查飯店和金山羊飯店一樣屬於法國5星級飯店，這裡的壯闊海景也是絲毫不遜色，最棒的是在飯店餐廳享用午餐，坐在向海伸出的陽台裡，美食美酒還有美景，湛藍的海岸線在眼前無窮地蔓延，陽光灑進香檳杯裡，用再多的描述都不及你來到這裡親身享受。

蔚藍海岸⋯⋯埃茲 Èze

卡納須梅

卡納須梅
Cagnes-sur-Mer

文●墨刻編輯部
攝影●墨刻攝影組

在蔚藍海岸常常可以看見以「sur-Mer」結尾的地名，其名稱原意為「海上」，而卡納須梅正是這麼一座臨海的起伏山城！建立於山丘上的卡納古城，歷史可追溯到11世紀，不過今日所見的城牆遺跡，是14世紀格里馬迪家族(Grimaldi)的建設，這個今日掌管摩納哥公國(Monaco)王室政權的家族，在中世紀時曾掌控了多數地中海的沿岸城鎮。

1306年，雷尼爾‧格里馬迪(Rainier Grimaldi)在卡納的山頂上建造了一座堡壘監獄，1620年，這座堡壘則被後裔尚‧亨利‧格里馬迪(Jean Henri Grimaldi)改造成氣派的皇家宮殿，也就是現在的格里馬迪城堡(Château Grimaldi)，現今城堡則搖身一變成為收藏豐富的博物館。除了以城堡為核心的上卡納舊城區外，晚年定居卡納須梅近郊的雷諾瓦在此度過十幾載的時光，其故居如今以博物館之姿對外開放，也成為許多遊人慕名而來的一大誘因。

INFO

如何前往
◎火車
從尼斯火車站(Nice Ville)搭乘TER火車直達卡納須梅火車站(Cagnes sur Mer)，車程約15分鐘，約15分鐘一班。從坎城火車站(Cannes)搭乘TER火車直達安提布火車站(Antibes)，車程約20~25分鐘，約15分鐘一班。班次、時刻表及票價可上網或至火車站查詢，車票可上網、至火車站櫃台購買，或先於台灣向飛達旅遊購買法國火車通行證(France Rail Pass)並訂購車票。

飛達旅遊
⌂台北市中山區南京東路三段168號10樓之6　☎(02)8161-3456分機2　○線上客服：@gobytrain　Ⓤ www.gobytrain.com.tw

法國國鐵
Ⓤ www.sncf.com

◎巴士
ZOU經營的620號巴士往來於尼斯(Nice)、卡納須梅(Cagnes sur Mer)、安提布(Antibes)和坎城(Cannes)之間，它們距離卡納須梅的車程各約20分鐘、25分鐘和50分鐘，班次、時刻表及票價可上網查詢。

普羅旺斯—阿爾卑斯—蔚藍海岸客運系統ZOU
Ⓤ zou.maregionsud.fr/en

Lignes d'Azur巴士公司
Ⓤ www.lignesdazur.com

火車站、巴士站至市區交通
◎從火車站到市區
卡納須梅火車站位於海邊，距離舊城區「上卡納」(Haut de Cagnes)有一段距離，可從火車站前搭乘巴士或步行約15分鐘前往市區的布爾德廣場(Square Bourdet)，從那裡搭乘免費的44號接駁巴士前往上卡納。如果從火車站步行前往上卡納的格里馬迪城堡約需30分鐘，沿途為上坡路段。

44號接駁巴士
◑每日7:00~22:30，7~8月延長營運時間至00:30，

圖例 🅱廣場 ✚教堂 🅼博物館 🅼博物館 🅼博物館

守護聖母禮拜堂
Chapelle NotreDame de la Protection

聖皮耶教堂
Église St-Pierre

格里馬迪城堡博物館
Château-Musée Grimaldi
🄸遊客服務中心

上卡納舊城區
Haut-de Cagnes

市中心
Centre

Collettes
Breguières

艾絲德勒別墅飯店
Villa Estelle

雷諾瓦博物館
Musée Renoir

Square del Cagnencq

巴士總站
Gare Routière

🄸遊客服務中心

法國國鐵車站
Gare SNCF

卡納須梅

每20分鐘一班。
💲免費

◎從巴士總站到市區
　巴士總站位於市區的布爾德廣場(Square Bourdet)，可由此搭44號接駁巴士前往上卡納；如果從巴士總站步行前往上卡納的格里馬迪城堡約需20分鐘，沿途為上坡路段。

市區交通
◎步行
　卡納須梅內的大部分景點徒步可達

旅遊諮詢

◎卡納須梅遊客服務中心總部
Office de Tourisme Cagnes-sur-Mer
Antenne du centre ville
🚶 從卡納須梅火車站步行約8~10分鐘 　📍6, Blvd. Maréchal Juin, 06800 Cagnes-sur-Mer 　📞04 93 20 61 64 　🕐5~9月週一至週五9:30~12:30、14:00~18:00，週六9:30~12:30；10~4月週一至週五9:00~12:30、14:00~17:30，週六9:00~12:30
🌐tourisme.cagnes.fr

MAP ▶ P.203

上卡納舊城區

MOOK Choice

Haut de Cagnes
靜謐閒適的古城情調
🚶 從布爾德廣場(Square Bourdet)步行即達

　卡納須梅整座城市由好幾個部分組成，稱為「上卡納」的這個區域是中世紀城鎮遺跡，可以看到古老的城牆、城門和教堂。

　14世紀的時候卡納城只有1,000多人，到了20世紀末已經暴增到43,000人，為了保護舊城區，現在只容許400~500人住在上卡納。該區以格里馬迪城堡為核心，附近林立著聖皮耶教堂和守護聖母禮拜堂，高高低低的街道是它最大的特色，偶爾孩童的嬉戲聲和海岸吹來的風聲劃破寧靜，伴隨著蔚藍海岸的金色陽光，令人想起了雷諾瓦(Pierre-Auguste Renoir)在此留下的印象派色彩。

蔚藍海岸…卡 納須梅 Cagnes-sur-Mer

雷諾瓦博物館

MOOK Choice

Musée Renoir

伴隨雷諾瓦的晚年時光

🚶從布爾德廣場(Square Bourdet)步行15~20分鐘 🏠 Chemin des Collettes, 06800 Cagnes-sur-Mer ☎04 93 20 61 07 🕐6~9月10:00~13:00、14:00~18:00(花園 10:00~18:00);10~3月10:00~12:00、14:00~17:00; 4~5月10:00~12:00、14:00~18:00 🚫週二、1/1、5/1、 12/25 💲全票€6,26歲以下免費;另有與里馬迪城堡的套 票€8;可使用法國蔚藍海岸通行證(French Riviera Pass) 🌐 tourisme.cagnes.fr/en/renoir-museum

　　1907年,邁入晚年的當代印象派大師雷諾瓦 (Pierre-Auguste Renoir)來到了卡納須梅,並 定居在市郊的寇蕾特(Collettes)。在妻子愛琳 (Aline)和三個兒子的陪伴下,身受風濕之苦的雷 諾瓦仍然努力地作畫,但是雷諾瓦的兩個兒子因 戰爭而重病,愛琳投入照料過於操勞,結果最後 反而早一步辭世。

　　雷諾瓦之所以會選擇寇蕾特定居,是因為他看

上這片被老橄欖樹林包圍的莊園,他本人十分鍾 情於橄欖樹,而他也認為這座視野遼闊的莊園能 夠博得妻子的歡心,雷諾瓦時常在戶外作畫,但 因為重病需要有人在旁攙扶照料。

　　有些來自卡納須梅的年輕女孩,服侍著年邁的 雷諾瓦,也成為畫家的模特兒,雷諾瓦非常迷戀 於透明白皙的人體肌膚,因為他認為美麗的肌膚 才能吸引光線,年輕女孩的粉紅色肌膚便成為他 作畫的最佳素材,甚至由於過於迷戀,雷諾瓦還 把自己的兒子克勞岱(Claude,小名CoCo)畫成 了小女孩的模樣。

　　雷諾瓦也和他的朋友莫內(Claude Monet)一樣 喜愛描繪大自然,莫內的吉維尼花園(Giverny)為 他帶來創作《睡蓮》系列的靈感,雷諾瓦也畫下 了他心愛的橄欖樹,還有他擅長的玫瑰花。

　　雷諾瓦的畫家好友安德烈(Albert André)是這 裡的常客,他畫下了雷諾瓦工作時的模樣,由於 晚年的雷諾瓦右手幾乎癱瘓不能持筆,於是他就 將畫筆綁在手上,並坐在一張木製的輪椅上作

MAP ▶ P.203A2

聖皮耶教堂

Église St-Pierre

留下擴建痕跡的小教堂

🚶 從布爾德廣場(Square Bourdet)步行2分鐘　📍Haut-de-Cagnes, Place Grimaldi, 06800 CAGNE-SUR-MER　📞 04 93 20 67 14　🕐 10:00~17:00，夏天延長開放時間至18:00　💲 免費

畫，要去戶外的時候就換乘便轎，由人抬出去作畫，雷諾瓦就這樣創作不輟，直到他1919年12月3日過世的前一天。

現在的雷諾瓦博物館保留了他生前的故居以及古老橄欖樹環繞的花園，在屋內可以看到十幅畫作真跡、夏季和冬季所使用的兩間工作室、他的大衣、圍巾和柺杖等個人用品。在這座遺世獨立的雷諾瓦莊園裡，我們看到的不只是美麗的印象派色彩，綠色的樹林和藍色的海岸，還有一位偉大畫家的堅強意志，深深感動著前來的每一個遊人。

聖皮耶教堂就位於格里馬迪城堡博物館的後方，如果從格里馬迪廣場那道窄小的門口進入，會抵達教堂的上層，從這裡可以欣賞到它的全貌。儘管教堂不大，不過這已經是16和18世紀歷經兩次擴建和整修後的結果，已加高的中殿讓面積比原先足足多出一倍，至於最初的哥德式中殿則長眠著昔日統治卡納的格里馬迪家族成員。教堂內也有不少裝飾，說明它深受信眾仰的程度，其中包括幾幅18世紀的畫作，像是點綴主祭壇那幅將鑰匙交給聖皮耶(聖彼得)的作品便是其一，而另一件引人注目的作品，則是千禧年時由畫家Charles Barkev創作的《耶穌受難圖》(Chemin de Croix)。

格里馬迪城堡博物館

Château-Musée Grimaldi

迷人的宮殿博物館

🚶從布爾德廣場(Square Bourdet)步行5分鐘 🏠Haut-de-Cagnes, Place du Château, 06800 Cagnes-sur-Mer ☎04 92 02 47 35 🕐4~6月及9月10:00~12:00、14:00~18:00；10~3月10:00~12:00、14:00~17:00；7~8月10:00~13:00、14:00~18:00 🚫週二、1/1、12/25 💲全票€4，26歲以下免費；另有與雷諾瓦博物館的套票€8 🌐tourisme.cagnes.fr/en/grimaldi-castle-museum/

　　這座氣派豪華的宮殿，在14世紀初還是一座堡壘監獄，現在則是一座博物館，主要容納了橄欖樹博物館(Musée de l'Olivier)和索莉多捐贈品(Donation Solidor)，前者主要展示這項地中海象徵性植物的相關傳統與收藏，後者則是1930年代法國女歌手索莉多捐出的個人肖像畫，曾經有244位畫家為她作畫，其中也包括法國電影奇才考克多(Jean Cocteau)。除了上述永久展，格里馬迪城堡也會不定期舉辦各項特展，另外也別忘了仔細欣賞城堡天花板上美麗的巴洛克風格繪畫。

守護聖母禮拜堂

Chapelle Notre-Dame de la Protection

斑駁卻難掩瑰麗的壁畫

🚶從布爾德廣場(Square Bourdet)步行2分鐘，位於通往城堡的上坡路和Rue Hippolyte Guis的交叉口 🏠Haut-de-Cagnes, 06800 Cagnes-sur-Mer ☎04 93 20 61 63 ⏸關閉整修中

　　興建於14世紀的守護聖母禮拜堂，原本只是一處禱告所，因聖母瑪莉亞曾在16世紀時顯現神蹟，保護卡納免於疾病的侵襲，而獲得守護聖母之名。到了中世紀時，尼斯被薩瓦公爵(Comte de Savoy)控制，卡納成為從普羅旺斯前往法國的唯一通道，朝聖隊伍必經此地，讓守護聖母禮拜堂盛極一時。不過法國大革命之後，教堂曾一度成為市政府的辦公處，到了19世紀，則成為白衣苦修士為民眾治病的場所。

　　歷經幾個世紀的風雨，為了保護這處古蹟，現在的守護聖母禮拜堂只在週末對外開放，而它最引人注目的，是禮拜堂內由Andrea de Cella繪製於16世紀的壁畫，它們在1936年時因Malplat的神父意外發現，而重現於世人眼前。

聖保羅●

聖保羅
Saint-Paul de Vence

文●墨刻編輯部
攝影●墨刻攝影組

將全世界最美山城的封號頒給聖保羅，一點也不為過。這裡有著全法國最舒適宜人的氣候，一年之中300天陽光普照，還有著密度最高的藝廊與藝術家，將這座中世紀的堡壘塑造出獨特且迷人的風采。

聖保羅時常與鄰近的凡斯(Vence)合稱為「凡斯的聖保羅」(St-Paul de Vence)，由於聖保羅位在岩壁上，居高臨下具戰略位置，又位於法國和義大利來往的邊境，因此16世紀時，法國國王法蘭斯瓦一世(François I)下令在此建築堡壘。現在聖保羅整座山城的建築和城牆，已被名列為國家保護級歷史古蹟，林立於鵝卵石拼成太陽圖案的道路兩旁的，則是裝飾著現代藝術作品的藝廊，每扇門後似乎都藏著出乎意料的創意與想像。

聖保羅獨特的氣質在1920年代吸引了許多藝術家和文人前往，讓它成為南法不可或缺的文藝

山城，像是法國女性主義先驅西蒙波娃(Simone de Beauvoir,1908~1986)和她的愛人兼法國哲學家沙特(Jean-Paul Sartre,1905~1980)、俄國畫家夏卡爾(Marc Chagall,1887~1985)等，都曾經在這裡留下足跡。

INFO

如何前往
從尼斯(Nice)到聖保羅沒有直達車，先搭乘TER火車或ZOU經營的620號巴士到卡納須梅(Cagnes sur Mer)的Square Bourdet站，再換乘655號巴士前往St-Paul Village站，車程約1小時10分鐘。班次、時刻表及票價可上網查詢。
普羅旺斯─阿爾卑斯─蔚藍海岸客運系統ZOU
🔗zou.maregionsud.fr/en

Lignes d'Azur巴士公司
🔗www.lignesdazur.com

巴士站至市區交通
◎從巴士站到市區
巴士總站就位於聖保羅城門外，步行約2分鐘即可抵達。

市區交通
◎步行
聖保羅內的景點均徒步可達。

旅遊諮詢
◎聖保羅遊客服務中心
Office de Tourisme St-Paul de Vence

- 從聖保羅城門步行約2分鐘
- 2, Rue Grande, 06570 St-Paul de Vence
- 04 93 32 86 95
- 10:00~18:00
- 週六、週日及國定假日13:00~14:00
- www.saint-pauldevence.com

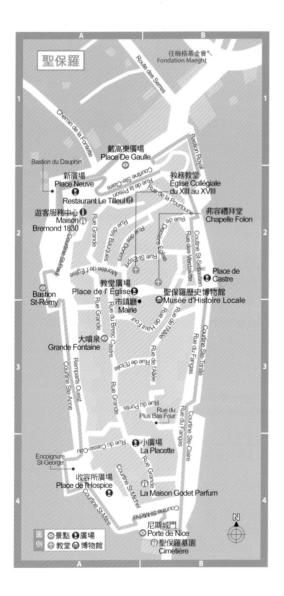

MAP ▶ P.208B3

聖保羅歷史博物館
Musée d'Histoire Locale
重返聖保羅重要時刻

- 從聖保羅城門步行約5分鐘　Place de l'église, 06570 St-Paul de Vence　04 93 32 41 13　5~9月10:00~12:30、14:00~18:00，10~4月10:30~12:30、14:00~16:00　1/1、11月、12/25　和弗容禮拜堂套票全票€4、優待票€3

　　聖保羅歷史博物館就位於市政廳旁，儘管內部空間不大，不過善加運用了空間與樓梯的上下轉折，以栩栩如生的蠟像模擬一齣齣歷史場景，重現聖保羅歷史上的重要時刻，讓遊客利用很短的時間，就能對這個山城的風土民情有初步的認識。仔細看看法王法蘭斯瓦一世(François I)、法王軍事奇才沃邦(Vauban)，以及珍娜皇后(Reine Jeanne)等影響聖保羅歷史的人物蠟像，他們姿態神情生動，全出自巴黎凱凡蠟像館(Musée Grévin)之手。

MAP ▶ P.208

舊城區

Vieux St-Paul

猶如拜訪大型露天市集

🚶 從聖保羅城門步行即達

凡斯城門(Porte de Vence)隱身於彎曲且窄小的道路上，當初為了防禦外敵，甚至還特別設計了一條「斷頸之路」(Rue du Casse-Cou)，該路因過於陡峭、容易使人斷頸送命而得名。

進城門後，就進入山城最主要的大路(Rue Grande)，往前走可以看到聖保羅的大噴泉(Grand Fontaine)，這座興建於1850年的噴泉是整個城鎮最主要的水源，也是聖保羅舊城區的中心。繼續往下走，會看到「領主之屋」(Maison Governor)，也就是昔日領主Alziary de Doquefort的住處，據說他對戲劇和馬術都特別熱愛。

如果沿著大路走到底，會來到另一道通往墓園的城門，城門上方有一座瞭望台，可以欣賞到聖保羅四周環繞綠意和遠方山巒起伏的美景，由此回頭沿著城牆走上一段，再鑽進小巷裡尋寶，來到當地的市政中心教堂廣場(Place de l'Église)，廣場上聳立著一座興建於13~18世紀的古羅馬風格教務教堂(Église Collégiale)，以及聖保羅的第一棟建築、同時也是舊堡壘遺跡的城堡主塔(Donjon)，如今則當成市政廳使用，該廣場附近還有值得一看的聖保羅歷史博物館與佩尼頓 柏朗禮拜堂。

走逛聖保羅舊城最有趣的地方，是在它的巷弄裡穿梭，風格迥異的藝廊、工作坊、紀念品店和餐廳毗鄰而立，特色小店中滿是限量藝術紀念T恤、手繪陶瓷檯燈、掛毯，或是標榜純天然、手工自製、多達50種香氛的香皂……令人流連忘返。

蔚藍海岸：聖 保羅 Saint-Paul de Vence

聖保羅墓園
Cimetière de Saint-Paul-de-Vence
夏卡爾的最後落腳處

從大路一直往下走，直到另一座尼斯城門(Porte de Nice)，會來到城邊的墓園，這座城門和凡斯城門是聖保羅目前僅存的兩座古門。聖保羅墓園面積不大，裡頭卻長眠著超現實主義大師夏卡爾(1887~1985)，這位擅長色彩鮮豔的拼貼畫、畫作人物經常飄浮於半空中且交錯重疊綺麗場景的俄籍法國畫家，打從1949年起在聖保羅定居，死後也埋葬於此。從墓園可遠眺夏卡爾最

愛的山城風光，至於創辦梅格基金會(Foudation Maeght)的家族墓園也位於此處，其墓出自名雕塑家恰克梅第(Alberio Ciaccometti)的設計。

弗容禮拜堂
Chapelle Folon
藝術帶來的沉靜力量

🚌 從聖保羅城門步行約5分鐘　🏠Place de l'église, 06570 St-Paul de Vence　☎04 93 32 41 13　🕐5~9月10:00~12:30、14:00~18:00，10~4月10:30~12:30、14:00~16:00　🚫1/1、11月、12/25　💲和聖保羅歷史博物館套票全票€4、優待票€3

這間位於聖保羅歷史博物館對面的禮拜堂興建於17世紀，不過讓它值得一看的，是內部出自尚米榭 弗容(Jean-Michel Folon)的裝飾。

誕生於比利時布魯賽爾的弗容是一位畫家、插畫家、藝術家和雕刻家，他在聖保羅居長達13年，和當地的藝術家、手工藝匠一直保持著密切的合作關係。這間禮拜堂是弗容生前最後一件作品，洋溢著他一貫採用粉嫩、夢幻的色彩，帶點童稚、抽象的筆觸。以溫暖的黃色牆壁為背景，一進門，幾乎可說是他代表性徵的雕像，身穿大衣頭戴帽子，肩頭和手上都停著小鳥。主祭壇沒有雕像，而是一隻手，彷彿撐起背後出現於繪壁畫中的聖保羅山城，最上方則是一隻關照世人的金黃色大眼。這裡沒有任何神像，甚至不具任何宗教意味，然而卻讓人感受到無邊的平靜。

MAP　P.208B1

梅格基金會

MOOK Choice

Fondation Maeght

充份展現藝術之美的空間

📍從遊客服務中心步行約20分鐘；從卡納須梅搭乘655號巴士Fondation Maeght站下車，步行約5分鐘 🏠623, Chemin des Gardettes , 06570 St-Paul de Vence ☎04 93 32 81 63 🕐9~6月10:00~18:00、7~8月10:00~19:00 💲全票€16、10~18歲€11 🌐www.fondation-maeght.com

　　創設於1964年的梅格基金會，可以說是歐洲最特殊的私人基金會，由坎城藝術經紀商梅格夫婦(Marguerite et Aime Maeght)所創立，座落於蓊鬱的樹林之中。

　　梅格基金會的建築物外觀非常特別，由J. L. Sert所設計，將現代藝術特色與精神表露無遺。梅格夫婦相當喜愛夏卡爾(Marc Chagall)、米羅和馬諦斯(Henri Matisse)等現代大師，因此收藏了許多相關作品，而且量多質精，像是夏卡爾的馬賽克畫、雷捷的立體壁畫，還有康坦斯基(Kandinsky)、法國野獸派畫家布拉克(Braque)、美國雕刻家考爾德(Calder)、達達派先趨阿普(Arp)等20世紀藝術巨匠的繪畫、雕塑、陶製作品。尤其西班牙大師米羅還特別為基金會創作，留下令人印象深刻的《排水管》(Gorge)、《拱門》(Arch)、《蛋》(Egg)、《蜥蜴》(Lazard)、《風箏》(Kite)，他鮮豔色彩的現代創作，恰恰和博物館充滿陽光的自然環境融為一體。

恰克梅第中庭

　　「恰克梅第中庭」(Cour Ciacometti)由瑞士雕塑家亞伯特恰克梅第(Alberto Giacometti)操刀，展示一系列《行走之人》的雕塑品。

米羅迷宮

　　而它右側延伸的區塊正是基金會中最有趣的「米羅迷宮」(Labyrinthe de Miró)，在寬敞的露天環境裡展示著米羅多件大型雕塑和陶瓷作品。米羅是梅格夫婦多年好友，露天花園中無論作品擺設的位置和景觀設計都是由米羅構思，藝術與自然彼此融合、互為一體。

庭園、聖貝納禮拜堂

　　緊鄰入口綠意盎然的庭園上，陳列著米羅(Joan Miró)及科爾德(A. Calder)等人的雕塑品。其右手邊是聖貝納禮拜堂(Chapelle St-Bernard)，陽光透過布拉克設計的彩色玻璃窗，表達出對梅格夫婦對愛子的無限哀思。

展覽室

　　基金會的1樓內部空間，部分供常設展，另一部分供特展使用。充滿開放感的挑高空間中，展示夏卡爾、米羅等大師畫作。

蔚藍海岸⋯⋯聖保羅 Saint-Paul de Vence

MAP ▶ P.208A2 | Restaurant Le Tilleul

📍從聖保羅城門口步行約1分鐘 🏠Place du Tilleul, 06570 St-Paul de Vence 📞04 93 32 80 36 🕐早餐8:30起，午餐12:00~15:00，下午茶15:00~18:00，晚餐19:00~22:00 🌐www.restaurant-letilleul.com

這間位於聖保羅舊城入口旁的法式餐酒館，擁有以老屋改建的寬闊室內空間，以及綠樹遮蔭的露天座席。由於就位在城牆旁，可以邊享用美食邊眺望四周的自然風景，氣氛格外宜人。餐廳供應由當地新鮮蔬果烹調的地中海料理，手工番茄羅勒麵餃口感濃郁，鄰近漁港捕捉的新鮮海魚搭配香草和青蔬，無論香煎或爐烤都是絕頂美味。用餐後服務生會端出盛放十幾種法式點心的甜點盤讓顧客挑選，浸潤在蘭姆酒內的巴巴蛋糕、橙果慕斯、以及艷黃色的檸檬塔，造型精美的甜點讓人食指大動，用餐幸福感倍增。

MAP ▶ P.208A2 | 南法食材專賣
Maison Bremond 1830

📍從聖保羅城門口步行約6分鐘 🏠28 Rue Grande, 06570 St-Paul de Vence 📞04 93 58 07 69 🕐10:00~19:30 🌐www.mb-1830.com

專門販賣橄欖油和南法特色食材的Maison Bremond 1830，在各城市如坎城、尼斯、馬賽等都設有分店。店內嚴選各種南法生產的橄欖油、橄欖醬、手工果醬、調味料、松露商品等，此外南法必買的生活雜貨如橄欖木盤、手工皂等也都可以在店裡找到。香氣逼人的松露油、或是各種柑橘風味的沙拉橄欖油和陳醋，都可以花時間一一試吃，挑到中意的再下手。

MAP ▶ P.208B4 | 香水專賣
La Maison Godet Parfum

📍從聖保羅城門口步行約6分鐘 🏠98 Rue Grande, 06570 St-Paul de Vence 📞04 92 11 06 79 🕐10:00~19:00 🌐parfumsgodet.com

這間聖保羅最具代表性的香水店，是朱利安 約瑟夫 勾德(Julien-Joseph Godet)於1901年所創立，勾德透過精湛的調香技術以及獨特感性，創造出多款經典香水，他和活躍於聖保羅的藝術家們關係深厚，為馬諦斯(Henri Matisse)、波納爾(Pierre Bonnard)、夏卡爾(Marc Chagall)等藝術家調製獨樹一格的香水。店面無論室內室外，都被繽紛的鮮花與花卉壁畫包圍，經典香水包括和馬諦斯合作的「藍色癡情」(Folie Blue)，以及滿溢花園芬芳的「女王之花」(Fleurs de Reine)等種類豐富，古雅的香水瓶也讓人愛不釋手。

坎城
Cannes

文●墨刻編輯部
攝影●墨刻攝影組

說坎城是好萊塢的孿生姊妹一點也不為過，尤其每年5月舉辦坎城影展期間，衣香鬢影、熠熠星光將整座城市點亮，高級飯店、白色沙灘、社交名人、國際精品……構成了坎城的夏日印象。

不過坎城今日的魅力並非與生俱來，在19世紀之前，這裡甚至是個缺水又髒亂的小漁村，直到1834年，英國大法官布魯厄姆爵士(Lord Brougham)前來查探當時蔚藍海岸流行的霍亂傳染病，卻因未能獲准進入薩丁尼亞王國而決定在此停留一晚，沒想到坎城美麗的海景和小鎮熱情的居民，深深打動了布魯厄姆，他從此定居下來，直到1868年辭世。在布魯厄姆和其他英國貴族影響下，別墅和飯店逐漸被興建，坎城一躍成為歐洲最時髦的冬季度假地，包括當時還是威爾斯王子的英王愛德華七世(Edward VII,1841~1910)、比利時國王亞伯特一世(Albert I)和丹麥的克莉絲汀十世(Christian X)都曾到此享受陽光。

今日的坎城早已不是王公貴族的專屬度假地，取而代之的是海灘上半裸做日光浴的男女老少，以及坎城影展帶來的影視名人和國際大導演。如今雕像聳立於舊城市政廳廣場上的布魯厄姆爵士，大概連他自己都很難想像，坎城會成為蔚藍海岸最耀眼的一顆珍珠。

INFO

如何前往

◎火車

從巴黎的里昂火車站(Gare de Lyon)搭TGV直達火車，於坎城火車站(Cannes)下，車程約5小時，每日約7班。或從巴黎的里昂火車站搭乘火車，在里昂車站(Lyon Part Dieu)、馬賽聖查理火車站(Gare Marseille St Charles)、亞維儂TGV(Avignon TGV)轉車前往，車程約5.5~6小時，每日約2~3班。

從馬賽、尼斯均可搭乘TER火車直達坎城。從馬賽聖查理火車站(Gare Marseille St Charles)搭乘列車至坎城火車站(Cannes)，車程約2小時，約1~2小時一班。從尼斯(Nice Ville)搭乘列車至坎城火車站(Cannes)，車程約30~40分鐘，約7~30分鐘一班。

班次、時刻表及票價可上網或至火車站查詢，車票可上網、至火車站櫃台購買，或先於台灣向飛達旅遊購買法國火車通行證(France Rail Pass)並訂購車票。

飛達旅遊
🏠台北市中山區南京東路三段168號10樓之6
📞(02) 8161-3456分機2
💬線上客服：@gobytrain
🌐www.gobytrain.com.tw
法國國鐵
🌐www.sncf.com

◎巴士

坎城和周邊城鎮均有巴士往來，從尼斯(Nice)的Parc Phœnix站搭ZOU經營的620號巴士，經卡納須梅(Cagnes sur Mer)、安提布(Antibes)前往坎城(Cannes)的Gare SNCF站，車程約1~1.5小時。

從尼斯機場可從第2航廈搭乘ZOU經營的的機場專線81號巴士前往坎城的Gare SNCF站，車程約45分鐘，約每45分鐘一班。班次、時刻表可上尼斯機場官網查詢。

普羅旺斯—阿爾卑斯—蔚藍海岸客運系統ZOU
🌐zou.maregionsud.fr/en
Lignes d'Azur巴士公司
🌐www.lignesdazur.com
尼斯機場專線Nice Airport Express
📞04 13 94 30 50
💲單程€19.4
🌐www.niceairportxpress.com

火車站、巴士站至市區交通

坎城火車站和巴士總站即位於市區內，步行至遊客服務中心約8~10分鐘。

坎城巴士站 Gare Routière
🏠Place Bernard Cornut Gentille, 06400 Cannes

市區交通

◎步行

大部分景點均徒步可達。

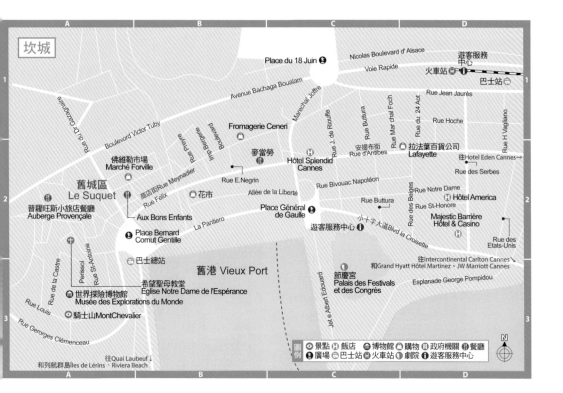

坎城

Place du 18 Juin ⓑ
Nicolas Boulevard d' Alsace
Voie Rapide
遊客服務中心 ⓘ
火車站 ⓘⓘ
巴士站 ⓘ
Rue Jean Jaurès
Avenue Bachaga Boualam
Rue Hoche
Rue du 24 Aot
Rue Mar chal Foch
Rue Buttura
Maréchal Joffre
Rue J. de Riouffe
Fromagerie Ceneri
麥當勞
Rue d'Antibes
安提布街
拉法葉百貨公司
Lafayette
Boulevard Victor Tuby
Rue du D. Gazagnaire
Rue Preyre
Boulup Bergaine
Hôtel Splendid
Cannes
Rue des Serbes
往Hotel Eden Cannes→
佛維勒市場
Marché Forville
Rue Meynadier
商店街Rue
Rue E. Negrin
Rue Notre Dame
Hôtel America
舊城區
Le Suquet
花市
Allée de la Liberté
Rue des Belges
Rue St-Honore
普羅旺斯小旅店餐廳
Auberge Provençale
Rue Felix
Place Général
de Gaulle
Rue Buttura
Majestic Barrière
Hôtel & Casino
Aux Bons Enfants
La Pantiero
遊客服務中心
小十字大道Blvd la Croisette
Rue des
Etats-Unis
Place Bernard
Cornut Gentille
Rue de la Castre
Persissol
Rue St-Antoine
巴士總站
舊港 Vieux Port
往Intercontinental Carlton Cannes
和Grand Hyatt Hôtel Martinez、JW Marriott Cannes
希望聖母教堂
Eglise Notre Dame de l'Espérance
世界探險博物館
Musée des Explorations du Monde
節慶宮
Palais des Festivals
et des Congrès
Esplanade George Pompidou
Jet e Albert Edouard
Rue Louis
騎士山MontChevalier
Rue Gerorges Clémenceau
往Quai Laubeuf ↓
和列航群島Iles de Lérins、Riviera Beach

圖例: ⓐ景點 ⓑ飯店 ⓜ博物館 購物 政府機關 ⓘ餐廳
ⓑ廣場 ⓘ巴士站 ⓘ火車站 劇院 ⓘ遊客服務中心

旅遊諮詢

◎坎城遊客服務中心總部Office de Tourisme de Cannes- Bureau Principal (Palais des Festivals et des Congrès de Cannes)

🚶從坎城火車站步行約8分鐘
🏠1 Blvd. de la Croisette, 06400 Cannes
☎04 92 99 84 22
🕐3~6月ji 9~10月9:00~19:00，7~8月
9:00~20:00，11~2月10:00~18:00
🌐www.cannes-france.com

觀光行程

◎小火車之旅Le Petit Train de Cannes

分為歷史之旅(History Tour)和小十字大道之旅(Croisette Tour)兩條路線，皆從節慶宮海濱處出發。前者車行舊城區和市中心，後者則瀏覽小十字大道街景和海濱風光；車上提供有英文的8種語音導覽，車程各約35分鐘。可同時參加包含兩條路線的「Big Tour」，車程約1小時，可於出發點或車上購票。

🚶從遊客服務中心步行即達
🏠節慶宮前

☎06 20 98 48 32
🕐10:00~20:00每小時一班
💲Big Tour全票€14、優待票€5；3歲以下孩童免費。
🌐www.cannes-petit-train.com

城市概略 City Guideline

因為影展而備受矚目的坎城，市區範圍並不大，景點大多徒步可達，海岸旁私人沙灘、高級餐廳與飯店雲集，呈現比尼斯更為豪華絢爛的氣氛。從坎城車站步行約五分鐘，每年影展舉辦的節慶宮(Palais des Festival et des Congrès)和舊港區就在眼前。可以沿舊港區走入舊城區，一覽城市原始風貌，或者漫步在濱海的小十字大道(Blvd. de la Croisette)上體驗上流度假風情。靠近節慶宮的地面鋪著知名影人的手掌印。尋找耳熟能詳的明星掌印，感受和湛藍海洋相映襯的熠熠星光。

夏日旺季海灘上總是充滿做日光浴和戲水人潮，公共海灘入場免費，使用寄物櫃€2，沙灘雖然乾淨但是人潮擁擠，私人沙灘除了供飯店住宿的旅客使用，一般民眾也可以付€20左右的入場費，使用專屬陽傘和躺椅，享受不被打擾的悠閒時光。

坎城中心區Central Cannes
MAP ▶ P.215A2

舊城區

MOOK
Choice

Le Suquet

濃縮城市歷史與菁華

🚶 從遊客服務中心步行約8~10分鐘

　　舊城區呈現截然不同於星光坎城的風韻，這個區域至今仍沿用古名「Suquet」，指的是普羅旺斯的一種魚湯。

　　每天早上準時開市的佛維勒市場(Marché Forville)保存了舊城的活力來源，四周圍繞著各色各樣的食品店，附近的佛維勒酒窖(Cave Forville)則是當地人經常光顧、選購葡萄酒的地方。從傳統市場旁的石板路往上走，兩旁都是斑駁的舊民房，漁民的子孫世居於此，多數以開小餐廳為業，華燈初上時分，小餐館鋪著鮮麗桌巾的桌子從室內蔓延到石板路上，一盞盞蠟燭映照古城。

佛維勒市場Marché Forville

🚶 從遊客服務中心步行約6分鐘 🏠6 Rue du Marché Forville, 06400 Cannes ⏰9~6月週二至週五8:00~13:00、週六至週日8:00~13:30，7~8月8:00~13:30

從名牌林立的濱海大街走進熱鬧繽紛的佛維勒市場，不需要任何指標，你就會知道自己已經踏入了舊城區。開放式的室內市場中，可以買到五顏六色的當地蔬果、鮮花、醃漬橄欖，以及遊客感興趣的生活雜貨、松露產品等。市場的角落是魚市，附近鮮魚在此秤斤論兩地販賣，南法生活氣息一覽無遺。除了鮮蔬生食，市場中也有幾個熟食攤販，其中最受歡迎的，就是使用鷹嘴豆糊爐烤成的酥卡（Socca），表層焦酥風味香濃的酥卡是蔚藍海岸居民們鍾愛的街頭小吃，逛完市集後吃一塊現烤酥卡，然後到咖啡店享受陽光和海風，就是坎城人享受悠閒週末的方式。

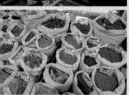

希望聖母教堂Église Notre Dame de l'Espérance

🚶 從遊客服務中心步行約8~10分鐘 🏠1 Rue de la Castre, 06400 Cannes ☎04 93 99 55 07 ⏰12:00~15:00、18:00~00:00

這座外觀素樸的教堂，最初興建於1521年，然而一直到1641年才完工。它取代了之前聳立於此、由列航修道院《Abbaye de Lérins》僧侶興建的Église Notre Dame de Puy，因當時蓬勃發展的信眾已讓原本那座城牆教堂已不敷使用，再加上過去的聖母教堂身兼城堡禮拜堂使用，使得教徒不可避免的處於領主的監視之下。

希望聖母教堂本身為哥德式建築，其袖廊則呈現文藝復興風格，不過外觀上最引人注目的是那座方方正正的古羅馬式鐘樓，成為舊城知名的一景。教堂內部的小禮拜堂出自坎城藝術家之手，年代大多介於17~18世紀之間。離開教堂前別為了走上廣場前方的城牆遺跡，這裡是免費欣賞坎城風光的好地點。

世界探險博物館
Musée des Explorations du Monde

🚶 從遊客服務中心步行約10~12分鐘 🏠6 Rue de la Castre, 06400 Cannes ☎04 89 82 26 26 ⏰10~3月10:00~13:00、14:00~17:00，4~6月及9月10:00~13:00、14:00~18:00，7~8月10:00~19:00(週三至21:00) ⊗週一、1/1、5/1、11/1、11/11、12/25 💲全票€6.5、18~25歲€3.5；11~3月第一個週日免費 🌐www.cannes.com/en/museums-arts/musee-des-explorations-du-monde.html

城堡博物館(Musée de la Castre)於2021年改名為世界探險博物館(Musée des Explorations du Monde)，由修道院改建而成的城堡博物館矗立在舊城蘇給區的山頂，陳列了人類學和考古學的偉大收藏。館藏主要來自19世紀的旅行家Baron François Lycklama的收藏與捐贈，他本身相當熱愛中東文明，對於埃及及地中海區域的骨董更有興趣，也因此其收藏除歐洲外更遍及美洲和亞洲的珍奇品，包括世界各地的樂器、風景畫作、埃及石棺、非洲土著乾屍，以及來自希臘、羅馬、美索不達米亞、伊朗、塞普勒斯等地的收藏品。

博物館裡也可看到19世紀的普羅旺斯及蔚藍海岸地區的風景畫，100年前的坎城是身穿蓬蓬裙、撐著小洋傘的貴婦，漫步於海邊大道的情景，另外博物館最近修復完一幅19世紀初的波斯油畫《無名氏，穿藍裙的寵妓》(Anonyme, Courtisane à la Jupe Bleu)，有一系列相關文字與影像介紹。博物館中庭有一座興建於11世紀的監視塔(Tour de Guet)，堡級級而上，可以俯瞰到坎城的全景，新鮮海風和陽光拂面而來，令人心曠神怡。

坎城中心區Central Cannes

MAP ▶ P.215C3

節慶宮
Palais des Festival et des Congrès
南法最知名會展場所

🚶從遊客服務中心步行即達 📍Blvd. de la Croisette, 06400 Cannes 🌐www.palaisdesfestivals.com

位於港口邊的巨大建築，就是坎城影展的中心——節慶宮，眾所矚目的金棕櫚獎就是在此頒發。啟用於1982年的節慶宮可容納30,000人，裡面有3座放映廳、2間展覽廳、會議室、賭場、夜總會及餐廳，許多重要商展都在此舉行，坎城最大的遊客服務中心也位在節慶宮1層。

坎城影展在頒獎時，會從大廳門口舖設一道紅地毯直抵馬路旁，當紅的電影明星及國際大導演穿著晚禮服，在閃個不停的鎂光燈中拾梯而上，接受熱情影迷的歡呼。而所謂的「星光大道」(L'Allée des Étoiles-du-cinéma)其實位在節慶宮旁的地面上，來自世界各地的參展明星按照年代順序留下自己的手印，有蘇菲亞羅蘭、傑哈德巴迪厄、蘇菲瑪索、勞勃迪尼洛等300多位大明星，如果無緣一睹本人風采，就找出你最愛的明星手印與他合影留念吧！

坎城中心區Central Cannes

MAP ▶ P.215C2D3

小十字大道
Blvd. de la Croisette
高級沙灘飯店和名店

🚶從遊客服務中心步行即達

小十字大道濱臨地中海的散步道長達8公里，公共和私人海灘加起來多達30處，大部分的海灘都屬於飯店所有，必須付費使用，而大道另一邊是櫛比鱗次的名牌精品店，據說主要客戶都是來自中東皇室和富商的夫人們。

這條富氣逼人的大道上，最著名的地標就是卡爾頓飯店(Intercontinental Carlton Cannes)，這棟巨大的蛋糕狀建築興建於1911年，裡面容納355間房間及洛可可式的豪華大廳，屋頂兩側聳立著兩座圓錐形建築，據說是影射19世紀的高級交際花La Belle Otero顛倒眾生的酥胸。此外，同樣位在小十字大道上的Grand Hyatt

Hôtel Martinez和Majestic Barrière Hôtel & Casino飯店，也是影展期間追星族及狗仔隊的注目焦點，前者距離節慶宮近，張曼玉和梁朝偉都指名入住這家飯店，而後者則是影展大會指定飯店，受邀的評審和貴賓多下榻於此。

列航群島 Îles de Lérins

靠近坎城的近海，有四座被並稱為列航群島的地中海島嶼，其中較大的兩座分別為聖瑪格麗特島(Île Ste Marguerite)和聖歐諾哈島(Île St Honorat)，可從坎城搭乘遊船前往參觀，另外兩座較小的聖費耶爾島(Îlot Saint-Ferréol)和花邊女工島(Îlot de la Tradelière)則未開放遊客登島。這些島嶼最初被人發現是在古羅馬時期，它們曾是法國南部最強勢的宗教中心，現在則是坎城人度假的世外桃源。

列航群島Îles de Lérins

MAP ▸ P.9G4

聖瑪格麗特島

MOOK Choice

Îles Ste-Marguerite

謎樣的監獄傳說

🚢從Quai Laubeuf搭船前往聖瑪格麗特島，船程約15分鐘。

Trans Côte d'Azur

🏠Port de Cannes, quai Laubeuf, 06400 Cannes ☎04 92 98 71 30 ⏰去程7:30~16:30(11~4月的週日9:00~16:30)，約1小時一班；回程7:45~17:00，約1小時一班。船班依季節略有調動，請上官網查詢。💲來回全票€17.5、13~25歲及65歲以上€16、5~12歲€11 🌐www.trans-cote-azur.com

Horizon Compagnie Maritime

🏠Port de Cannes, quai Laubeuf, 06400 Cannes (Radisson Blu飯店對面的停車場盡頭) ☎04 92 98 71 36 ⏰去程9:00~17:30，約1小時一班(每半點為彈性班次)；回程9:15~17:00。船班依季節略有調動，請上官網查詢。💲來回全票€17.5、13~25歲及65歲以上€16、5~12歲€11 🌐www.horizon-lerins.com

聖歐諾哈是一位羅馬修士之名，他在4世紀末抵達今日的聖歐諾哈島並創立了一座修道院，而聖瑪格麗特則是他妹妹的名字，據說她曾經領導一群在這座以她為名的島嶼上生活的修女。1612年時，聖瑪格麗特島島主將它從聖歐諾哈僧侶手中交給了Chevreuse公爵「洛林的克勞德」(Claude de Lorraine)，於是這座長約3公里的小島上，出現了今日皇家堡壘(Fort Royal)的雛型。

歷經西班牙和法國人的占領後，17世紀末的聖瑪格麗特島成了軍營和監獄，而讓它至今仍聲名大噪的「鐵面人」正是囚禁於此。此外，它關過

的名人也不少，20世紀卸下監獄身份以前，阿爾及利亞反抗領袖Abdel Kadir、蒸汽船的發明者Marquis Jouffroy d'Abbans，和唯一成功逃出此島的巴贊元帥，都曾在此吃過牢飯。不過今日的堡壘已改設博物館和古蹟的方式對外開放，此外這座遍松樹，春末夏初時總是散發茉莉花散發淡淡香氣的島嶼，已成為當地人偷得浮生半日閒的好去處。

蔚藍海岸⋯坎城 Cannes

禮拜堂 Chapelle

大約興建於17世紀，這座禮拜堂不久後增建了一座同時具備觀測功能的鐘塔。禮拜堂內部空間不大，除了祭壇中央的聖母與聖嬰像和一幅祭壇畫外，幾乎沒有過多的裝飾，不過昔日這可是當地居民進行洗禮、婚禮甚至葬禮等人生大事的場所。

營房Caserne

在修道院後方可以看見成排的建築，它們是昔日軍隊的營房，這些樓高一層的房屋如今當成供團體年輕旅客下榻的旅館。

巴贊露臺 Terrasse Bazaine

這處興建於古代遺跡上的露臺，是法國軍隊總指揮官巴贊元帥(Maréchal Achille Bazaine)散步的地方，這位在1870年普法戰爭中被法方認為叛變且勾串敵人的元帥，被判刑囚禁瑪格麗特島長達20年的時間，不過就在他被關了10個月後，居然離奇的逃脫，並在馬德里活到了77歲才過世。

鐵面人 Masque de Fer

傳說在1687~1698年間，有一名神秘男子被囚禁在聖瑪格麗特島上的皇家堡壘(Fort Royal)，他被限制終身戴著鐵製的面具，不能讓任何人看到他的臉，之後他被移往巴黎的巴士底監獄，並於1703年死於獄中，直到法國大革命暴民攻破監獄後，才發現了這個秘密。鐵面人的傳說有許多版本，坎城的舊城區甚至還有一個鐵面人曾經待過的古塔，不過其中流傳最廣的還是大仲馬的小說《三劍客》，傳說這名鐵面人就是當時的國王路易十四(Louis XIV)的學生兄弟。

鐵面人博物館與皇家堡壘
Musée du Masque de Fer et du Fort Royal

⚲ Îles Ste-Marguerite, 06400 Cannes ☎ 04 89 82 26 26 ⏰ 4~5月10:30~13:15、14:15~17:45，6~9月10:00~17:45，10~3月10:30~13:15、14:15~16:45 ⛔ 10~5月的週一、1/1、5/1、11/1、11/11、12/25 💲 海洋博物館+皇家堡壘全票€6.5、18~25歲€3.5；皇家堡壘10~5月週一€3.2；11~3月第一個週日免費 ⓤ www.cannes.com/fr/culture/musees-et-expositions/musee-du-masque-de-fer-et-du-fort-royal.html

坐落於皇家堡壘中的17世紀「舊城堡」(Vieux Château)，該建築興建於島上最古老、年代可回溯到中世紀甚至古羅馬時期的遺跡上，包括捍衛聖瑪格麗特島安全的哨壁塔(Tour du Rocher)。

鐵面人博物館與皇家堡壘(前海洋博物館Musée de la Mer)的最大看點有三個：勒嘎克(Jean Le Gac)、鐵面人囚室(Cellule du Masque de Fer)以及胡格諾派紀念廳(Mémorial Huguenot)。勒嘎克在保留昔日監獄面貌的空間裡，創作出充滿異國風情的想像，至於鐵面人囚室則可以看見褪色的壁畫中巧妙隱藏了一個小洞，1990年因修復壁畫而發現隱藏其中的紙條，出自一位愛爾蘭囚犯之手，目前展出於胡格諾派紀念廳前方走道的玻璃櫃中。

胡格諾派紀念廳則是17世紀時6位拒絕宣示放棄他們信仰的胡格諾派教徒被秘密囚禁的地方，裡頭有著相關文物展覽。至於海底考古收藏則陳列許多自海底沉船撈起的古羅馬和撒拉遜人(Saracens)遺物，包括鑲嵌畫、壁畫、陶器等。

列航群島Îles de Lérins

MAP　P.9G4

聖歐諾哈島

MOOK Choice

Île St Honorat

歷史悠遠的修道院

🚢 從Quai Laubeuf搭船前往聖歐諾哈島，船程約15分鐘。

聖歐諾哈島渡船

🏛 Planaria - Embarcadère Île Saint-Honorat, Port de Cannes, quai Laubeuf, 06400 Cannes 📞04 92 98 71 38 ⏱ 去程9:00~16:00(週日8:00~16:00)，約1小時一班；回程9:30~16:30(週日8:30~16:30)，約1小時一班。船班依季節略有調動，請上官網查詢。💲 來回全票€18(網路購票€16.5)、65歲以上€16、13~18歲€15、8~12歲€11、4~7歲€8 🌐 www.cannes-ilesdelerins.com

聖歐諾哈修道院

🏛 Île St Honorat, 06400 Cannes 📞04 92 99 54 00 🌐 www.abbayedelerins.com

　　長約1.5公里、寬約400公尺的聖歐諾哈島，是列航群島中繼聖瑪格麗特島後的第二大島，打從西元5世紀開始，這裡就因為僧侶創立了修道院而成為南法重要的宗教中心，據說當時聖歐諾哈希望在這座島上過著隱士般的生活，然而跟隨他的門徒在此成立了教團並興建了一座非常大的修道院。

　　不過修道院的生活並不平靜，因為撒拉遜人不斷前來騷擾，甚至在西元732年時，屠殺了島上包括男修道院長Saint Porcarius在內的眾多僧侶，據說當時的傷亡原本會更加慘重，但因為天使預先警告了Saint Porcarius，才讓部份僧侶提前逃離這場災難。

　　到了中世紀時，因為Raymond Féraud有關聖歐諾哈傳奇一生的文章，讓這座島嶼頓時成為一處熱門的朝聖地，不過後來因為西班牙人和法國人的多番侵略與占領，讓修道院一度在1787年時解散，更於法國大革命後被收歸國有，18世紀末，聖歐諾哈島被女演員Mademoiselle de Sainval買下，成為她的家長達20年的時光。

　　1859年時，Fréjus主教買下了這座島，並重新在此建立了西多會教派(Cistercian)，至今大約還有30位的僧侶居住於此。在島上幾乎遍布葡萄園和植物的環境中，散布著多座小禮拜堂，不過教務教堂(Église Abbatiale)和防禦修道院(Monastère Fortifié)是參觀重點。教務教堂和今日修士們的生活中心是1878年在原本修道院遺跡上重建的結果，至於那座臨海、如今已廢棄的防禦修道院，落成於15世紀，修築了防禦工事的它一度駐軍，以保護教團不受海上入侵者的攻擊。

　　遊客可以爬上防禦修道院，從至高點欣賞附近海域蔚藍的海水和無邊的海岸線，以及今日教堂與修道院宏偉的整體結構。離開島前，除了享受綠意盎然的自然風光外，也別忘了前往修道院附設的商店，買瓶當地修道士親手栽種和釀造的葡萄酒或口味多樣的利口酒，或是蜂蜜等特色產品。

MAP ▶ P.215A2
普羅旺斯小旅店
Da Bouttau Auberge Provençale

🚶 從遊客服務中心步行約8~10分鐘 🏠 10, Rue Saint-Antoine, 06400 Cannes ☎ 04 92 99 27 17 ⏱ 12:00~14:30、19:00~23:00 🌐 dabouttau.com

位於一條通往山頂的小斜坡旁，普羅旺斯小旅店是坎城當地歷史悠久的餐廳，由布托(Bouttau)家族創立於1860年，因此也被稱為「布托餐廳」(Chez da Bouttau)。

150多年前，當尼斯附近的酒農Alexander Bouttau開設這間餐廳時，蘇給還是座擁有防禦工事的城鎮，當時的坎城也還只是個默默無名的小漁村，不過隨著物換星移，坎城蛻變成星光閃閃的城市，但這間餐廳卻依舊維持著鄉野般的氣息，並提供最在地的傳統美食，也因此就連大畫家畢卡索，以及好萊塢明星史恩·康納萊和喬治·克隆尼都曾來訪。

小旅店提供普羅旺斯地區的家常料理，其中不能錯過的是傳統魚湯(Bouillabaisse Traditionalle)、橄欖油蒜泥蛋黃醬(Aïoli)、包捲和普羅旺斯燉牛肉(Daube Provençale)，至於甜點就不能錯過薄餅(Crêpe)。除了單點菜單(Carte)外，餐廳也提供€33~36的午間兩道式套餐(Formules du Midi)和€46的三道式全餐(Menu à 46€)，菜份量都充足，而且烹調美味，絕對讓你得以大快朵頤一番。

MAP ▶ P.215B3 | Riviera Beach

🚶 從遊客服務中心步行約12~15分鐘 🏠 Boulevard du Midi Jean Hibert, 06400 Cannes ☎ 04 93 39 72 20 ⏱ 餐廳夏季12:00~23:00，海灘10:00~18:00 🌐 www.rivierabeach-cannes.fr

這間位在沙灘上的海景餐廳，從充滿開放感的座位中，可以將湛藍閃爍的海洋盡收眼底。主廚使用新鮮漁獲不定期更換菜單，並且結合東西方的風味食材，像是清煎海鱸魚和日本鮭魚卵做搭配，新鮮鮪魚與薄荷、紅蘿蔔、黃瓜、大豆酥混合盛盤，顏色繽紛討喜，也讓味蕾精神一振。此外加入新鮮生牛肉、歐芹、小黃瓜等混合剁碎的傳統韃靼牛肉(Le Tradition)、自製油封鵝肝沙拉前菜(La Gourmande)等，都是主廚推薦的得意之作。

MAP ▶ P.215A2 **Aux Bons Enfants**

🚶從遊客服務中心步行約6分鐘　🏠80 Rue Meynadier, 06400 Cannes　📞07 68 99 17 89　🕐12:00~14:00、19:00~22:00　🌐www.aux-bons-enfants-cannes.com　❗只收現金

餐酒館Aux Bons Enfants無論平假日，隨時都是座無虛席。使用鄰近市場的新鮮食材，提供從祖母開始傳承三代的家族美食，豐盛而不失細膩的美味深受當地人好評。菜單依季節食材隨時更動，包括使用自製朝鮮薊、鵝肝等做成的沙拉前菜，表皮煎得略焦酥、搭配開胃辣醬的牛舌(Langue de Bœuf sauce piquante)等，都是風味地道，同時讓人耳目一新的獨創料理。

MAP ▶ P.215B1 **起司專賣Fromagerie Ceneri**

🚶從遊客服務中心步行約5分鐘　🏠22 Rue Meynadier, 06400 Cannes　📞04 93 39 63 68　🕐8:00~19:00，國定假日8:30~12:30　休週一、1月　🌐fromagerie-ceneri.com

老字號的起司店就位在人潮聚集的梅納迪耶(Meynadier)購物街上，店內販賣數百種各式各樣的法式起司。硬質乳酪像是孔德(Comte)起司，店家會先放在自家倉庫熟成，讓風味更為濃郁，。此外附近農莊生產的羊起司、鑲滿香草、葡萄乾和水果蜜餞的風味起司等，豐富多樣讓人眼花撩亂。

MAP ▶ P.215D3 | **JW Marriott Cannes**

📍從遊客服務中心步行約2分鐘 🏠50 Boulevard De La Croisette, 06414 Cannes ☎04 92 99 70 00 🌐www.marriott.com

位於坎城市區中心位置的JW Marriott Cannes過去是坎城影展的主要會場,後來影展因場地不敷使用才搬到對面的節慶宮。以影星劇照裝飾、充滿時尚感的客房,水晶燈垂墜的挑高大廳,充分展現坎城潮流洗鍊的另一面。影展期間這裡也會成為各種酒會和活動的主場地,吸引無數影迷關注。

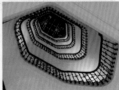

MAP ▶ P.215D3 | **InterContinental Carlton Cannes**

📍從遊客服務中心步行約8分鐘 🏠58 Boulevard de la Croisette, 06414 Cannes ☎04 93 06 40 06 🌐carltoncannes.com/en

位在小十字大道上,建於1911年的坎城洲際卡爾頓飯店(InterContinental Carlton Cannes),是法國的國家歷史建築。銘黃色的典雅外觀,兩側綠色穹頂設計,以及豪華的迴廊和地磚,帶給每位住客不同凡響的尊榮體驗。

這裡也是每年坎城電影節最星光燁燁的地方之一,343間豪華客房接待過來自世界各地的頂級明星,而摩納哥前王妃葛麗絲‧凱莉(Grace Kelly)與國王雷尼爾三世(Rainier III)也是在此相識,寫下灰姑娘與王子的童話故事。

蔚藍海岸⋯⋯坎城 Cannes

MAP ▶ P.215D2 | Hôtel America

📍從遊客服務中心步行約3分鐘　🏠16, Rue Notre Dame, 06400 Cannes　📞04 93 06 75 75　🌐www.hotel-america.com

坐落於火車站和小十字大道之間，緊鄰著坎城熱鬧的市中心，這間以「美國」命名的四星級飯店，雖然沒有豪華氣派的外觀，就連入口也只是一小扇簡單寫著飯店名稱的玻璃門，不過入內後，它迷人的空間設計讓人彷彿置身於一間藝廊。

素雅的接待櫃台面對著一個略顯斑駁的掛鐘，兩張扶手椅為遊人提供歇息的角落。櫃台旁是以一道紗廉隔開的餐廳和休息區，前者裝飾著一整面牆的鏡子，倒映出高掛的吊燈、木桌和舒適的沙發，後者則是一處牆壁上貼著塞滿書籍的書櫃圖案壁紙的空間。同樣大量採用自然色調的還包括客房，房間分為Classique和Superieure兩種，雖然面積不大，但應有盡有，除電視、minibar、Wi-Fi、保險箱等，浴室中還附有大理石浴缸，適合在坎城尋找一處舒適落腳地點的人。

MAP ▶ P.215C2 | Hôtel Splendid

📍從遊客服務中心步行約3分鐘　🏠4, Rue Félix Faure 06400 Cannes　📞04 97 06 22 22　🌐www.splendid-hotel-cannes.com

面對著坎城舊港(Vieux Port)、與節慶宮相互對望，這間開幕於1871年的四星級飯店，是坎城最早開業的飯店。1758年時，這裡原本是列航男修道院院長贈予、打算用來興建一座禮拜堂的地方，不料工程進行了6年後卻喊卡，從未落成的修道院建築在1771年時賣給了來自格拉斯的商人J.F. Bournin後成了香皂工廠，然後又成了旅店，隨著拿破崙和布魯厄姆爵士的到來，以及小十字大道的鋪設，昔日的小旅店逐漸擴張成現在的模樣，並於1944年出現了今日的名稱。

擁有大量裝飾的立面展現出飯店宏偉的氣勢得和悠久的歷史，特別是趁著前方廣場的綠意和後方的藍天，整棟白色的建築更在陽光照射下顯得閃閃發光。62間客房共分為8種房型，其中又以面對舊港的房間最受歡迎，只需踏出陽台，坎城最美的風景便呈現在你的面前，如果這樣還不過癮，夏季時飯店還提供私人海灘，讓你感受蔚藍海岸的度假魅力。

MAP ▶ P.215D2 | Hotel Eden Cannes

📍從遊客服務中心步行約13分鐘　🏠133 rue d'Antibes, 06400 Cannes　📞04 93 68 78 00　🌐www.eden-hotel-cannes.com

四星級的Hotel Eden Cannes位置雖然和主要景點有些距離，但由於就位在主要購物街區，加上離海灘也近，不失為鬧中取靜的選擇。時尚設計的客房空間相當寬敞，館內附設Spa，房客可以免費使用土耳其浴場，讓身心徹底放鬆。

安提布●

安提布
Antibes

文●墨刻編輯部
攝影●墨刻攝影組

安提布的名稱來自古文「Antipolis」，最初是古希臘的貿易港，也是全歐洲最老的海港之一，歷經了幾個世紀的增建，目前的規模主要歸功於17世紀的軍事工程師沃邦(Vauban)所建的主港口，而位在沃邦港的方堡(Fort Carré)，則因曾經囚禁拿破崙而出名。

目前泛稱的安提布其實由三區組成——安提布舊市區、安提布岬及岬角所在的朱翁雷班(Juan-les-Pins)，安提布岬上分布了許多豪宅，藍色的海岸更是驚豔了大師畢卡索，決定到此定居一年。他在1946~1947年間的創作收藏於安提布的畢卡索美術館，為小鎮帶來許多慕名而來的遊客。

INFO

如何前往

◎火車

從尼斯火車站(Nice Ville) 搭乘TER火車，經畢歐火車站(Biot)後直達安提布火車站(Antibes)，車程約26分鐘，約15~30分鐘一班。從坎城火車站(Cannes)搭乘TER火車直達安提布火車站，車程約13分鐘，約15~30分鐘一班。班次、時刻表及票價可上網或至火車站查詢，車票可上網、至火車站櫃台購買，或先於台灣向飛達旅遊購買法國火車通行證(France Rail Pass)並訂購車票。

飛達旅遊
🏠台北市中山區南京東路三段168號10樓之6　☎(02)8161-3456分機2　💬線上客服：@gobytrain　🌐www.gobytrain.com.tw

法國國鐵
🌐www.sncf.com
◎巴士
從尼斯(Nice)市區的Parc Phœnix站搭ZOU經營的620號巴士，途經安提布的Pôle d'Echanges站，最後抵達坎城(Cannes)的Gare SNCF站，從尼斯出發約50分鐘、坎城出發約25分鐘，約15~30分鐘一班。

從尼斯機場第2航廈(NICE Aéroport T2)到安提布的Pôle d'Echanges站可以搭ZOU經營的機場專線82號巴士，車程約30分鐘，約每45~60分鐘一班。
普羅旺斯—阿爾卑斯—蔚藍海岸客運系統ZOU
🌐zou.maregionsud.fr/en
Lignes d'Azur巴士公司
🌐www.lignesdazur.com
尼斯機場專線Nice Airport Express
📞04 13 94 30 50　💲單程€9.4
🌐www.niceairportxpress.com

火車站、巴士站至市區交通
◎從火車站到市區
安提布火車站鄰近市區，步行約10分鐘可達遊客服務中心。或可搭乘免費的Envibus巴士16號到Place Guynemer站，車程約5分鐘。
◎從巴士站到市區
安提布巴士總站(Gare Routière)位於市區內，大部分景點皆步行可達。從Lignes d'Azur經營的200號巴士Pôle d'Echanges站徒步到市區約5分鐘。

市區交通
可免費搭乘Envibus的A、B、14、15、16號巴士，但需事先換取車票，可到櫃檯辦理(需支付€5的開卡費)或直接使用APP換票。在APP選購Pass navette centre-ville就可以領取0元車票。
Envibus巴士公司🌐www.envibus.fr

旅遊諮詢

安提布遊客服務中心
Office de Tourisme d'Antibes Juan-les-Pins
🎵從安提布火車站步行約5分鐘。　🏠Place Guynemer – 06600 Antibes　☎04 22 10 60 10 #1　🕐12~3月週一至週六9:00~12:30、13:30~17:00，週日9:00~13:00；4~6及9月週一至週六9:30~12:30、14:00~18:00，週日9:00~13:00；7~8月9:00~19:00。　🚫1月和11月的週日
🌐www.antibesjuanlespins.com

蔚藍海岸……

安
提布 Antibes

227

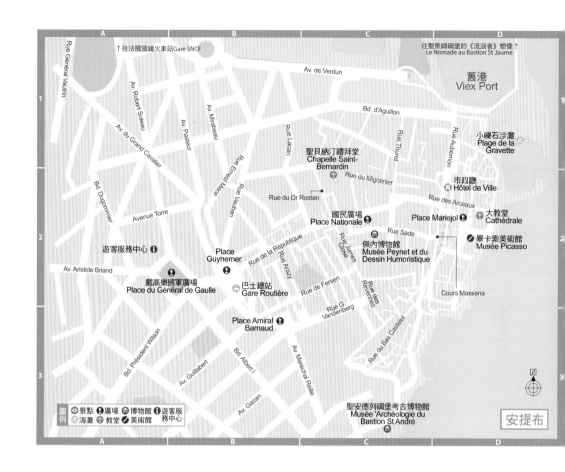

往法國國鐵火車站Gare SNCF ↑

往聖焦姆碉堡的《流浪者》塑像 ↑
Le Nomade au Bastion St Jaume

舊港
Viex Port

Av. de Verdun

Bd. d'Aguillon

小礫石沙灘
Plage de la Gravette

Rue Général Vautrin

Av. Robert Soleau

Av. Mirabeau

Av. Pasteur

Av. du Grand Cavalier

Rue Lacan

Rue Thuret

Rue Auberron

Rue Ernest Macé

聖貝納汀禮拜堂
Chapelle Saint-Bernardin

Rue du Migrainier

市政廳
Hôtel de Ville

Bd. Dugommier

Rue Vauban

Rue du Dr Rostan

Rue des Arceaux

Avenue Torre

國民廣場
Place Nationale

Place Mariejol

大教堂
Cathédrale

遊客服務中心

Place Guynemer

Rue de la République

Rue Arazy

Rue James Close

Rue Sade

佩內博物館
Musée Peynet et du Dessin Humoristique

畢卡索美術館
Musée Picasso

Av. Aristide Briand

戴高樂將軍廣場
Place du Général de Gaulle

巴士總站
Gare Routière

Rue de Fersen

Rue des Revennes

Cours Massena

Place Amiral Barnaud

Rue G Vandenberg

Rue du Bas Castelet

Bd. Président Wilson

Av. Guillabert

Bd. Albert I

Av. Maréchal Reille

Av. Gazan

聖安德列碉堡考古博物館
Musée 'Archéologie du Bastion St André

安提布

圖例　◎景點　⬤廣場　🏛博物館　ℹ遊客服務中心　🏖海灘　⛪教堂　🖼美術館

Where to Explore in Antibes
賞遊安提布

MAP ▶ P.228D2

畢卡索美術館

MOOK Choice

Musée Picasso

擁抱畢卡索的靈感泉源

🚶 從遊客服務中心步行前往，約15分鐘可達。 🏠 Château Grimaldi, Place Mariejol, 06600 Antibes 📞 04 92 90 54 26 🕐 6/15~9/15週二至週日10:00~18:00，9/16~6/14週二至週日10:00~13:00、14:00~18:00 ❌ 週一、1/1、5/1、11/1、12/25 💲全票€8、優待票€6、18歲以下免費 🌐 www.antibes-juanlespins.com/sorties-loisirs/antibes-ville-de-culture/les-musees/le-musee-picasso ℹ 也可購買安提布美術館通行證(Le Pass Musées d'Antibes Juan-les-Pins)€10，含佩內博物館、畢卡索美術館、考古博物館及Fort Carré

　1920年代，畢卡索初抵此地，就因安提布美

麗而湛藍的海岸線感到驚艷，於是畫下了《安提布夜釣》(Pêche de nuit à Antibes)。1946年，當他帶著新戀人法蘭西瓦絲(Fran oise Gilot)再度回到此地時，原本打算住在附近的朱翁灣(Golfe Juan)，但格里馬迪堡(Château Grimaldi)的管理者，也就是藝術館的負責人，早已為當時赫赫有名的畢卡索準備好工作室，於

MAP P.228A2,D2

舊城區
Le Vieil Antibes
小鎮生活的日常脈動

從遊客服務中心步行前往，約5~10分鐘可達。
普羅旺斯市場Marché provençal
Cours Masséna, 06600 Antibes 9~5月週二至週日6:00~13:00、7~8月每日6:00~13:45 9~5月週一
安提布大教堂
Rue du Saint-Esprit, 06600 Antibes 04 93 34 06 29
www.paroisse-antibes.fr

安提布的舊市區面積不大，可以步行的方式輕鬆遊覽，從遊客服務中心來到不遠處的Place Guynemer，後沿著共和國路(Rue de la République)前進，就算深入舊市區的範圍。共和國路是安提布的主要商業街道，兩旁分布著許多販賣普羅旺斯風格家飾的商店、餐廳和咖啡館，特別是國民廣場(Place Nationale)，可說是舊市區的小核心。

拜訪舊市區最佳的方式，就是穿梭在它迷人的小巷中，欣賞居民在自家門前及窗間費心地以各類花草裝飾的米黃色石砌建築，此外，還可以前

往位於馬塞納中庭(Cours Masséna)的普羅旺斯傳統市場(Marché Provençal)，體驗當地每天早上猶如節慶般熱絡的氣氛，乳酪、鮮花、魚類和海鮮、蔬菜、水果、甚至來自科西嘉的商品……沿著市場旁的Rue Chessel往上走，可以來到安提布的大教堂(Cathédrale)，這座教堂的前身曾於1124年時被撒拉遜人摧毀，後來經過多次重建和整修，直到18世紀才出現今日的面貌。羅馬式的建築結構，大門上裝飾著1710年時安提布當地藝術家Joseph Dolle 雕刻的Saint Roch和Saint Sébastien雕像，這兩位聖徒都是安提布的守護者。

是這位大師便因此定居下來。
畢卡索在短短旅居安提布的一年內，就創作了60餘幅畫作，離開時為了表達感激之意，他把自己在安提布創作的畫作全都捐贈給藝術館，其中最有名的畫作要屬《生之喜悅》(La joie de vivre)：站在中央的法蘭西瓦絲化身跳舞的酒神女祭司，畢卡索自己則成了吹笛的半人馬怪物，

一旁還圍繞著快樂地演奏樂器的農牧神和森林之神。
除了素描及油畫之外，美術館內還展示了畢卡索在瓦洛希(Vallauris)創作的陶器。此外，館內還收藏另一位俄國畫家Nicholas de Stael的作品，他在1955年的夏季來到安提布，並留下許多有關海洋、船隻以及燈塔的創作。

蔚藍海岸… 安 提布 Antibes

229

MAP ▶ P.228C2

佩內博物館

MOOK Choice

Musée Peynet et du Dessin Humoristique

象徵愛情的甜蜜戀人

🚶從遊客服務中心步行約8分鐘 📍Place Nationale, 06600 Antibes ☎04 92 90 54 30 🕐11~3月10:00~17:00，4~10月10:00~12:50、14:00~18:00 🚫週一、1/1、5/1、11/1、12/25 💰全票€3、優待票€1.5、18歲以下免費 🔗www.antibes-juanlespins.com/sorties-loisirs/antibes-ville-de-culture/les-musees/le-musee-peynet-et-du-dessin-humoristique ❗也可購買安提布美術館通行證(Le Pass Musées d'Antibes Juan-les-Pins)€10，含佩內博物館、畢卡索美術館、考古博物館及Fort Carré

以一對戀人插畫聞名的佩內(Raymond Peynet)1908年誕生於法國巴黎，15歲時進入應用美術學校就讀，後來在廣告公司上班，展開他設計香水標籤、禮物盒以及各種廣告的人生。為了賺取更多的收入，他替巴黎多家報章雜誌繪製插圖和漫畫，1942年時，在某次等待與人會面的過程中，他坐在一張面對音樂表演亭的長椅上，誕生了日後風靡法國甚至日本的「佩內戀人」(Les Amoureux de Peynet)最初的形象：留著長髮的小提琴手

和聆聽他的仰慕者。佩內戀人的魅力橫掃全國，甚至出現了圍巾、玩偶、書籍、獎牌甚至雕像，他們成了「愛情」最佳的代名詞。

佩內曾經在安提布住過很長一段時間，1989年在當地市政府的發起下創立了這間博物館，收藏了佩內超過300件包括石板畫、粉彩畫、墨水畫、銅版畫、瓷器、玩偶等作品，展現了他60年的豐富創作歷程，此外還有一座誕生「佩內戀人」的音樂表演亭的模型。博物館的後半部則主要展示其他幾位替報章雜誌繪製諷刺畫的漫畫家作品，包括Plantu、Dubout、Blachon、Moisan等人的作品。

MAP ▶ P.228D1

聖焦姆碉堡

Bastion St Jaume

凝視古蹟的現代藝術

🚶從遊客服務中心步行約15~20分鐘 📍Quai Henri Rambaud, 06600 Antibes 🕐9~5月10:00~18:00，6~8月10:00~23:00 🚫週一 🔗www.antibes-juanlespins.com/sorties-loisirs/un-patrimoine-vivant/le-bastion-st-jaume

從畢卡索美術館前方沿著海邊往沃邦港(Vieux Vauban)的方向走，在小礫石沙灘(Plage de la Gravette)前爬上位於城牆上方的步道走到底，就會來到聖焦姆碉堡。

沃邦港從古羅馬時期開始就是一座天然良港，路易十四的軍隊工程師為它興建防禦設施。這座昔日原本容納了一座神殿和禮拜堂的防禦

塔，在17世紀時被摧毀殆盡，後來成為造船所，充滿傳奇色彩的電影製作人、研究員兼發明家Jacques-Yves Cousteau航遍世界各大洲的卡利普索號(Calypso)正是誕生於此，不過造船廠也在1985年時結束營業。

如今，這處空間經過整修，恢復了昔日遺跡的面貌，也成了當地居民熱愛的賞景處。由西班牙加泰隆尼亞現代藝術家Jaume Plensa創作的巨型雕塑《流浪者》(Nomade)高達8公尺，以漆成白色的不鏽鋼字母拼組而成，因為Jaume Plensa認為字母有建構的潛力，它們讓我們建立了思想。

畢歐●

畢歐
Biot

文●墨刻編輯部
攝影●墨刻攝影組

位在安提布和尼斯之間的畢歐，是一座靜謐而乾淨的海岸小鎮，雖然畢歐建城的起源可追溯到西元前154年，但它現在卻是蘇菲雅高科技園區(Sophia Antipolis)的計畫城市之一。

畢歐雖小，卻是藝術家的薈萃之地，或許因為這裡的藍色海岸線實在太美，才會激發出那麼多的靈感泉源。除了現代藝術大師雷捷(Fernand Léger)的美術館位於此地，畢歐又以玻璃創作聞名，自從墨諾得(Eloi Monod)在此創設了「畢歐玻璃工廠」(La Verrerie de Biot)，催生了多位著名的玻璃工匠，而畢歐工廠獨創的「泡泡」玻璃杯，更成為他們引以為傲的專利，說畢歐是歐洲的玻璃之都一點也不為過。

現存的畢歐舊城是15世紀時義大利翁訥里亞家族(Onéglia)重建的結果，行政上屬於普羅旺斯的範圍，因此南方常用的普羅旺斯語也在此流通，比方說法文裡的石榴樹(Grenadier)，普羅旺斯人則稱之為「Migraniers」。也因為普羅旺斯語在畢歐保存完整，因此許多路名仍沿用方言，像是荷瓜洛路(Rue de la Regouaro)的「荷瓜洛」(Regouaro)，就是法文中「跌倒」(Tomber)的意思。

INFO

如何前往

◎火車

從尼斯火車站(Nice Ville)搭乘TER火車直達畢歐火車站(Biot)，車程約22分鐘，約15~30分鐘一班。從坎城火車站(Cannes)搭乘TER火車，經安提布火車站(Antibes)後直達畢歐火車站(Biot)，車程約17分鐘，約15~30分鐘一班。班次、時刻表及票價可上網或至火車站查詢，車票可上網、至火車站櫃台購買，或先於台灣向飛達旅遊購買法國火車通行證(France Rail Pass)並訂購車票。

飛達旅遊
⌂台北市中山區南京東路三段168號10樓之6
☎(02) 8161-3456分機2
○線上客服：@gobytrain
🌐www.gobytrain.com.tw

法國國鐵
🌐www.sncf.com

◎巴士

從尼斯(Nice)的Parc Phoenix站搭ZOU經營的602號巴士，途經卡納須梅(Cagnes sur Mer)的Square Bourdet站、畢歐的Biot Gare站、安提布的Pôle d'Echanges站，最後抵達坎城的Gare SNCF站，車程尼斯出發約50分鐘、卡納須梅出發約15分鐘、安提布出發約10分鐘、坎城出發約50分鐘，約15~30

分鐘一班。抵達Biot Gare站後需轉乘Envibus經營的10號巴士方能抵達畢歐遊客服務中心及舊城區。

　　從安提布的Pôle d'Echanges站搭Envibus經營的10號巴士前往Biot Village站，車程約25分鐘，約25~45分鐘一班，票價€1.5(APP購票€1)，可向司機購票。班次、時刻表及票價可上網查詢。

普羅旺斯—阿爾卑斯—蔚藍海岸客運系統ZOU
🔗zou.maregionsud.fr/en

Lignes d'Azur巴士公司
🔗www.lignesdazur.com

Envibus巴士公司
🔗www.envibus.fr

火車站、巴士站至市區交通
　　從畢歐火車站搭Envibus經營的10號巴士，前往Biot Village站，車程約10分鐘，約25~45分鐘一班。

市區交通
◎步行
　　畢歐舊城內大部分景點皆徒步可達，前往菲南德雷捷國家美術館和畢歐玻璃工廠則必須搭乘巴士。

旅遊諮詢

畢歐遊客服務中心
Office de Tourisme Biot
🚌從巴士10號線Biot Village站徒步5分
📍4 chemin neuf, 06410 Biot
☎04 93 65 78 00
🕐10~5月週一至週五9:30~12:30、13:30~17:00，週六11:00~17:00；6~9月週一至週五9:30~12:30、13:30~18:00，週六至週日及國定假日11:00~17:00；7~8月週一至週五9:30~18:00、週六

畢歐

遊客服務中心　Musée d'Histoire et de Ceramique Biotoise
Place de Gaulle　　Restaurant des Arcades
Place des Arcades　　畢歐大教堂 Eglise Sainte-Marie-Madeleine de Biot

舊城區 Vieux Village

圖例 ◉景點 ❺廣場 ✚教堂 🏛博物館 🍴餐廳
往畢歐玻璃工廠、菲南德雷捷美術館➘

Envibus購票指南
　　建議可以下載Envibus Ticket的APP，購票更簡單快速！進入APP後點選「Buy Tickets」購票，點開「TICKETS」選擇想要的票券：單程票(Ticket Unitaire)、1日券(Pass journée)、10張套票(Pass 10 Voyages)，接著點開購物籃輸入信用卡號就可以了。「My tickets」會顯示車票數量，上車時點開「Scan to activate」掃描車上的QR code就完成驗票了。

至週日及國定假日11:00~17:00
🚫1/1、5/1、12/25
🔗www.biot-tourisme.com

MAP ▶ P.232

舊城區

MOOK Choice

Vieux Village
追憶陶城的發跡歷史

🚶 從遊客服務中心步行約5~8分鐘 ❶ 舊城區或是玻璃工廠的導覽行程，可洽詢遊客服務中心。

　　循著「Vieux Village」的指標，就能自行遊覽畢歐的舊城區。現存的城牆，由15世紀的義大利翁訥里亞家族(Onéglia)所建，深色的牆磚來自火山石，淺色的磚牆則取自河裡。Rue Saint-Sébastien是是主要的商業街，有多家餐廳、咖啡廳、畫廊和工作室，舊城區的中心從這條路的盡頭開始，就在畢歐歷史與陶藝博物館(Musée d'Histoire et de Céramique of Biot)之後。

　　陶街(Rue de Tines，普羅旺斯語，法文的「Tine」是木桶的意思)是畢歐最出名的一條街道，因為街道盡頭那座彎彎的樓梯，經常成為畫家創作的題材，陶街所保留的城門(Porte de Tines)則是畢歐城僅剩的兩座門之一，從15世紀保存至今，如今依舊可見昔日居民在此洗衣服的遺跡。陶街的出現和當地的製陶工廠有著密不可分的關係，在本地出產的陶甕底部，都可以找到

BIOT字樣的鉛印。

　　舊城區另一亮點就是進駐在這個小鎮的藝術家們，走在路上可以看到在埋頭創作的畫家，或是在自己的小店鋪前和路人或鄰居聊天。看到有趣的作品，不妨走入店內看看，藝術家們都非常樂意和你介紹，即使最後沒有買東西，離開時感覺就像新交了一個朋友。

　　走在畢歐的舊城小道裡，最需要的就是一雙舒適的鞋，因為整座小鎮起起伏伏，某些路段還有陡坡。要留意的是，舊城區裡大部分還是私人住宅，在遊覽的同時不要大聲喧嘩。

畢歐歷史與陶藝博物館
Musée d'Histoire et de Céramique Biotoises

🏠 9, rue Saint-Sébastien, 06410 Biot 📞 04 93 65 54 54 🕐 10~6月14:00~18:00、7~11月10:00~18:00 🚫 週一、週二、1/1、5/1、12/25 💲 全票€4、優待票€2，16歲以下免費。🔤 musee-de-biot.fr

　　畢歐歷史與陶藝博物館所在建築前身是十六世紀的醫院及教堂，透過照片、檔案、大大小小的陶甕及陶藝品，將畢歐的歷史娓娓道來。博物館1樓不時會舉辦當代陶瓷藝術的展覽，而2樓復原了19世紀的傳統廚房，展示製陶和當時的生活密不可分。

　　畢歐製陶業最擅長的就是儲存食品的大型罐子，自16世紀以來，上千個罐子從安蒂布港運往整個地中海盆地，甚至到印度和美洲。畢歐出品的陶罐大受歡迎是因 這裡的黏土含有豐富的氧化鐵和錳，具有良好的結合性、易捲繞

塑形以及耐高溫，讓陶罐非常堅固耐用，還可以長期保存食品的良好狀態。

蔚藍海岸⋯⋯ 畢歐 Biot

Les Arcades

📍14／16 Place des Arcades 06410 Biot ☎04 93 65 01 04
休週一、週日晚上 🌐www.hotel-restaurant-les-arcades.com

Les Arcades是一家擁有12間客房的民宿，也是一家傳統的普羅旺斯餐廳。1952年由André Brothier創立，位於畢歐小鎮的中心，開業以來吸引許多當地藝術家前來，用餐和住宿的同時也留下了許多藝術品，為溫馨的家庭餐廳增添滿滿的藝術氣息。

如今飯店主要由Jean-Marc Brothier接手，憑藉在飯店業的多年經驗，將民宿和餐廳打理的有聲有色。而廚房由Brothier家族的大家長Mimi掌管，為Les Arcades提供道地的普羅旺斯家常菜。據說她喜歡用自己的喜好詮釋傳統料理，客人有異議的話可能會被叫到廚房去，驗證她的廚藝是無可指摘的。

Les Arcades提供€35的午晚套餐，包含前菜、主菜和甜點。吃飽後別忘了到地下室去看看，這裡展示了André Brothier的私人收藏，包括Jean-Michel Folon、Victor Vasarely、Fernand Léger等藝術家的眾多作品，說不定會發現意外的驚喜。

MAP ▶ P.235B1

菲南德雷捷國家美術館
Musée National Fernand Léger

追憶陶城的發跡歷史

🚌 從遊客服務中心步行約30分鐘；從安提布的Pôle d'Echanges站、Biot Gare站或Biot Village站搭乘Envibus10號巴士於St-Pierre站下，步行約5分鐘 📍Chemin du Val de Pome, 06410 Biot ☎04 93 53 87 20 🕐5~10月10:00~18:00、11~4月10:00~17:00 休週二、1/1、5/1、12/25 💰展覽期間全票€7.5、優待票€6，非展覽期間全票€5.5、優待票€4 🌐www.musee-fernandleger.fr

位在畢歐的菲南德雷捷國家美術館，收藏了雷捷完整的作品，這種僅以個人為名的國家美術館，在全法只有33間，或者說，如果不是數一數二的大師，像是夏卡爾或是畢卡索，根本無法維持一間獨立美術館的規模。

菲南德‧雷捷(Fernand Léger)是20世紀最偉大的現代藝術家之一，在這間美術館裡，可以觀察到雷捷的畫風轉變，從早期受塞尚影響，到1950年代極欲表達歷史使命的畫作都收藏其中，而最能夠代表雷捷的，還是他1912年的《形式的對比》(Contrastes de formes)系列畫作，呈現了畫家想擺脫立體派抽象藝術的決心，還有1923年的《大拖船》(Le Grand Remorqueur)，豐富的色彩傳達了畫家的創作理念─直接了當比哲學語言更重要。

雷捷美術館是由他女兒納迪雅(Nadia Léger)在1960年創立的，然後在1967年捐獻給法國政府。納迪雅的夫婿是俄國人，因此美術館的建築就有俄國的風格，正面入口的馬賽克拼畫非常令人印象深刻，還有樓梯間名為《結構》(Composition)的彩繪玻璃也很精采，可以看出納迪雅在打造這座美術館時，除了費心收集許多雷捷的重要作品，也和某些藝術家合作，試圖透過拼畫、玻璃及地毯等不同素材呈現雷捷的創作精華。

MAP ▶ P.235A1

畢歐玻璃工廠
La Verrerie de Biot
代表畢歐的出色工藝

🚶 從遊客服務中心步行約15分鐘，或搭車約3分鐘。🏠 Chemin des Combes, 06410 Biot ☎04 93 65 03 00 🕐夏季週一至週六10:00~19:00，週日及國定假日10:30~13:30、14:30~19:00；冬季週一至週六10:00~18:00，週日及國定假日10:30~13:30、14:30~18:00 🚫1/1、1/15~1/27、12/25 🌐www.verreriebiot.com

自從1961年，墨諾得(Eloi Monod)創設了畢歐玻璃工廠，畢歐便成為製造歐洲玻璃工藝品的大本營，更有許多著名的玻璃工匠出身於此，像是格拉斯的香水瓶和普羅旺斯的香精油瓶，通常都產自本地。經過40多年的發展，現在的畢歐玻璃工廠每年生產10種顏色、200多種造型的玻璃製品，而號稱畢歐工廠靈魂的「泡泡」玻璃杯，更成為他們自豪的專利。

畢歐工廠所生產的玻璃藝品全為人工吹製，加上玻璃製作的過程耗損率很高，因此價格不菲。在工廠內可看到玻璃的製造過程，從取材、取模吹製、加熱、到造型，最後成型的玻璃必須經過2小時的500℃燒製，再經過6~7小時的降溫，成品才能出爐。目前畢歐工廠的專職師傅約有10位，平均要經過10年以上的學徒訓練才能成師，由於玻璃的吹製過程多在800℃高溫下進行，因此辛勞的師傅們都穿著短袖短褲工作，畢歐工廠為了鼓勵師傅們創作，除了接受工廠的一般訂單，他們也可在下班後利用工廠的材料自行創作，售出的玻璃藝品部分收益歸個人所有。

玻璃的顏色主要是來自礦物的高溫加色，受限於銅鐵的種類，目前可以調出的玻璃顏色約有10種，畢歐工廠將10種顏色的產品分成一年進行，平均一個月生產一種顏色。其中，最受人注目的顏色是波斯藍(Persian Blue)，因為這是畢歐工廠為前美國第一夫人、後嫁給希臘船王的賈桂琳‧甘迺迪‧歐納西斯(Jacqueline Kennedy Onassis)所作的專用色，在她過世之後才得以公開。而畢歐專利的「泡泡」玻璃杯和「泡泡」器皿，造型漂亮、功能多樣，但也因為價格不菲，因此工廠特別發展了塑膠製的泡泡杯。

蔚藍海岸⋯⋯畢歐Biot

瓦洛希
Vallauris

文●墨刻編輯部
攝影 ●墨刻攝影組

緊鄰安提布的瓦洛希，是一座人口不過約30,000人的城鎮。儘管發跡得很早，其最初歷史可回溯到西元前19世紀，一支羅馬軍團在海拔高度約250公尺的山丘設立了據點。然而這座小鎮原本並不起眼，不過是當地的製陶村，卻因1948年時畢卡索的到來而聲名大噪！

這位大師在此居住了長達7年的時間，創作了許多知名的雕塑與繪畫，其中特別是收藏於今日畢卡索國立博物館的《戰爭與和平》，此外更發展出個人對於陶器以及地氈浮雕版畫(linocut)的熱情，也因此為當時正面臨衰退的瓦洛希製陶業，帶來了一場文藝復興運動。許多當地居民紛紛投入陶藝創作之中，也誕生了許多如Roger Capron和Charles Voltz等知名

陶藝家，整座小鎮洋溢的欣欣向榮氣氛，更因此吸引了各方名人前來。

儘管今日畢卡索已不在人世，不過在瓦洛希的街頭巷尾依舊經常可見他在當地生活時留下的巨幅照片印刷，許多藝術家也選擇在此設立博物館和藝廊，其中包括當地的榮譽市民尚・瑪黑(Jean Marais)。或許，在今日製陶業仍難以避免逐漸沒落的年代，平日的瓦洛希散發出些許的蕭索感，不過許多藝廊和製陶工坊仍錯落於舊城區的街道中，或展現它們的創意，獲延續過往的傳統。

INFO

如何前往
◎火車
　　從尼斯火車站(Nice Ville) 搭乘TER火車，直達瓦洛希火車站(Gare Golfe Juan Vallauris)，車程約35分鐘，約30分鐘一班。從坎城火車站(Cannes)搭乘TER火車直達瓦洛希火車站(Gare Golfe Juan Vallauris)，車程約6分鐘，約30分鐘一班。班次、時刻表及票價可上網或至火車站查詢，車票可上網、至火車站櫃台購買，或先於台灣向飛達旅遊購買法國火車通行證(France Rail Pass)並訂購車票。
飛達旅遊
台北市中山區南京東路三段168號10樓之6　(02)

8161-3456分機2　線上客服：@gobytrain
www.gobytrain.com.tw
法國國鐵
www.sncf.com
◎巴士
　　從尼斯(Nice)市區的Parc Phœnix站搭ZOU經營的620號巴士，直達瓦洛希(Vallauris)的Square Nabonnand站、最後抵達坎城(Cannes)的Gare SNCF站，車程尼斯出發約1小時20分鐘、坎城出發約25分鐘，約15~30分鐘一班。

　　從尼斯機場第2航廈(NICE Aéroport T2)可搭ZOU經營的機場專線82號巴士，到末站瓦洛希的Parking du 8 Mai 1945站，車程約1小時，約每45~60分鐘一班。

　　從坎城的Boulevard Alsace站搭Envibus經營的18號巴士，前往瓦洛希的Place Cavasse站，車程約25分鐘，約30分鐘一班。

Envibus購票指南

　　建議可以下載Envibus Ticket的APP，購票更簡單快速！進入APP後點選「Buy Tickets」購票，點開「TICKETS」選擇想要的票券：單程票(Ticket Unitaire)、1日券(Pass journée)、10張套票(Pass 10 Voyages)，接著點開購物籃輸入信用卡號就可以了。「My tickets」會顯示車票數量，上車時點開「Scan to activate」掃描車上的QR code就完成驗票了。

　　從安提布(Antibes)的Place Guynemer站搭Envibus經營的5號巴士，前往瓦洛希的Place Cavasse站，車程約25分鐘，一天約6班。

　　Envibus單程票€1.5(APP購票€1)，可向司機購票

班次、時刻表及票價可上網查詢。

普羅旺斯─阿爾卑斯─蔚藍海岸客運系統ZOU
🔗zou.maregionsud.fr/en

Lignes d'Azur巴士公司
🔗www.lignesdazur.com

尼斯機場專線Nice Airport Express
☎04 13 94 30 50　💲單程€9.4　🔗www.niceairportxpress.com

Envibus巴士公司
🔗www.envibus.fr

火車站、巴士站至市區交通

◎從火車站到市區

　　瓦洛希火車站距離瓦洛希的遊客服務中心約2公里，距離瓦洛希城堡博物館約3公里，可於車站前搭巴士計程車前往。

◎從巴士站到市區

　　瓦洛希舊城區內有多個巴士站，其中最方便的是Place de la Libértation，由此可步行前往主要景點。

市區交通

◎步行

　　瓦洛希舊城區內大部分景點皆徒步可達

旅遊諮詢

瓦洛希遊客服務中心
Office de Tourisme de Vallauris

🚶從自由廣場(Place de la Libértation)步行約1分鐘
🏠4 Avenue Georges Clemenceau, 06227 Vallauris
☎04 93 63 18 38
🕐10~5月9:00~12:00、13:00~17:00，6~9月9:00~12:30、13:30~18:00
🔗www.vallaurisgolfejuan-tourisme.fr

MAP ▶ P.237A1,A2

舊城區
La Vieille Ville
沿途妝點陶藝巧思

🚶 從遊客服務中心步行約1分鐘

瓦洛希的發展和安提布有著密不可分的關係，西元1038年時，安提布的統治者將它送給了列

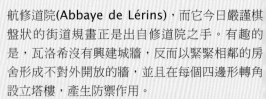

航修道院(Abbaye de Lérins)，而它今日嚴謹棋盤狀的街道規畫正是出自修道院之手。有趣的是，瓦洛希沒有興建城牆，反而以緊緊相鄰的房舍形成不對外開放的牆，並且在每個四邊形轉角設立塔樓，產生防禦作用。

所謂的舊城指的是北邊的Rue Haute和南邊的Rue Clément Bel之間的區域，在這些巷弄裡引身著許多藝廊和工作坊，穿梭其間不但可以看見每塊都不同且色彩繽紛的陶藝路牌外，許多房舍的牆壁也都也不少可愛的陶藝裝飾。

《男人與羊》廣場Place de l'Homme au Mouton

舊城東邊的廣場以畢卡索的同名雕像命名。《男人與羊》創作於1945年，當時畢卡索還沒有搬到瓦洛希，他在1949年時將雕像送給瓦洛希並親自選定了放置的地點。對畢卡索來說這是他的傑作之一，也是他作品中罕見以男性為主角的雕塑，有人認為該作品投射出異教信仰中抱著公羊的農牧神Hermès，以及基督教義中「好牧人」的主題，但畢卡索加以駁斥，他說這件作品展現的是他面對戰爭時的人道主義精神，身為受難象徵的羔羊，來自於他的悲憫態度。

慈悲禮拜堂Chapelle de la Miséricorde

📍Place Jules Lisnard, 06220 Vallauris ☎04 93 64 58 24

廣場旁聳立著聖安教堂(Église Ste Anne)，巴洛克風格的它落成於1882年，取代了原本位於鄰角的前教務教堂和聖貝納汀禮拜堂(Chapelle St Bernardin)。不過如果要欣賞當地的宗教建築，位於舊城西南角的慈悲禮拜堂會是更好的選擇。

完工於1664年，外觀簡單的它歷經幾個世紀的整修，原本擁有大量巴洛克式裝飾的內部，如今只剩下以粉是灰泥妝點線條輪廓的祭壇和祭壇屏保存下來，木頭材質的祭壇屏被漆成仿大理石的模樣，擁有四幅分別描繪《卸下聖體》(Descente de Croix)、《St Blaise》、《St Fran ois de Sale》和《三位一體為聖母加冕》(Couronnement de la Vierge par la Trinité)的

畫作，該禮拜堂如今成藝術家舉辦特展以及瓦洛希陶藝國際雙年展(Biennale Internationale de Céramique d'Art)的場所。

MAP ▶ P.237B1

MOOK Choice

瓦洛希城堡博物館

Château Musée de Vallauris

瓦洛希的鎮城之寶

🚶 從遊客服務中心步行約1分鐘；或搭8號和18號巴士在Place de la Libération站下車即達。 🏛 Place de la Libération, 06220 Vallauris 📞 04 93 64 71 83 ⏰ 9月中~6月10:00~12:15、14:00~17:00、7~9月中10:00~12:30、14:00~18:00 ❌ 週二、1/1、5/1、11/1、11/11、12/25 💶 全票€6、優待票€3，18歲以下免費 🌐 musees-nationaux-alpesmaritimes.fr/picasso

在《男人與羊》廣場旁緊鄰著一座小廣場，廣場中央立著一組獻給大戰傷亡者的紀念碑，這裡正是自由廣場(Place de la Libération)。紀念碑的後方有一棟擁有堡壘的建築，它是昔日列航修道院興建的瓦洛希城堡(Château de Vallauris)，也是蔚藍海岸當地罕見的文藝復興式建築，如今內部改設博物館，分別為畢卡索國立博物館(Musée National Picasso)、馬涅里博物館(Musée Magnelli)和陶瓷博物館(Musée de la Céramique)。

畢卡索國立博物館坐落於城堡內的12世紀古羅馬禮拜堂中，雖然名為國立博物館，但裡頭其實只收藏了一件畢卡索的作品《戰爭與和平》(Le Guerre et La Paix)，完成於1952年。《戰爭與和平》由三幅畫構成，面對展覽廳的左手邊為「戰爭」場景，右手邊代表「和平」，中央則是「世界的四個部份」——以四個不同顏色的人

種環繞、高舉著象徵和平的鴿子圖案。在創作這件作品之前，畢卡索是先繪製了大約300份的草圖，因而得以在那年的4~9月間以短短半年的時間，完成這幅巨作。

這是畢卡索生平最後一幅具政治批判意味的畫作，他從「戰爭」開是著手，圖中披上戰甲和馬鞍的戰馬，由一位頭上長角、手持武器的「人」駕馭，他的背上背著成堆的骷顱頭，其他的人物充滿威嚇的姿態，以陰影的方式出現在畫面中央的背景中，站在他們最前方的，是一位僅僅手持正義天平和鴿子盾牌且全身赤裸的人，他以無畏的姿態對抗那些野蠻的入侵者。

「和平」的右邊在一片色彩靜謐的庭園中有四位正靜靜從事各自活動的人們，哺乳的母親和結實累累的果樹展現的寬厚和豐饒，都和「戰爭」形成強烈對比。一旁大片的藍色象徵海洋，在田野間工作的白馬、在農神演奏的音樂下翩然起舞的女子、甚至倒置的籠中之魚和缸中之鳥……都展現了無窮喜悅的場景。

至於馬涅里博物館則收藏義大利畫家、同時也是抽象主義先鋒Alberto Magnelli的畫作，二次大戰期間他曾避居格拉斯長達30年的時間，這些作品都是在他活著時收集而成的，特別能展現他的個人風格。陶瓷博物館則把重點放在古往今來的瓦洛希陶瓷藝術成果上，展現出不同的風貌，其中也包括陶藝雙年展的作品。

格拉斯

格拉斯
Grasse

文●墨刻編輯部
攝影●墨刻攝影組

位於海拔300~400公尺的格拉斯，距離坎城和尼斯兩大城非常近，從格拉斯往南15公里就是坎城，往東開車30分鐘就到尼斯，清新的空氣和花香，讓它成為南法的避暑勝地。

格拉斯位於地中海和阿爾卑斯山南坡之間，氣候非常適合製作名貴香水的花卉生長，如玫瑰、茉莉和紫羅蘭。從16世紀起，格拉斯就是香水重鎮，香奈兒5號(Chanel No.5)、克莉絲汀‧迪奧(Christian Dior)、羅佳斯(Rochas)等名聞國際的香水，就是出自這個小鎮。在1975年的極盛時期，格拉斯有2,000多位花農，後來由於法國香水工業轉以製造人造香味的香水為主，花農數量大不如前，但格拉斯還是穩坐世界香水首都的寶座。

格拉斯香水工業的起源要從皮革業說起，水源豐沛的格拉斯，自12世紀起就一直是皮革業的重鎮，17世紀的時候，受到義大利及西班牙時尚的影響，工廠研發出香水皮革及香味皮手套，使得皮革在貴族仕女間更受歡迎。到了18世紀，格拉斯皮革業受到重稅的衝擊，經濟型態逐漸從皮革轉向香水，並為了和巴黎香水業競爭，格拉斯的工廠將原料採集、製造、研發都採專化經營，逐漸將格拉斯的香水業推向高峰。

除了香水業，格拉斯也是古意盎然的小鎮，結合了義大利熱內亞貴族及普羅旺斯鄉村的建築，加上昔日興盛一時的皮革業商人遺跡，走在石板街上，不難想像當年小鎮的風華。每年5月的玫瑰花節及8月的茉莉花節，更是格拉斯的夏季盛事，吸引許多觀光客前來一睹花城美貌。

INFO

如何前往

◎火車

從坎城（Cannes）搭乘TER火車直達格拉斯（Grasse），車程約30分鐘，約30分鐘～1小時一班。從尼斯（Nice Ville）搭乘TER火車直達格拉斯，車程約70~90分鐘，班次頻繁。班次、時刻表及票價可上網或至火車站查詢，車票可上網、至火車站櫃台購買，或先於台灣向飛達旅遊購買法國火車通行證（France Rail Pass）並訂購車票。

飛達旅遊

- 🏠 台北市中山區南京東路三段168號10樓之6
- ☎ (02) 8161-3456分機2
- ◯ 線上客服：@gobytrain
- 🌐 www.gobytrain.com.tw

法國國鐵

- 🌐 www.sncf.com

◎巴士

格拉斯和周邊城鎮均有巴士往來，從坎城（Cannes SNCF）站搭ZOU經營的660、662號巴士，前往格拉斯的Grasse Gare SNCF站，車程約45分鐘～1.5小時。

從尼斯（Nice）的Parc Phœnix站搭ZOU經營的650號巴士，經卡納須梅（Cagnes sur Mer）前往格拉斯巴士總站（Gare Routière站），車程約1小時10分鐘。班次、時刻表及票價可上網查詢。

普羅旺斯—阿爾卑斯—蔚藍海岸客運系統ZOU

- 🌐 zou.maregionsud.fr/en

Lignes d'Azur巴士公司

- 🌐 www.lignesdazur.com

火車站、巴士站至市區交通

◎從火車站到市區

市區在格拉斯火車站西北方約2公里處，可於火車站前搭乘651、652號巴士至Grasse Centre或Centre Ville站下，車程約6分鐘。車票可於火車站的ZOU櫃檯購買，或向巴士司機購買。

- 💲 單程票€2.1，車上購票€2.5

◎從巴士站到市區

巴士總站（Gare Routière）位於市區內，大部分景點皆步行可達。

市區交通

◎步行

格拉斯市區內大部分景點皆步行可達。

觀光行程

◎小火車之旅Le Petit Train

從Place aux Aires出發，經過格拉斯歷史舊城的中心，例如芳香廣場、主教廣場（Place de l'Evêché）、主教宮（Palais de l'Evêché）和大教堂等，全程約35分鐘，有8種語言解說。

- 🏠 Cours Honoré Cresp, 06130 Grasse
- ☎ 04 93 36 66 66
- ⌚ 4~6月及9月12:00~17:00，7~8月11:00~18:00，10月12:00~16:00
- 🚫 4~6月及9~10月週末 💲全票€7、3~12歲€4
- 🌐 www.paysdegrassetourisme.fr/fr/petit-train-grasse

旅遊諮詢

◎格拉斯遊客服務中心Office de Tourisme Grasse

- 🚶 從巴士總站步行約5分鐘；從火車站搭乘651、652號巴士至Grasse Centre或Centre Ville站下
- 🏠 18, Place aux Aires, 06130 Grasse
- ☎ 04 93 36 66 66
- ⌚ 週一至週六10:00~13:30、14:00~18:00
- 🚫 週日
- 🌐 www.paysdegrassetourisme.fr

MAP ▶ P.241B2

舊城區

MOOK Choice

Vieille Ville
窺見香水之都的昔日面貌

🅟 從遊客服務中心步行即達

　　格拉斯的舊城混合了普羅旺斯及義大利熱內亞的風格，在狹窄的街道上蟲立著17~18世紀的建築。小山廣場(Place du Petit Puy)是格拉斯最古老的廣場，廣場上的大教堂Cathédrale de Notre-Dame du Puy興建於12~13世紀，代表了普羅旺斯的羅曼式建築風格，教堂內最值得一看的，是路易十五時代的大畫家Jean-Honoré Fragonard的畫作，他也是弗拉哥納香水創始人的後代。

　　市政廳(Hôtel de Ville)就位在教堂對面，繞過市政廳即可抵達主教府廣場(Place de l'Évêché)，其名稱來自於位於此地的主教府。接著可往Rue de l'Oratoire前進，門牌12號的房屋興建於15世紀，展現著中世紀富有人家的建築風格，氣派的立面由兩個門組成，大門作為皮革店家的出入口，小門則供私人使用。

芳香廣場Place aux Aires

　　芳香廣場是格拉斯最大的廣場，格拉斯最早以製造皮革聞名，因為製皮過程需要大量的水來清洗皮革，而這座居高臨下的廣場便利汲水及排水，因此廣場中的三層噴泉，使它成為舊時皮革工匠的集中地。

　　狹長的廣場兩旁拱廊內的一間間小房子，就是當時的皮革店舖，繁華熱鬧的程度不在話下，儘管現今皮革業早已沒落，然而取而代之的咖啡、餐廳和服飾藝品店，讓廣場依然人氣十足。除週一外，這裡的早上是花果市場，可以買到許多價廉物美的水果、花卉和香料，溫暖的時日，廣場中央則變成露天咖啡座，大家喜歡來這裡聊天、曬太陽，感受小鎮悠閒迷人的風情。廣場的北方有棟漂亮的建築，是18世紀政治家及富商Maximin Isnard的住家，房子後已轉手他人，迄今仍保存完好，只是因為私人住宅，只能在外參觀。

　　在廣場附近道路還可找到格拉斯的市徽，上有象徵基督的羔羊圖案，因在普羅旺斯分屬義大利及法國的中世紀，格拉斯始終歸屬法國，因而以光耀基督的羔羊來作為市徽。

小說與電影中的香水之都

德國作家徐四金(Patrick Süskind)以格拉斯為背景，寫下知名小說《香水》(Das Parfum – Die Geschichte eines Mörders)敘述嗅覺異常靈敏的製香師葛奴乙（Grenouille），為創造世界上最完美的香味而不惜殺人的旅程。小說中藉由主角的師傅─巴黎香水舖老闆的口中，說出了：沒有在格拉斯歷練過的人，不配自稱為香水製造者。不僅在過去如此，現在格拉斯依然聚集了來自世界各地的頂級製香專家與最好的製香學校，將近三分之二的法國天然香精生產於此，而在使用最新技術萃取精油的同時，更延續蒸餾、脂吸等古老作法傳承格拉斯的香水工藝。

《香水》後來被翻拍成電影，無論是書迷或影迷，在格拉斯舊城迷宮般的巷弄，以及故事中主角審判的空中庭院廣場(Place du Cours Honoré Cresp)，肯定能夠感受到故事裡狂亂詭譎的香水世界。

MAP ▶ P.241B2

普羅旺斯博物館
Musée d'Art et d'Histoire de Provence

南法的傳統服飾風情

ⓘ 從遊客服務中心步行約5分鐘 🏠 2, Rue Mirabeau, 06130 Grasse ☎ 04 4 93 36 80 20 🕐 9~6月10:00~18:00，7~8月10:00~19:00 💲 全票€2，門票包含弗拉哥納別墅博物館 🌐 www.museesdegrasse.com

普羅旺斯博物館由前法國總統之子François Carnot創辦，他在格拉斯娶了香水企業家的女兒Valentine Chiris。博物館成立不久後很快就吸引到了當地知識分子和國內外的贊助商，在他們的支持下造就了博物館今天的規模。這棟建築原屬於卡拉琵‧卡布里夫人(Marquise de Clapers-Cabris)所有，她出身於18世紀格拉斯最富裕的家族之一。博物館保留了原始的宴會廳和私人空間，讓訪客更能體驗到當時的普羅旺斯生活文化。

館藏包羅萬象，從繪畫、雕塑、陶瓷，到傢俱、玻璃器皿、紡織品、珠寶和武器……訴說了東部普羅旺斯的歷史及日常生活。博物館還展示了18~19世紀末普羅旺斯地區婦女的服飾，完整重現當時各階層婦女的衣著文化。當時普羅旺斯地區的穿著充滿鄉村土情調，比如手工編織裙、印著花草圖案的棉製衣物、手工刺繡披肩、造型特殊的帽子、絲織長筒襪和鞋子。而婦女們所配戴

的首飾，從項鍊、胸針到耳環、色彩明亮、造型多變，如果喜歡這類飾品，可在館內附設的商店選購仿製的紀念品。

蔚藍海岸⋯⋯**格**拉斯 Grasse

MAP ▶ P.241A2

國際香水博物館

MOOK Choice

Musée International de la Parfumerie

全球唯一的香水博物館

🚶從遊客服務中心步行約3~5分鐘　🏠2 Blvd. du Jeu de Ballon, 06130 Grasse　☎04 97 05 58 00　🕘9~6月10:00~18:00，7~8月10:00~19:00　❌1/1、5/1、12/25、10~3月第一個週一　💲全票€6、優待票€3，18歲以下免費　🌐www.museesdegrasse.com

國際香水博物館以一座14世紀的古堡改建而成，最初開幕於1989年，2008年經巴黎設計師Frédéric Jung以早期古堡圍牆為基礎整建而成，結合了原先博物館的傳統規模和現今現代化的時尚元素，成為一座占地約1,059坪、比過去大上約三倍的博物館。

只要沿著博物館規畫的5個展區依序參觀，就能對香水的歷史、製作過程、花卉原料的採集、萃取過程及市場行銷有最基本的認識。而內部展示了從四千多年前至今、從東方世界至西方國家上萬件如香料、化妝品、香皂、香水瓶和容器、相關配件等收藏品，像是全法國第一瓶香水、全世界各種造型獨特的香水瓶，甚至瑪麗・安東奈特(Marie Antoinette)皇后在法國大革命期間所帶的逃難旅行箱。

博物館也規畫了聞香室、視聽室、表演活動、親子同樂生日派對、DIY不同的活動和區域，讓人以互動方式更加了解香水藝術，其中特別推薦以不同影片搭配不同香氛的聞香室，讓人在觀賞同時感受到那些與日常生活相關卻經常被忽略的氣味。至於博物館的溫室花卉區和露天庭園，可以在散步間體驗小鎮恬靜的自然氣息。

香水和調香師

人類製造香水的歷史起自西元800年，化學家利用香味對抗傳染性疾病，和今日使用香水娛人的目的大不相同。

蒸餾(Distillation)和萃取(Extraction)是製造香水的兩大重要步驟，蒸餾是運用油和水密度不同的原理，將香精油(Essence)逐漸分離出來，然後利用動物脂肪從原料萃取香味(Enfleurage)，並榨出最精純的油，稱為「Absolute」。到了19世紀，萃取香味的方式以酒精代替脂肪來進行，其他程序則大致相同。

創造香水的靈魂人物是調香師(Perfumer)，或是俗稱的「靈鼻」(Le Nez)，他們就像品酒師一樣，需要有異於常人的本事，因為一般人可能只會分辨10幾種氣味，但調香師至少要記住並區分1,000~3,000種不同味道，再將這些味道依不同比例，根據個人經驗和創意，調和成令人愉悅的香味。這個工作既專業又困難，因此調香師的地位崇高尊貴。

格拉斯・香水之都
Grasse, the Capital of Perfume

在格拉斯有無數座香水坊，大部份僅做為世界各地香水品牌的製造商，其配方及製作過程外人無法得知，讓香水這門藝術更添神秘面紗。所幸，目前已有嘉麗瑪、莫蓮娜、花宮娜三大香水坊，以香水博物館和工作坊的型態開放大眾參觀，並提供免費導遊，帶領你一起揭開香水世界的奧秘。

花宮娜Fragonard

花宮娜歷史工廠及香水博物館
Usine Historique & Musée de la Parfumerie
從遊客服務中心步行約3~5分鐘 20 Bd Fragonard, 06130 Grasse 04 93 36 44 65 週一10:30~18:15，週二至週日9:00~18:15 12/25 免費參觀 usines-parfum.fragonard.com/usines/usine-historique

花宮娜香水工廠la Fabrique des Fleurs
搭乘巴士662號於Les Quatre Chemins站下，步行約5分鐘；搭乘巴士660號於Le Néroli站下即達 Les 4 chemins, 17 route de Cannes, 06130 Grasse 04 93 77 94 30 09:00~13:00，14:00~18:00 12/25 免費參觀；調香課程45分鐘€29(含12ml香水成品一瓶)、2小時€69(含100ml香水成品一瓶)，課程請上網預約。 usines-parfum.fragonard.com/usines/la-fabrique-des-fleurs

18世紀，生於格拉斯的法蘭斯瓦・弗拉哥納(François Fragonard)，就是一個香味皮手套的工匠，他也是路易十五御用畫家Jean-Honoré Fragonard的父親。

香水坊提供中文、英文、日文等語言的專人解說，繞一圈保留古老器材的香水工廠，認識傳統香精的萃取與製作過程，還可以看到職人現場製作香氛皂。行程最後會來到二樓的大賣場，所有經典香水都能一一試聞，還有種類繁多的香水、香皂、沐浴香精到化粧品等產品，均使用天然素材製成。

在香水之都最有特色的體驗，莫過於化身為香水學徒，在專業職人帶領下學習調香。花宮娜的調香課程位於格拉斯舊城區外的香水工廠(la Fabrique des Fleurs)中，距離歷史工廠(Usine Historique)約3公里遠。課程時間約1.5小時，老師會準備9種包括檸檬、甜橙、薰衣草、茉莉等最受歡迎的香精，依照香水的前、中、後段風味特性仔細講解，讓學生用鼻子親自感受，品味每種香精的獨特芬芳，接著再由學員依照喜好調配獨一無二的淡香水。課程中不但可以帶走結業證書、一罐專屬淡香水和香袋，對於如何分析和品味香水，也能得到更深度的了解。

莫蓮娜香水坊
Parfumerie Molinard - Bastide historique & Musée

📍 從遊客服務中心步行約15~20分鐘；搭乘巴士660、662號至 Mathias Duval站下，步行約5分鐘 🏠 60 Blvd. Victor Hugo, 06130 Grasse ☎ 04 92 42 33 21 🕐 10:00~18:00(7~8月 10:00~19:00) 💰 參觀免費；調香課程20分鐘€30(含30ml香水成品一瓶)、1小時€76(含50ml香水成品一瓶)、2小時€199(含90ml香水成品一瓶)，課程請上網預約。🌐 www.molinard.com

莫蓮娜香水坊是一棟充滿普羅旺斯風情的白色樓房，進入之後，會有導遊帶領你沿著動線，進行參觀活動。首先是香皂的製作，在這裡可以看到工作人員如何利用花卉、工具和技術做出香皂；接著是參觀香水製作過程，包括如何透過玫瑰、茉莉、佛手柑等鮮花，以及油脂、酒精等原料，再加以提煉、蒸餾和萃取，製成讓人神魂顛倒的香水。

在莫蓮娜也可以看到調香師工作的場所，這是一處擺滿各種香味的工作平台，調香師專業地選擇不同的香味，依記憶和技術，調成一瓶瓶傾國傾城的香水，只是目前在香水坊是看不到調香師的本尊，僅有提供遊客參觀的工作室。在參觀過程中，還可以看到莫蓮娜從過去至今各種著名的香水瓶、香水標籤和招牌香水。

參觀的最後一站是精品店，從香皂、香水到周邊商品琳瑯滿目，送禮自用兩相宜，如果難以抉擇，不妨從莫蓮娜的四大系列產品Senteurs、Vanille、Thé和Patchouli下手，當然也可以透過免費試用，找到自己的最愛。此外，莫蓮娜亦提供香水製作課程，只要花1小時，就能創造出屬於自己獨一無二的香水。

嘉麗瑪Galimard

嘉麗瑪香水工廠及博物館Usine-Musée Galimard

📍 搭乘巴士660號於Les Fleurs de Grasse站下，步行約5分鐘 🏠 73, Route de Cannes, 06131 Grasse ☎ 04 93 09 20 00 🕐 10~3月9:00~12:00、14:00~18:00，4~6月9:00~18:00，7~8月9:00~18:30 🚫 無 💰 參觀免費 🌐 www.galimard.com

嘉麗瑪香水工作坊Le Studio des Fragrances Galimard

📍 搭巴士660號於Les 4 Chemins站下，步行約1分鐘；乘搭巴士662號於Jacinthes站下即達 🏠 5 route de Pégomas, 06130 Grasse ☎ 04 93 09 20 00 🕐 調香課程10:00、14:00、16:00，另有私人客製化課程 💰 免費參觀；調香課程90分鐘€60(含100ml香水成品一瓶)、2小時€99(含100ml香水成品和200ml擴香各一瓶)，課程請上網預約。

嘉麗瑪香水坊成立於1747年，外觀現代感十足，一走進門內，除法語或英語導覽外，還提供中文服務，隨著導遊循線參觀，透過解說，以及實際的原料、工具、模型和看板介紹，了解香水的製作工具、方式和配方，徹底融入香水世界。而在精品店裡，則可買到以Galimard為名的各式香水、香精、香皂等商品。

然而最有趣的是參加香水製作課程，首先是坐在擺滿127種香味的工作平台，在調香師的帶領下認識香氣，接著從基底香味家族中挑選味道，最後決定兩種花族香味。然後不斷以此兩種家族所延伸的香精，再挑選喜歡的味道，以每次5~15ml的容量做調和動作，味道的調合從後開始，再到中味和前味，反覆幾次直到調100ml的香水，就算大功告成，整個過程約2小時。結束後，除了獲頒證書，還可以將這瓶貼上由你命名標籤且專屬於你的香水帶回家，之後就算你的香水用完了，由於嘉麗瑪所有的香水都會有自己的編號，因此可以透過留存的檔案，再度替你製造出相同的香水。

MAP ▶ P.241A2

Auberge du Vieux Château

🚗 從格拉斯市區搭車約15分鐘　🏠Place Mirabeau, 06530 Cabris　📞04 93 60 50 12　🕐9:00~11:30　🚫週一、週二
🌐www.aubergeduvieuxchateau.com

　餐廳Auberge du Vieux Château坐落在格拉斯市郊的小丘上，結合酒窖與幾間精緻客房，從戶外的座位區瞭望，即可將格拉斯周遭繁花盛開的自然美景盡收眼底。細緻料理搭配優雅氛圍和美景，雖然離城鎮有些距離，但仍舊吸引無數顧客造訪，並得到米其林指南推薦。主廚使用自然食材，將當地的特色風味收納盤中，€59的今日午間套餐有三道料理，包括燉牛頰肉佐田園鮮蔬和南瓜泥，鮮蝦包裹多種甜脆蔬菜搭配魚子醬，運用蔬果甜味讓肉類的風味更有層次。廚師還會再隨性招待前菜與巧克力甜點，良辰美景與留駐記憶的美食，道盡南法生活的一切美好。

杏仁糖糕
Les Caprices de Pauline

🔵 從遊客服務中心步行約1分鐘　🏠 12 Rue Marcel Journet, 06131 GRASSE　☎ 04 93 77 53 57　🕐 10:00~19:00

這間杏仁糖糕店，主廚在糕餅上細膩重現格拉斯的繽紛花卉，幾可亂真的糕點造型和色彩都十足的華麗，彷彿像珠寶一樣，讓人不忍放入口中。杏仁糖糕由杏仁、開心果、榛果、花生和其他乾果類製成，小小一顆香氣十分濃郁，是午後佐茶或咖啡的良伴。

香水專賣 1000 Flowers Perfumer

🔵 從遊客服務中心步行約1分鐘　🏠 4 Place aux Aires, 06131 GRASSE　🕐 11:00~13:30，15:00~18:00　❌ 週日、週一、週二　🌐 www.1000flowers.ca

格拉斯城區內有許多個人香水作坊，1000 Flowers Perfumer就是其中一間。潔西卡‧布坎南(Jessica Buchanan)是來自加拿大的調香師，她在格拉斯完成調香學業後，選擇留下來發展個人品牌，店內約10款經典商品，都是她在作坊中研發出來的。以花香為基底的香水呈現出繽紛豐饒的格拉斯花園風景，洋溢著女性獨特的浪漫色彩。

Best Western Plus Hotel Elixir Grasse

🔵 從格拉斯市區搭車約10分　🏠 Rue Martine Carol, 06131 GRASSE　☎ 04 93 70 70 70　🌐 www.hotelelixirgrasse.com/en/

距離舊城區約6~10分鐘的車程，四星級的Best Western Plus系列旅館提供旅客更寬敞舒適的住宿空間，時尚洗鍊的設計滿足對住宿品質更高一層的要求，品項豐盛的餐廳、寬敞泳池以及戶外庭院，也是市內旅館難以望其項背的。

聖托培●

聖托培
Saint-Tropez

文●墨刻編輯部
攝影 ●墨刻攝影組

在全世界的上流社交圈，「聖托培」可是頂頂有名的地區，彷彿到過聖托培的沙灘曬過一身古銅色的肌膚，就是鍍上一層黃金，從60年代起，這個小漁港象徵一種地位、一種品味，一種絕對的享樂主義。

世界著名的聖托培口呈現多樣性的船隊景象——賽艇、遊艇、帆船……而在碼頭的盡頭，小漁船靜靜等待著黎明，準備出海垂釣。天邊露出晨光後，在傳奇的紅色餐廳Sénéquier舒適地享受豐盛的早餐。Netflix人氣影集《艾蜜莉在巴黎》也曾到聖托培取景，眼尖的你是否有找到影集中的場景呢？

INFO

如何前往
◎火車
聖托培沒有火車站，最近的車站是St-Raphaël—Valescure站，可從尼斯火車站(Nice Ville)搭乘TER或TGV直達，車程約50~60分鐘，班次頻繁。班次、時刻表及票價可上網或至火車站查詢，車票可上網、至火車站櫃台購買，或先於台灣向飛達旅遊購買買法國火車通行證(France Rail Pass)並訂購車票。

飛達旅遊
⚲台北市中山區南京東路三段168號10樓之6
☏(02) 8161-3456分機2　◯@gobytrain
⓰www.gobytrain.com.tw

法國國鐵
⓰www.sncf.com

◎巴士
從尼斯機場第2航廈(NICE Aéroport T2)到聖拉斐爾(St-Raphaël)的Gare Routière站可以搭ZOU經營的機場專線90號巴士，車程約1小時15分鐘，每日約6班，票價€18.5。

從聖拉斐爾的Gare Routière站搭乘ZOU經營的876號巴士，前往聖托培的Gare Routière站，車程約1小時15分鐘，每日約12班。從土隆(Toulon)的Gare Routière站可搭乘878、879號巴士前往聖托培的Gare Routière站，878號車程約2小時10分鐘，每日約10班以上；879號車程約1小時45分鐘，每日約5班，票價€2.1。班次、時刻表及票價可上網查詢。

普羅旺斯—阿爾卑斯—蔚藍海岸客運系統ZOU
⓰zou.maregionsud.fr/en

◎水上巴士
每年約4月底至10月底，從尼斯、坎城和聖拉斐爾也可搭船前往聖托培，建議事先上網訂購船票。從尼斯或坎城可搭乘Trans Côte d'Azur的船班直達聖托培新港，從尼斯出發約2.5小時、坎城約1小時15分鐘。從聖拉斐爾可搭乘Les Bateaux de Saint-Raphaël抵達聖托培新港，航程約1小時。班次、時刻表及票價可上網查詢。

Trans Côte d'Azur(尼斯)
⚲Quai Lunel, 06300 Nice
☏06 01 52 54 08 / 04 92 00 42 30
⏱去程5~10月9:00，10月底加開8:15班次；回程5~10月11:30~16:30，10月底加開10:45班次。每月出航日不一，船班依季節略有調動，請上官網查詢。
💲來回全票€78、4~10歲€64

Trans Côte d'Azur(坎城)
⚲20 Quai Saint-Pierre, 06400 Cannes
☏06 01 52 54 08 / 04 92 00 42 30
⏱去程5~10月10:15，10月底加開9:30班次；回程5~10月11:30~16:30，10月底加開10:45班次。每月出航日不一，船班依季節有調動，請上官網查詢。
💲來回全票€65、4~10歲€52
⓰www.trans-cote-azur.com

Les Bateaux de Saint-Raphaël
🚶從St-Raphaël—Valescure火車站步行約4分鐘

🚪Gare maritime, Quai Amiral Nomy, 83700 Saint-Raphaël
☎04 94 95 17 46
🕐去程4~5月每日14:30、週二至週六9:30，7~8月每日9:30、11:30、14:30、17:00，週日加開19:00班次，9月每日9:30、14:30，10月週二及週六9:30、14:00；回程4~5月每日17:30、週二至週六10:30，7~8月每日10:30、12:30、15:30、17:30、18:00，週日加開20:00班次，9月每日10:30、17:30，10月週二及週六10:30、17:00。船班依季節略有調動，請上官網查詢。
💲來回全票€25~35、2~9歲€10~20，單程全票€25~35、2~9歲€20、2~9歲€12
🌐www.bateauxsaintraphael.com

巴士站至市區交通
◎從巴士站到市區
聖托培巴士站位於市區，大部分景點皆步行可達。

市區交通
◎步行
聖托培市區內大部分景點皆步行可達。

旅遊諮詢
◎聖托培遊客服務中心Office de Tourisme St-Tropez
🚶從聖托培巴士總站步行前往，約8~10分鐘可達。
🏠8 Quai Jean Jaurès, 83990 St-Tropez
☎04 94 97 45 21
🕐4~10月9:30~19:00，11~3月9:30~13:00、14:00~17:30
🚫1/1、12/25 🌐www.sainttropeztourisme.com

聖托培大型活動
◎聖托培帆船賽Les Voiles de Saint-Tropez
每年9月底到10月初港口會停滿豪華的帆船、遊艇，它們都是來參加一年一度的聖托培帆船賽，這是聖托培夏季最熱鬧的時刻。聖托培帆船賽是地中海沿岸首個大型帆船賽事，第一屆帆船賽於1999年由Société Nautique de Saint-Tropez舉辦，至今吸引世界各地的船主帶著他們的愛船參加比賽，從經典的百年老船到最先進的遊艇，每年約有200~300艘船聚集在此，透過各種項目展現自己的魅力。
🌐www.lesvoilesdesaint-tropez.fr
◎聖托培夏末大血拼
La Grande Braderie de Saint-Tropez
每逢10月的最後一個週末，聖特羅佩的店家將湧現人行道，為數萬名遊客提供夏季最後一波血拼體驗。在為期4天的清倉大甩賣中，從衣服、鞋子、皮件，到飾品、香水、化妝品應有盡有，每個人都能找到心儀的物品，有些商品甚至€10就可以到手了！

MAP ▶ P.250A1

舊港區

MOOK Choice

Vieux Port

色彩繽紛的可愛小屋

🚶從遊客服務中心步行約1分鐘

　　要是沒有法國艷星碧姬‧芭杜(Brigitte Bardot)，聖托培只是一個小漁港。這個馬蹄型的舊港區海灣就是它的原貌，面海的一排房舍各有不同顏色，因為過去捕魚船直接停泊在騎樓(有點像車庫的道理)，但由於回航時天色已經昏暗，為讓泊船順利，所以各家漆上鮮豔的顏色以供辨識。

　　由於舊港區很小，大的郵輪必須把船泊在外海，讓遊客搭乘小船進入，這裡常常都是人滿為患，露天咖啡座似乎隨時都擠滿了人。在碼頭邊的旅客服務中心後面有一個小小的魚市場，想體驗地中海的漁產種類的人，倒是可以參觀一下。

MAP ▶ P.250A1

阿儂錫亞德美術館

Musée de l'Annonciade

畫家筆下的當地風光

🚶 從遊客服務中心步行約5分鐘 🏠 2, place Georges Grammont, 83990 St-Tropez ☎ 04 94 17 84 10 ⏰ 11~3月週二至週日10:00~17:00，4~6月及10月週二至週日10:00~18:00，7~9月10:00~19:00(週一10:00~21:00) 🚫 週一、1/1、5/1、5/17、12/25、1/15~2/10、11/15~30 💲 全票€4~6、12~18歲€3~4 🌐 www.saint-tropez.fr/culture/musee-de-lannonciade/

　　如果你不是為了紙醉金迷的氛圍而來，那這間阿儂錫亞德美術館絕對是你值得拜訪的地方，裡面的作品都是19~20世紀知名畫家繪製於聖托培一帶的畫作。

　　聖托培之美最初由畫家希涅克(Paul Signac)發現，他還鼓勵其他畫家一同前來，例如馬諦斯

(Henri Matisse)、范唐元(Van Dongen)、波納爾(Bonnard)。聖托培的風光對於19世紀講究光影的畫風有著相當大的吸引力，許多畫家都陸續在此留下傑作。

　　這座美術館的作品原屬於聖托培當地一位富豪Georges Grammont的私人收藏，後來把56幅收藏全捐贈給當地政府，唯一的要求是這些作品不得離開此地，因此，要欣賞經典的希涅克點狀筆觸作品，一定得親訪聖托培。

MAP ▶ P.250B1

La Tarte Tropézienne

MOOK Choice

聖托培甜點之光

🚶 從遊客服務中心步行約5分鐘 🏠 Bd Vasserot, 83990 Saint-Tropez ☎ 04 94 97 94 25 ⏰ 甜點麵包店6:30~19:30，餐廳8:00~18:00 🌐 www.latartetropezienne.fr

　　「時常被模仿，但永遠無法媲美。」是聖托培塔(Tarte Tropézienne)的創立人Alexandre Micka的座右銘。聖托培塔是灑滿珍珠糖的布里歐麵包，夾著奶油和奶霜的內餡，並帶有微妙的橙花水香氣。Alexandre Micka於1955年在聖托培的市政廳附近開了一家甜點店，其中就包括了這款布里歐甜點，其靈感來自祖母的獨門配方。當時《上帝創造女人》(Et Dieu Crea la Femme/And God Created Woman)在附近拍攝，包括碧姬‧芭杜本人在內的劇組經常光顧Alexandre Micka的店，讓這款甜點名聲大噪，也是「聖托培塔」的命名由來。

　　隨後，Albert Dufrêne接管了公司的管理，自1973年以來，La Tarte Tropézienne已成為註冊商標。除了原味的聖托培塔，La Tarte Tropézienne也推出迷你版聖托培塔Les Baby Trop'，以及當季水果口味的聖托培塔，如無花果、草莓和柑橘口味等。造訪聖托培時，千萬別錯過這個標誌性的甜點！

蔚藍海岸：聖托培 St-Tropez

MAP ▶ P.250B1

柵欄廣場
Place des Lices
聖托培的在地寫照

🎯 從遊客服務中心步行約3~5分鐘

　　柵欄廣場週二、週六的早晨市集遠近馳名，販售各種奇怪的食品與服飾，從新鮮的蔬果到泰國製的麻布衫、甚至各式手工藝品。不過到了下午，市集揚揚沸沸的人潮宛如憑空消失一般，只剩下空空蕩蕩的廣場及綠蔭叢叢的梧桐樹。常常可以看到一群人在廣場上玩類似板球的遊戲，這幅景致和在阿儂錫亞德美術館內看到希涅克所畫的當時畫面，幾乎是一模一樣。

　　柵欄廣場往港口方向的兩條路，Rue Georges Clemenceau與Rue Etienne Benry有許多精品店，愛買一族可以花點時間在這裡逛逛。

MAP ▶ P.250B1

海灘
Plage de Pampelonne
1960年代的風雲勝地

🎯 從巴士總站搭乘875號巴士於Bd Patch-Pampelonne站下，步行5分鐘。
Club 55
🏠 43, Boulevard Patch, 83350 Ramatuelle ☎ 04 94 55 55 55 ⓤ www.club55.fr

　　位於聖托培市區東南方約6公里的海灘——Plage de Pampelonne，可說是60年代最令人嚮往的地方，世界級的名流富豪都會來到此地，幾乎全部的海灘都被酒吧圍起來營業，要進入海灘需付費，提供的設備包括遮陽傘、更衣室、沐浴間、餐廳和吧台。這些沙灘酒吧中最著名的是Club 55，這家酒吧與聖托培的關係匪淺，1956年碧姬·芭杜與她的夫婿華汀(Roger Vadim)在此拍攝《上帝創造女人》，捧紅了聖托培，相對的，Club 55也成為著名地標。

MAP ▶ P.250B1

拜伯路斯飯店
Byblos Hotel
名流的玩樂舞台

🎯 從遊客服務中心步行約5~8分鐘 🏠 20, Ave. Paul Signac, 83990 St-Tropez ☎ 04 94 56 68 00 ⓤ www.byblos.com
Les Caves du Roy
🕐 4~6月及10月每週末、7~8月每晚 ⓤ www.lescavesduroy.com

　　位於柵欄公園附近的豪華飯店，是典型的聖托培高級飯店。飯店附屬的夜店Les Caves du Roy極為有名，甚至名震遙遠的巴黎。這個夜總會成立的目的是為了能把那群「漂亮的人兒們」聚集在一起，當那些著名的好萊塢明星、籃球明星、上流社會的名媛抵達聖托培度假時，絕對不會錯過的狂歡地點。

　　基本上，Byblos Hotel就是一個配合上流社會習性的複合式飯店，結合了飯店、餐廳、夜店、精品店、沙龍中心，只要你能揮金如土，這裡就可以滿足你的需要。建議你可以先在Byblos Hotel氣派非凡的游泳池畔，享用一頓精美的燭光晚餐，然後，再走下葡萄藤纏繞的階梯到夜總會狂歡。來不及置裝或弄頭髮嗎？別擔心，沙龍中心就在旁邊。

摩納哥
Monaco

文●墨刻編輯部
攝影●墨刻攝影組

位於法國臨地中海岸東邊的摩納哥，擁有高低起伏的地勢和許多壯麗的海峽，儘管面積只有1.95平方公里，卻是全球國民所得最高的國家，舉世聞名的一級方程式賽車，是當地享譽國際的年度盛事。

摩納哥在中世紀曾是血淋淋的殺戮戰場，直到1297年，法蘭斯瓦·格里馬迪(Francois Grimaldi) 喬裝成修士潛入摩納哥取得政權，歷經幾次動盪，1346年查理·格里馬迪(Charles Grimaldi)宣稱摩納哥的領土及獨立，並在15世紀獲得法王查理八世及薩瓦公爵(Duc de Savoy)的承認。

國土狹小又佈滿岩岸的摩納哥，原本是個歐洲窮國，自從1865年開設了第一家蒙地卡羅賭場，便一躍成為最富有的國度，人人湧向賭場沉浸於金錢的誘惑中，有人在此一夜致富，也有人傾家蕩產，蒙地卡羅幾乎同時成為天堂和地獄的代名詞。1870年時，王室取消了國民所得稅，更讓摩納哥成為有錢人的天堂，間接地刺激這個蕞爾小國的經濟發展。

1949年登基的雷尼爾三世(Rainier III)是有史以來最具影響力的統治者，不過，他最有名的事蹟是迎娶好萊塢女星葛莉絲·凱莉(Grace Kelly)，國王與平民美女的童話故事，將摩納哥的名氣推到最高點。可惜1982年時，葛莉絲車禍身亡，留下兩位公主史蒂芬妮(Stéphanie)、卡洛琳(Caroline)，和王位繼承人是王子艾伯特(Albert)。

佳人香消玉殞已久，然而摩納哥卻依舊為人津津樂道，一棟棟地往上蓋的高樓，形成法國南部地區罕見的挑高天際線，蜿蜒的道路彎曲延伸於飯店和別墅間，積極往海中建造的堤防，為寸土寸金的蒙地卡羅創造出更多的發展空間。

INFO

基本資訊

人口：約37,000人
面積：約2.02平方公里
國碼：+377

如何前往

　　從巴黎里昂火車站(Gare de Lyon)搭火車經尼斯(Nice)轉車到摩納哥蒙地卡羅火車站(Monaco Monte Carlo)，全程約6~6.5小時，每日約5班。也可從馬賽聖查理火車站(Gare Marseille St Charles)搭火車經尼斯轉車，全程約3~3.5小時，班次頻繁。

　　從尼斯火車站(Nice Ville)搭乘TER火車直達摩納哥蒙地卡羅火車站，車程約15~20分鐘，約15~30分鐘一班。從坎城(Cannes)搭乘TER火車直達摩納哥蒙地卡羅火車站，車程約1小時，約10~30分鐘一班。班次、時刻表及票價可上網或至火車站查詢，車票可上網、至火車站櫃台購買，或先於台灣向飛達旅遊購

買法國火車通行證並訂購車票。

飛達旅遊

🏠台北市中山區南京東路三段168號10樓之6
📞(02) 8161-3456分機2　　💬@gobytrain
🌐www.gobytrain.com.tw

法國國鐵

🌐www.sncf.com

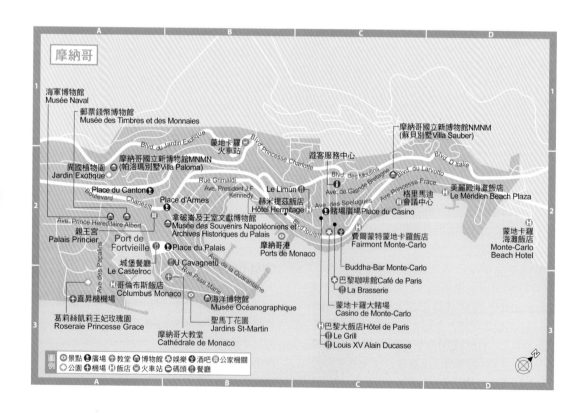

摩納哥

海軍博物館 Musée Naval

郵票錢幣博物館 Musée des Timbres et des Monnaies

摩納哥國立新博物館NMNM (蘇貝別墅Villa Sauber)

蒙地卡羅火車站

Blvd. du Jardin Exotique

Blvd. Princesse Charlotte

遊客服務中心

摩納哥國立新博物館MNMN (帕洛瑪別墅Villa Paloma)

異國植物園 Jardin Exotique

Place du Canton

Boulevard Charles III

Rue Grimaldi

Ave. President J.F Kennedy

Le Limûn

Blvd. des Moulins

Blvd. D'Italie

Blvd. du Larvotto

Ave. Princesse Frace

美麗殿海灘飯店 Le Méridien Beach Plaza

格里馬迪

赫米提茲飯店 Hôtel Hermitage

Ave. de Grande Bretagne

賭場廣場Place du Casino

會議中心

Place d'Armes

Ave. Prince Hereditaire Albert

親王宮 Palais Princier

拿破崙及王室文獻博物館 Musée des Souvenirs Napoléoniens et Archives Historiques du Palais

Ave. des Spelugues

Blvd. louis II

費爾蒙特蒙地卡羅飯店 Fairmont Monte-Carlo

蒙地卡羅海灘飯店 Monte-Carlo Beach Hotel

Port de Fortvieille

Place du Palais

摩納哥港 Ports de Monaco

Buddha-Bar Monte-Carlo

城堡餐廳 Le Castelroc

U Cavagnetû

Rue Pisse Marie

Ave. de la Quarantaine

巴黎咖啡館Café de Paris

La Brasserie

Ave. des Papalins

直昇機場

哥倫布斯飯店 Columbus Monaco

海洋博物館 Musée Océanographique

蒙地卡羅大賭場 Casino de Monte-Carlo

葛莉絲凱莉王妃玫瑰園 Roseraie Princesse Grace

聖馬丁花園 Jardins St-Martin

摩納哥大教堂 Cathédrale de Monaco

巴黎大飯店Hôtel de Paris

Le Grill

Louis XV Alain Ducasse

圖例　景點　廣場　教堂　博物館　娛樂　酒吧　公家機關
　　　公園　機場　飯店　火車站　碼頭　餐廳

◎巴士

　　摩納哥和周邊城鎮均有巴士往來，從尼斯和埃茲(Èze)可搭乘Lignes d'Azur經營的602、607號巴士前往摩納哥。班次頻繁，時刻表及票價可上網查詢。602、607號巴士皆有停靠近蒙地卡羅大賭場(Casino de Monte-Carlo)的Monte Carlo Casino站。

Lignes d'Azur巴士公司
🌐 www.lignesdazur.com

火車站、巴士站至市區交通

　　摩納哥蒙地卡羅火車站和巴士站皆位於市區，從火車站步行至遊客服務中心約10分鐘。

市區交通

　　大部分景點步行可達，如不想走路，搭巴士也很方便。摩納哥有6條巴士路線：

1號路線行經Monaco Ville、賭場廣場(Place du Casino)和Saint Roman之間；
2號路線行經Monaco Ville、蒙地卡羅和異國植物園(Jardin Exotique)之間；
3號路線行經Fontvieille和Hector Otto之間；
4號路線行經Fontvieille、直升機機場(Heliport)和Saint Roman之間；

5號路線行經醫院、遊客服務中心和Larvotto海灘之間；
6號路線行經Fontvieille、直升機機場、蒙地卡羅和Larvotto海灘之間。

　　另外，摩納哥因山勢地形，讓它在市區內建有8條電梯系統，方便行人在某些景點或地區上下進出。

摩納哥巴士公司CAM
💲 單程票€2、1日券€5.5
🌐 www.cam.mc

旅遊諮詢

◎摩納哥旅遊局Office du Tourisme de Monaco
🔺 P.254C2
🎵 從摩納哥蒙地卡羅火車站步行前往約10分鐘
🏠 2a, Blvd. des Moulins, Monte-Carlo, 98030 Monaco Cedex
☎ 92 16 61 66
🕐 週一至週六9:30~17:30
🚫 1/1、5/1、11/19、12/25
🌐 www.visitmonaco.com

觀光行程

◎小火車之旅Monaco Tours
　　可在海洋博物館前搭乘環繞摩納哥觀光小火車，途中行經18個重要景點，像是新港口(La Porte-Neuve)、蒙地卡羅大賭場、赫米提茲飯店、巴黎咖啡館、巴黎大飯店、親王宮、摩納哥大教堂等。車上提供包括中、英文等12種語音導覽。車程約30~40分鐘，可上網預訂或至候車處購買。
🎵 從親王宮步行約10分鐘，海洋博物館前。
☎ 92 05 64 38
🚫 11月中~2月中
💲 成人€11、2~8歲€5

monacotours.mc

◎巴士之旅Monaco Le Grand Tour

巡迴於蒙地卡羅大賭場、舊城區與葛莉絲·凱莉王妃玫瑰花園所在的Fontvieille區,途中行經12個重要景點,中途可自由上下車。車上提供包括中、英文等8種語音導覽。車程約1小時,可上網或向司機購買。

📞92 05 64 38

🕐10:00~17:30、每30分鐘一班

🚫11/19

💶一日券全票€23、優待票€8~21;二日券全票€26、優待票€8

🌐www.monacolegrandtour.com

城市概略 City Guideline

摩納哥範圍不大,但是地勢高低起伏,光靠步行十分耗費體力。城區分成六部分,包括高級旅館和精品購物集中的蒙地卡羅區(Monte-Carlo),盤據山丘上,親王宮所在的舊城區(Monaco Ville),高級遊艇港與購物中心群聚的La Condamine區,運動場和購物中心等大型設施聚集的Fontvieille區,以及北部可俯瞰市街的Moneghetti區,和以公共海灘受到年輕人喜愛的Larvotto區。各區域之間可以搭乘市內巴士

或觀光巴士移動,從港口到市區等高度落差大的地方,也有許多免費電梯供民眾上下坡代步。

摩納哥散步路線
Walking Route in Monaco

從❶葛莉絲·凱莉王妃玫瑰花園出發,漫步在寧靜幽美的港灣,和當地人一樣在港口欣賞往來船隻,享受日光浴。接下來往上步行,沿途會經過❷海軍博物館和❸郵票錢幣博物館,接著來到車水馬龍的❹達姆廣場,這一帶是摩納哥第二古老的地區,熱鬧的廣場四周有許多咖啡店和餐廳,以及康達拉明傳統市場(Le Marché de la Condamine),不要錯過傳統市場內摩納哥特色小吃和美食,感受和高級飯店、賭場截然不同的庶民活力。

趕在正午前抵達摩納哥舊城區的地標❺親王宮,每天王宮前廣場在11:55會舉行衛兵交接儀式,總是吸引大批遊客關注。親王宮位於舊城區制高點,從王宮兩側觀景台可將摩納哥市區盡收眼底,蔚藍的海洋和停滿船舶的高級遊艇,交織成摩洛哥最具代表性的風景。接著進入迷宮般的摩納哥舊城區,狹窄的石疊巷道中,土產店、餐廳、古董店、精品店和傳統作坊林立,值得花時間挖掘在地的特色好物。從舊城區南,盡頭一幢面對海洋的宏偉建築,是摩納哥的精神象徵,也是雷尼爾三世和葛莉絲凱莉舉行世紀婚禮的❻摩納哥大教堂,從教堂沿著懸崖下行,走入繁花盛開的聖馬丁花園,曲折優美的綠蔭道引領遊客來到❼海洋博物館,各式各樣的魚類在這裡爭奇鬥艷,精彩的海洋世界讓人大飽眼福。

距離:約3公里

所需時間:4~5小時

郵票錢幣博物館
Musée des Timbres et des Monnaies

Place du Canton

海軍博物館
Musée Naval ②③

達姆廣場Place d'Armes ④

拿破崙及王室文獻博物館
Musée des Souvenirs Napoléoniens et Archives Historiques du Palais

親王宮
Palais Princier ⑤

Place du Palais

摩納哥大教堂
⑥Cathédrale de Monaco

①

葛莉絲凱莉王妃玫瑰園
Roseraie Princesse Grace

海洋博物館
⑦Musée Océanographique

摩納哥散步路線圖

蔚藍海岸……摩 納哥 Monaco

MAP ▶ P.254B2

摩納哥港
Ports de Monaco
一窺豪奢的享樂主義

從遊客服務中心步行約15分鐘 Capitainerie, 6 Quai Antoine 1er, 98000, Monaco 97 77 30 00 www. ports-monaco.com

　　摩納哥港由赫庫勒斯港(Port Hercules)和芳特維耶港(Port de Fontvieille)所組成，港灣內停滿了形形色色的遊艇，以及從外觀即可知造價不菲的高級郵輪。平日的摩納哥港寧靜祥和，許多當地人也會到這裡散步，欣賞船隻在水面上搖曳的波光瀲影。每到F1賽車賽季，灣岸道路會封鎖作為主要競賽場地，人山人海的觀賽人潮，堪稱摩納哥的一大盛事。

MAP ▶ P.254A2

親王宮

MOOK Choice

Palais Princier

揭開公國的神秘面紗

🚌搭乘市區巴士1、2號線Place d'Armes站下車 🏠Palais des Princes, 98015 Monaco ☎93 25 18 31 ⏰導覽行程3~10月10:00~17:00，7~8月10:00~18:00 ⛔10~3月 💲導覽行程全票€10、優待票€5 ⓦvisitepalaisdemonaco.com

　　市政府所在地親王宮興建於13世紀，這裡也是蒙納哥王室的官邸，裡面陳設了許多無價家具、地毯及壯觀壁畫，不過入內參觀必須參加導覽行程。此外，每天有大批的觀光客湧進王宮前廣場觀賞衛兵交接，開始時間是11:55，全程約5分鐘。王宮廣場前的看台，可以居高臨下全覽摩納哥市區的壯觀。

摩納哥王室
Famille Royale

1949年起，摩納哥就由雷尼爾親王(Rainier III)主政，他是格里馬迪家族(Grimaldi)的第26任執政者，格里馬迪的祖先在1297年喬裝成修士潛入摩納哥取得政權後，一直是法國南部十分活躍的貴族。

1955年，當紅的美國女星葛莉絲‧凱莉(Grace Kelly)因在蔚藍海岸拍片，和慕名前來探班的雷尼爾親王墜入愛河，並在1956年舉行了世紀婚禮。葛莉絲嫁入王室前，就以纖瘦的身材和高貴的氣質在好萊塢中獨樹一格，她曾擔任好幾部希區考克(Alfred Hitchcock)電影的女主角，像是《後窗》(Rear window)、《電話謀殺案》(Dial M for Murder)、《捉賊記》(To Catch a Thief)等。

婚後的葛莉絲王妃仍是媒體追逐的焦點，她所使用的愛馬仕(Hermès)皮包，還因為她曾用來遮掩懷孕微凸的腹部，而以「凱莉包」之名走紅全球。王妃在1982年與女兒史蒂芬妮公主一起出遊時車禍喪生，但是她高貴優雅的形象，一生追求真善美的高尚品格，永遠是摩納哥最讓人津津樂道的灰姑娘傳奇。

MAP ▶ P.254B3

摩納哥大教堂
Cathédrale de Monaco
見證皇室的重要時刻

🚌 搭乘市區巴士1、2號線Monaco-Ville站下車，步行約2分鐘 🏠 8, rue Émile de Loth, 98000 Monaco ☎ 99 99 14 00 🕐 8:15~18:00 💲 免費 🌐 cathedrale.diocese.mc

大教堂的所在地從13世紀起就是教堂，不過目前這座教堂興建於1875年，位在親王宮的附近。大教堂也是紀念摩納哥歷代國王的地方，但其中最受關注的，還是葛莉絲王妃的墓碑，雖然王妃過世超過40年，但每天都有民眾為她放上鮮花或花籃，始終不曾被淡忘過。

MAP ▶ P.254B3

聖馬丁花園

Jardins Saint-Martin

飽覽峭壁絕景

🚌 搭乘市區巴士1、2號線Monaco-Ville站下車,步行約2分鐘 🏠 Avenue Saint-Martin, 98000 Monaco 🕐 全日開放 💲 免費 🌐 visitmonaco.com

聖馬丁花園沿著峭壁而建,是一座典型的地中海花園,四季盛開的繽紛花卉,隨著海風搖曳的橄欖樹,以及在天空中翱翔的海鷗,讓人忍不住慢下腳步,沉浸在摩納哥百花撩亂的魅力之中。花園連繫舊城區與海洋博物館,因此許多遊客會刻意避開大道,鑽進綠蔭中邊散步欣賞風景,邊往兩個景點移動。

海洋博物館

MOOK Choice

Musée Océanographique

潛入地中海的湛藍世界

🚌 搭乘市區巴士1、2號線Monaco-Ville站下車，步行約2分鐘　🏠 Ave. St-Martin, 98000 Monaco　☎ 93 15 36 00　🕐 10~3月10:00~18:00，4~6月及9月10:00~19:00，7~8月9:30~20:00　🚫 12/25、一級方程式賽車比賽期間　💲 成人€19、4~17歲€12　🔗 musee.oceano.org

位於峭壁懸崖上的海洋博物館，堪稱全歐洲規模驚人的水族館，成立起源要歸功於摩納哥親王亞伯特一世(Albert I)所收集的昂貴海洋生物，目前這裡也是研究海洋科學的專業機構。

1樓收藏著日本畫家的上百幅魚拓作品，栩栩如生，此樓也常當作新近海洋科學的成果發表場地；2樓收藏數隻捕獲於20世紀初期的大型魚類和鯨魚標本，令人印象深刻；地下室有占地廣大的水族箱，可以看到來自熱帶地區的稀有魚種，美妙的海底世界讓所有前來的男女老少都能盡興而歸。

蔚藍海岸⋯摩納哥 Monaco

MAP ▶ P.254C2

蒙地卡羅與
蒙地卡羅大賭場

MOOK Choice

Monte-Carlo et Casino de Monte-Carlo

璀璨奢華的真正定義

🚶 從遊客服務中心步行約3分鐘

蒙地卡羅大賭場

📍Place du Casino, 98000 Monaco 📞98 06 20 00 🕑賭場14:00起；語音導覽10:00~13:00(最後入場12:15) 💲賭場入場費€18；語音導覽€18、13~17歲€12、6~12歲€8 🌐 www.montecarlocasinos.com ❗需穿著正式，進入賭場須滿18歲並攜帶護照，賭場不得拍照錄影，攝影器材需存放櫃台

　滿是岩岸國土又狹小的摩納哥，其統治家族在1850年代幾乎面臨破產的命運，1856年時，摩納哥親王夏爾三世(Charles III)為了解決財務危機，不但將摩納哥打造成濱海療養勝地，更在市區北邊的岬角上開設了首家賭場，後人為了紀念這位親王，便將賭場及其周邊區域，命名為「蒙地卡羅」，意思就是「夏爾之丘」(Mount Charles)。

　所謂的蒙地卡羅，指的是賭場廣場(Place du Casino)往東，一路到La Rousse、Larvotto和St Roman的區域，不過今日每當人們提起蒙地卡羅，浮現於腦海的總是由蒙地卡羅大賭場(Casino de Monte-Carlo)、巴黎大飯店(Hôtel de Paris)和巴黎咖啡館(Café de Paris)構成的金三角——賭場廣場，其中特別是大賭場幾乎成為蒙地卡羅的地標。

　落成於1863年、1878年時由巴黎歌劇院建築師加尼葉(Charles Garnier)修復一新，大賭場青銅色屋頂的挑高建築，搭配著華麗的裝飾雕刻，可說是美好年代風格建築的最佳詮釋。走上階梯，推門而入，鋪著大理石的地面通往一座環繞愛奧尼亞式柱的中庭，28根由縞瑪瑙打造而成的圓柱，搭配著第二共和時期風格的淺浮雕、壁畫和雕像等裝飾，中庭一邊通往歌劇院(Opéra)，一邊則通往賭場的娛樂廳。

　歌劇院是加尼葉翻新大賭場時增建的表演場所，1879年時由當時最炙手可熱的法國女演員Sarah Bernhardt揭幕。儘管歌劇院的規模不大，但卻沒有遺漏任何一吋空間裝飾，不過它最奢華的地方應該是籠罩在35公尺高圓頂下方得以眺望海景的座位。至於賭場的娛樂廳更是美輪美奐，四周無不裝飾著金色的雕像、青銅鑄造的燈具、描繪19世紀當地風景的壁畫、色彩繽紛的彩繪玻璃……讓人眼花撩亂，即使不賭博，光把它當成收藏19世紀奢華的博物館來欣賞，都值回票價了！

蔚藍海岸⋯摩 納哥 Monaco

MAP ▶ P.254A3

葛莉絲‧凱莉王妃玫瑰花園

Roseraie Princesse Grace

滿載佳人回憶的花香

🚌搭乘市區巴士4、6號線Roseraie站下車 🏠Avenue des Papalins, 98000 Monaco ☎92 16 61 16 🕐24小時 💲免費 🌐www.roseraie.mc

　　這座為了紀念摩納哥人民永遠愛戴的葛莉絲王妃所成立的花園，種植著王妃生前最喜愛的玫瑰花，每種不同的玫瑰都以王室的成員來命名。為慶祝成立30週年，2014年6月才因重新規畫開放，面積擴建為1,500平方公尺。美國好萊塢女星葛莉絲‧凱莉在1956年嫁給摩納哥國王雷尼爾三世，國王與平民美女的童話故事，在當年轟動一時，可惜1982年王妃車禍身亡，只留下令人民無限懷念的美麗身影。

MAP ▶ P.254A2

異國植物園

Jardin Exotique

超現實的植物王國

🚌搭乘市區巴士2號線Rotondes (J.Exotic)站下車 🏠62, Blvd. du Jardin Exotique, 98000 Monaco ☎93 15 29 80 🌐www.jardin-exotique.mc ⚠關閉整修中

　　整個植物園沿著山壁興建，因此觀賞路線上下起伏。擁有全世界最大的仙人掌植物園，奇形怪狀、不同品種的仙人掌，襯著地中海的藍天白雲，儼然就是一座詭譎、超現實的植物王國。每年5月的「仙人掌世界博覽會」就在園區內舉行，現場販賣由歐洲園藝家栽培的植物，以及認識當地植物的導覽、植物研討會等活動。

　　走逛植物園一圈約需1.5小時，園區下方有一個突出於峭壁的平台，可以坐在上面吹海風。園底下還設有史前人類博物館，是個地底下60公尺的洞窟，展示超過萬年的石灰岩地形。

MAP ▶ P.254

摩納哥國立新博物館
Nouveau Musée National de Monaco
品味精緻的現代藝術

🚌搭乘市區巴士2號線Villa Paloma Musée站下車；搭乘市區巴士3號線Villa Paloma Musée或Parc Princesse Antoinette站下車；搭乘市區巴士5號線Parc Princesse Antoinette站下車 🏠帕洛瑪別墅56, Blvd. du Jardin Exotique, 98000 Monac；蘇貝別墅17, Ave. Princesse Grace, 98000 Monaco ☎帕洛瑪別墅98 98 48 60；蘇貝別墅98 98 91 26 🕐10~6月10:00~18:00、7~8月11:00~19:00 ⓧ1/1、5/1、11/19、12/25、一級方程式賽車比賽期間 💲全票€6，每週日免費 🌐www.nmnm.mc ❶蘇貝別墅不開放參觀

簡稱為NMNM的摩納哥國立新博物館，由蘇貝(Villa Sauber)和帕洛瑪(Villa Paloma)兩座別墅組成。

前者位於摩納哥東面的格馬里迪會議中心後方，是一座洋溢著美好年代風格的建築，20世紀初為畫家Robert Sauber的住家與畫室，1972年時成了摩納哥國立新博物館前身的摩納哥國立美術館(Musée National de Monaco)用來展示20

世紀初貴婦Madeleine de Galea (1874~1956)收藏的地方，其中包括400多個洋娃娃，之中約有80個活動式玩偶會動會笑，就像模擬的小真人一樣，令人不得不讚嘆當時製作高級洋娃娃的技術和精細程度，此外還包括了這些洋娃娃使用的器具、住所等迷你模型。

至於帕洛瑪別墅則位於異國植物園旁，是一棟環繞著義大利式花園的白色洋房，1995年時公國買下了這棟建築，並於2008年時和蘇貝別墅共同成立摩納哥國立新博物館。帕洛瑪別墅目前供特展使用，主要聚焦現代藝術。

蔚藍海岸⋯摩納哥 Monaco

MAP ▶ P.254C2　巴黎咖啡館
Café de Paris Monte-Carlo

🚶 從遊客服務中心步行約3~5分鐘　🏠Place du Casino, 98000 Monaco　☎98 06 76 23　🕐8:00~3:00　ⓤwww.montecarlosbm.com/en/restaurant-monaco/the-cafe-de-paris

除了蒙地卡羅賭場和巴黎大飯店外，賭場廣場上另一座顯眼的建築正是巴黎咖啡館！許多人以為它是底層擁有露天座位區的那間餐廳名稱，事實上餐廳名為La Brasserie，巴黎咖啡館指的是這棟從1882年對外開放的建築。

無論如何，這裡都是摩納哥欣賞人與被欣賞的最佳舞台，每個來到這裡的人總是要精心打扮一番，端坐在這裡享受著看人與被看的樂趣。La Brasserie的意思是「啤酒屋」，餐廳也以美好年代的裝潢展現巴黎小酒館的氣氛，而在它眾多菜單中最引人注目的是「蘇澤特薄餅」(Crêpe Suzette)，以曾經陪伴英王愛德華七世到此用餐的女伴為名。

MAP ▶ P.254C2　**Buddha-Bar Monte-Carlo**

🚶 從遊客服務中心步行約3~5分鐘　🏠Place du Casino, 98000 Monaco　☎97 98 20 40　🕐週二至週六18:00~2:00　ⓤwww.montecarlosbm.com/en/restaurant-monaco/buddha-bar-monte-carlo

禪風在歐美各國盛行，以東方為元素的佛陀酒吧更成為最時尚的夜店風格，而在蒙地卡羅這麼一個名流熱愛前往的地方，自然不能免俗的也得追隨潮流。Buddha-Bar Monte-Carlo位於蒙地卡羅大賭場的側翼，其前身為一座音樂廳，而它挑高7公尺的空間，正好足以讓那尊佛像居高臨下的凝視眾人。大量採用紅色色調，以及金碧輝煌的鍍金裝飾，使得該酒吧在迷濛的燈光和燭光照射下，散發出一種神祕且浪漫的氣氛。

MAP ▶ P.254C2　**Louis XV Alain Ducasse**

🚶 從遊客服務中心步行約3~5分鐘　🏠Hôtel de Paris, Place du Casino, 98000 Monaco　☎98 06 88 64　🕐週四至週一12:15~13:45、20:00~21:45，週三20:00~21:45；每年營業時間略有變動，請上網查詢ⓤwww.montecarlosbm.com/en/restaurant-monaco/le-louis-xv-alain-ducasse-hotel-de-paris

「九星名廚」Alain Ducasse以他在摩納哥的這間路易十五餐廳，以及另外兩間分別位於巴黎和紐約的餐廳分別摘下米其林最高等級的三顆星，幾乎可說是美食界的傳奇人物了！在巴黎大飯店開幕至今已超過30個年頭，這間令人聯想起凡爾賽宮輝煌年代、金碧輝煌的餐廳，是一座以美食令人忘卻時光的愉悅殿堂，將南方的香氣與蔬果，融入地中海的海鮮料理中，搭配酒窖裡40萬支美酒，Alain Ducasse帶領你展開一趟難忘的味覺之旅。

Le Grill

MAP ▶ P.254C2

🔗 從遊客服務中心步行約3~5分鐘 🏠Hôtel de Paris, Place du Casino, 98000 Monaco ☎98 06 88 88 🕐 12:15~13:15、19:15~21:15 🌐www.montecarlosbm.com/en/restaurant-monaco/the-grill

從餐廳名稱不難得知，Le Grill主要提供以燒烤方式料理的食物，現任主廚Dominique Lory也曾執掌巴黎大飯店另一家餐廳Louis XV Alain Ducasse。Le Grill坐落於巴黎大飯店8樓，透過環繞四周的大片落地玻璃，無論是蒙地卡羅大賭場的青銅色屋頂，或是地中海無限延伸至海天一線的美景，全成了用餐者的腳下風光。除了全景視野令人屏息外，該餐廳還擁有一座彩繪星座的開放式屋頂，每當天氣晴朗的夜晚，尤其是夏日，敞開的頂蓋還能讓人一邊用餐、一邊賞星月，特別是施放煙火時，點點星火散落的美景絕對令人難忘。

U Cavagnetu

MAP ▶ P.254B2

🔗 從親王宮步行約3分鐘 🏠14 Rue Comte Félix Gastaldi, 98000 Monaco ☎97 98 20 40 🕐11:30~16:00 🌐ucavagnetu.com

位於舊城區內的老字號餐廳，主廚揉合地中海與義式手法自由揮灑，以新鮮的海鮮和食材烹調出絕妙美味，雖然位於觀光景區，但料理風味絲毫不含糊，因此深得遊客乃至於當地人好評。餐廳每日推出價格實惠的今日午餐，同時手工義大利麵、番紅花干貝燉飯和海鮮麵餃等，都是值得嘗試的滋味。

Le Limùn

MAP ▶ P.254C2

🔗 從遊客服務中心步行約3~5分鐘 🏠Hôtel Hermitage, Square Beaumarchais, 98000 Monaco ☎98 06 98 48 🕐8:00~22:00 🌐www.montecarlosbm.com/en/restaurant-monaco/the-limun

在蒙地卡羅如果想找一處靜謐但舒適的環境，輕鬆享用一份簡單和美味的餐點，或只是想喝杯下午茶或香檳，品嘗精緻的手工糕點，不妨到赫米提茲飯店附設於大堂旁的Le Limùn坐坐。四周裝飾著鏡子，溫暖的鵝黃色扶手椅和淺綠色沙發，在充足的採光和檯燈的照射下，洋溢著溫馨的氣氛，你可以在各色沙拉、帕尼尼義大利三明治、義式燉飯、烤魚、坦都里烤雞、烤布蕾、千層派……依自己的喜好和胃口挑選合適的食物，至於服裝要求上只有smart casual就可以了。

城堡餐廳Le Castelroc

MAP ▶ P.254A2

🔗 從親王宮步行約1分鐘 🏠1, Place du Palais, 98000 Monaco ☎93 30 36 68 🕐9:00~18:00 🌐週一 🌐www.castelrocmonaco.com

位於親王宮旁樹蔭下的城堡餐廳，是一間露天的高級餐廳，剛好適合看完衛兵交接的人在此享受一頓豪華的午餐，你可以坐在餐桌旁，眺望峭壁下蔚藍海岸的璀璨顏色。這家餐廳的價位與料理都是一流的，環顧一下四周，你就會看到所謂的「名流階級」，他們穿著白色亞麻材質的夏衫，女士多戴上寬邊帽及白手套，優雅地舉起一杯香檳，而這裡最值得一試的是地中海料理，像是塞入美洲南瓜、蛋和米飯的炸餅Barbagiuan，或是洋蔥番茄塔Pissaladière等，都是不錯的選擇。

MAP ▶ P.254C2　巴黎大飯店Hôtel de Paris

從遊客服務中心步行約3~5分鐘　Place du Casino, 98000 Monaco　98 06 64 14　www.montecarlosbm.com/en/hotel-monaco/hotel-paris-monte-carlo

說巴黎大飯店是蒙地卡羅最璀璨的傳奇一點也不為過，打從1864年開幕以來，在此下榻的名流不計其數，從維多利亞女王到好萊塢影視大明星皆曾是飯店的貴賓，至今它仍是蒙地卡羅身價最高的飯店！

巴黎大飯店共擁有209間客房，其中包括5間最奢華的蒙地卡羅鑽石套房(Monte-Carlo Diamond Suites)，其景觀則分為賭場景和海景兩種，無論大小均擁有陽台或露臺，讓你能從較高的角度欣賞摩納哥的風光。5間餐廳和酒吧為房客提供符合各種需求的用餐環境，除了名列米其林評鑑的Louis XV-Alain Ducasse和Le Grill兩間餐廳外，它在夏季提供晚餐的帝國廳(Salle Empire)附設露天座位餐廳，因為面對賭場廣場而深受歡迎，帝國廳是當地知名的宴會廳，興建於拿破崙三世時期，廳內的牆壁至今仍保留了18世紀的名畫真跡。

MAP ▶ P.254D2　美麗殿海灘飯店
Le Méridien Beach Plaza

搭乘市區巴士5、6號線Sea Club站下車　22, Avenue Princess Grace, 98000 Monaco　93 30 98 80　www.lemeridienmontecarlo.com

美麗殿海灘飯店的位置已經接近摩納哥及法國的邊境，離市中心蒙地卡羅有一段距離，但是卻享有更僻靜的海灘和私人空間。這家飯店為四星級，共有397間客房和套房，其中位於飯店頂層的總統套房提供私人Check-in及其他尊榮服務，尤其方便商務住客和長住度假的旅客使用。

飯店占地廣大，擁有一個室內及兩個戶外海水游泳池，事實上摩納哥全國境內都是岩岸沒有沙灘，因此為了讓客人可以享受日光浴，飯店還特別耗資製作一片人工沙灘，因此成為飯店的特色奇觀。

費爾蒙特蒙地卡羅飯店 Fairmont Monte Carlo

🚶 從遊客服務中心步行約3~5分鐘 🏠12, Ave. des Spélugues, 98000 Monaco 📞93 50 65 00 🌐www.fairmont.com/monte-carlo

費爾蒙特蒙地卡羅飯店位在蒙地卡羅的中心，飯店建築突出於地中海上，居高臨下的位置享有極佳的海景，同時也能俯瞰一級方程式賽車的車道，因此如果想要享受從飯店陽台直擊賽車現場的快感，可要在一年前早早預訂。

飯店大廳採沉色的木頭裝潢，頂樓有一座游泳池也是餐廳的所在地，享有最好的陽光和海風，清早起來到這裡用早餐，還可順便做做日光浴，令人感到無比舒暢。飯店一共596間客房與套房，每間都備有浴缸和私人陽台，無論是欣賞海景或是觀看賽事，都是完美的視角。

赫米提茲飯店 Hôtel Hermitage

🚶 從遊客服務中心步行約3~5分鐘 🏠Square Beaumarchais, 98000 Monaco 📞98 06 64 14 🌐hotelhermitagemontecarlo.com

赫米提茲飯店有多達277間客房，包括75間套房和13間蒙地卡羅鑽石套房，其名稱原義為「隱士居住的地方」，恰巧也呼應了它更隱密也更靜謐的地理位置。飯店的建築立面和裝飾的壁畫採用義大利風格，這點或許受到來自熱那亞的摩納哥王室格里馬迪家族影響。興建於1899年，同為典型的「美好年代」建築代表，飯店擁有兩座出入口，其第二門廳「冬日花園」(Jardin d'Hiver)是它建築上的一大焦點，雙層挑高的柱廊撐起一座彩繪花朵的玻璃天棚，出自於巴黎鐵塔知名建築師艾菲爾(Gustave Eiffel)的設計，上色的玻璃將地中海豐沛的陽光過濾後，以一種不具侵略性的姿態引領入內，為室內增添舒爽的光線與暖意。

客房裡也同樣散發著明亮而溫暖的氣氛，面海的房間正好吸收了蔚藍海岸充足的陽光，美麗的壁紙讓人彷彿置身畫中，風格不一的房間各自擁有風情。由於赫米提茲飯店大部分的房間都面海，也為它贏得「地中海上的私人陽台」的暱稱。

蔚藍海岸⋯ 摩 納哥 Monaco

The Savvy Traveler
聰明旅行家

國家基本資訊

◎**正式國名**
　法蘭西共和國(République française)
◎**地理位置**
　占地廣袤的法國，由於西面和東南面臨海，南部和東南部各有庇里牛斯山和阿爾卑斯山的屏障，因此各區氣候上差異頗大。書中的南法指的是蔚藍海岸和普羅旺斯兩地，行政分區上屬於普羅旺斯一阿爾卑斯一蔚藍海岸大區(Provence-Alpes-Côte d'Azur)，與奧克西塔尼大區(Occitanie)和奧弗涅一隆一阿爾卑斯大區(Auvergne-Rhône-Alpes)銜接，南鄰地中海，並與義大利、摩納哥接壤。

　位於法國最東南方的蔚藍海岸，是一片由沙灘和斷崖等地形組成的海岸線，除了一系列濱海度假城鎮外，還坐落著全世界最小的國家摩納哥(Monaco)。普羅旺斯石灰岩質的山丘勾勒出此區起伏的地形，在大量河流的灌溉下，色彩繽紛的花朵、各色拼布般的農地和果樹，創造了全法國最詩情畫意的鄉村景色。
◎**氣候**
　南法不同於法國內陸冬寒夏熱的大陸性氣候，而屬於地中海型氣候，也因此冬季氣候雖然溫暖，但夏天卻非常炎熱。蔚藍海岸由於北面阿爾卑斯山的阻隔了來自北歐的寒風，使得此區終年氣候溫暖舒適且陽光普照，特別是夏日艷陽高照，卻因乾燥而不悶熱，夏季平均溫度介於20~27℃，冬季則在5~12℃。普羅旺斯每年冬季吹起的米斯特拉強風是當地最大的特色，屬於地中海氣候的它擁有較其他地區更長的日照時間，因而成為畫家的孕育之地，其年均溫類似蔚藍海岸。
◎**面積與人口**
普羅旺斯一阿爾卑斯一蔚藍海岸大區：面積約31,400平方公里，人口約5,160,091人。
摩納哥：面積約2.02平方公里，人口約37,000人。
◎**語言**
　法語，由於鄰近義大利，許多人也會講流利的義大利語。

簽證辦理
　台灣遊客前往法國觀光無需辦理申根簽證，只要持有效護照即可出入申根公約國，6個月內最多可停留90天。摩納哥雖然並不屬於申根公約國，但接受國人以免申根簽證待遇入境。有效護照的定義為，預計離開申根區時最少還有3個月的效期。

　儘管開放免簽證待遇，卻不代表遊客可無條件入境，入境申根國家所需查驗的相關文件包括：來回航班訂位紀錄或機票、英文或法文行程表、當地旅館訂房紀錄或當地親友邀請函、英文存款證明或其他足以證明自己能在當地維生的證明、公司名片或英文在職證明等等。另外，原本辦理申根簽證所需的旅遊醫療保險，雖同樣非入境時的必備證明，但最好同樣投保，多一重保障。

　目前「歐盟旅行資訊及許可系統」(ETIAS)仍在建置中，預計2025年中開始，國人前往包含法國、義大利、西班牙、葡萄牙等歐洲30個國家和地區，需要事先上網申請ETIAS且獲得授權，手續費€7。ETIAS有效期限是3年，或持有護照到期為止。效期內只要持有效護照及ETIAS即可不限次數出入申根公約國，無需再辦理申根簽證，6個月內最多可停留90天。
◎**歐盟ETIAS官網**
🌐travel-europe.europa.eu/etias_en
◎**法國在台協會Bureau Français de Taipei**
📍台北101大樓(台北市信義區信義路五段7號39樓A室)
📞(02) 3518 5151
🕐週一至週五9:00~12:00、14:00~17:30
🌐france-taipei.org

飛航資訊

　台灣目前無直飛南法的班機，可從台灣搭長榮航空、中華航空和法國航空直飛巴黎，或利用其他航空公司經香港、新加坡或曼谷轉機前往巴黎後，再轉搭國內線班機或搭乘鐵路前往南法。另外法國、荷蘭、國泰、瑞士、英國、德國漢莎、土耳其等航空，提供經第三地甚至第四地轉飛尼斯、馬賽等南法境內大城的航班。詳情或旅遊套裝行程可洽各大航空公司或旅行社。
◎**台灣飛航巴黎主要航空公司**

航空公司	網址	訂位電話
長榮	www.evaair.com.tw	(02) 2501 1999
華航	www.china-airlines.com/tw	(02) 2715 1212
國泰	www.cathaypacific.com.tw	(02) 2715 2333
泰航	www.thaiairways.com.tw	(02) 2515 0188
法航	wwws.airfrance.com.tw	(02) 7752 7422
新航	www.singaporeair.com.tw	(02) 7750 7708

旅遊資訊

◎時差

台北時間減7小時，夏令時間(3月最後一個週日起至10月最後一個週日止)減6小時。

◎電壓

220伏特

◎貨幣及匯率

使用歐元，一般以Euro和€表示，本書皆以€表示。1歐元約可兌換35元台幣(匯率時有變動，僅供參考)。

◎小費

在南法基本上一般餐廳的費用是包含小費的，也有許多人會把找零留給店家。在高級飯店住宿，行李、房間清潔及客房服務小費行情約€1~2。如果是電話叫計程車，給司機的小費約為車資的5%。

◎打電話

從法國或摩納哥打到台灣：0-886-x(區域號碼去掉0)-xxxxxxxx(6~8碼電話號碼)

從台灣打到法國：002-33-x(區域號碼去掉0)-xx-xx-xx-xx(8碼電話號碼)

從台灣打到摩納哥：002-337-xx-xx-xx-xx(直接打8碼電話號碼)

法國國內電話xx(區域號碼)-xx-xx-xx-xx(8碼電話號碼)

◎訂房

計畫遊南法和摩納哥，可先透過網路找到最適合自己預算與滿足旅遊期待的旅館。在挑選旅館時除了價格和設備，旅館的位置以及周邊治安也需一併考量，有時搭配大眾運輸工具，和市中心稍微有些距離的旅館，也可能比市區內需要步行前往的旅館更為便利。另外南法一些小旅館並無24小時櫃台，入住和退房時間也要多留心。

◎退稅

觀光客在法國購物可享退稅優惠，條件是(1)必須在貼有Tax Free Shopping貼紙的店內消費超過€100.01，(2)必須在購買商品後3個月內離境(指法國及其他歐盟國家)，(3)離境時出示購買商品及商家所開立的退稅單。如達退稅標準，每次退稅約可退得購買金額的12~13%。

只要符合退稅標準，即可在結帳時請櫃台幫你辦理，辦理時需要出示護照，並填寫退稅表格，退稅方式可選擇退入信用卡或退成現金(歐元)，這點在填寫退稅表格時便會詢問，選擇後至機場退稅時，是不能更改的。

退稅請至最後離境的歐盟國家機場辦理，辦理時請先至退稅櫃台，提供護照、機票、發票和退稅表格，有時海關人員會要求檢查是否有購買這些商品，因此建議將商品帶在手邊；由於退稅隊伍常大排長龍，記得要提早到機場，才不會因趕不上飛機而錯失退稅良機。

海關蓋章後，如果是退現金，則至現金退稅櫃台(Cash Refund Office)領取歐元，如果是退回信用卡，請將表格放入退稅信封內(收執聯請自己保留)，再投遞至退稅郵筒內，約2~3個月內，換算成台幣的退稅金額，便會退至你指定的信用卡帳戶內。

www.globalrefund.com

旅遊諮詢

◎普羅旺斯─阿爾卑斯─蔚藍海岸大區旅遊局
Provence-Alpes-Côte d'Azur Tourisme
provence-alpes-cotedazur.com

◎法國旅遊發展署台灣辦事處Atout France
⌂台北市松山區復興北路167號13樓
www.france.fr/zh-Hant/

◎駐法國台北代表處
Bureau de Représentation de Taipei en France
⌂78, Rue de l'l'Université, 75007 Paris ☎01 44 39 88 30 ❶旅外國人急難救助全球免付費專線：00-800-0885-0885 ◐週一至週五9:30~12:30、13:30~16:00
www.roc-taiwan.org/fr_fr/index.html

作者
趙思語·李曉萍·墨刻編輯部

攝影
墨刻攝影組

編輯
趙思語·顏佳琪

美術設計
李英娟·呂昀禾 (特約)

地圖繪製
Nina (特約)·墨刻編輯部

出版公司
墨刻出版股份有限公司
地址：台北市104民生東路二段141號9樓
電話：886-2-2500-7008
傳真：886-2-2500-7796
E-mail：mook_service@cph.com.tw
讀者服務：readerservice@cph.com.tw
墨刻官網：www.mook.com.tw

發行公司
英屬蓋曼群島商家庭傳媒股份有限公司城邦分公司
地址：台北市104民生東路二段141號2樓
電話：886-2-2500-7718　886-2-2500-7719
傳真：886-2-2500-1990　886-2-2500-1991
城邦讀書花園：www.cite.com.tw
劃撥：19863813
戶名：書虫股份有限公司

香港發行所
城邦(香港)出版集團有限公司
地址：香港九龍九龍城土瓜灣道86號順聯工業大廈6樓A室
電話：852-2508-6231
傳真：852-2578-9337

馬新發行所
城邦(馬新)出版集團 Cite (M) Sdn Bhd
地址：41, Jalan Radin Anum, Bandar Baru Sri Petaling, 57000
Kuala Lumpur, Malaysia.
電話：(603)90563833
傳真：(603)90576622
E-mail：services@cite.my

製版·印刷
藝樺設計有限公司·漾格科技股份有限公司

經銷商
聯合發行股份有限公司（電話：886-2-29178022）
誠品股份有限公司
金世盟實業股份有限公司

城邦書號
KV3082

定價
480元

ISBN
978-986-289-978-6·978-986-289-976-2(EPUB)
2024年1月初版

首席執行長　Chief Executive Officer
何飛鵬　Feipong Ho

生活旅遊事業總經理暨墨刻出版社長　PCH Group President & Mook Managing Director
李淑霞　Kelly Lee

總編輯　Editor in Chief
汪雨菁　Eugenia Uang

資深主編　Senior Managing Editor
呂宛霖　Donna Lu

編輯　Editor
趙思語·唐德容·陳楷琪·王藝霏·林昱霖
Yuyu Chew, Tejung Tang, Cathy Chen, Wang Yi Fei, Lin Yu Lin

資深美術設計主任　Senior Chief Designer
羅婕云　Jie-Yun Luo

資深美術設計　Senior Designer
李英娟　Rebecca Lee

影音企劃執行　Digital Planning Executive
邱茗晨　Mingchen Chiu

資深業務經理　Senior Advertising Manager
詹顏嘉　Jessie Jan

業務經理　Advertising Manager
劉玫玟　Karen Liu

業務專員　Advertising Specialist
程麒　Teresa Cheng

行銷企畫經理　Marketing Manager
呂妙君　Cloud Lu

行銷企畫專員　Marketing Specialist
許立心　Sandra Hsu

業務行政專員　Marketing & Advertising Specialist
呂瑜珊　Cindy Lu

印務部經理　Printing Dept. Manager
王竟為　Jing Wei Wan

印務部經理　Printing Dept. Manager
王竟為　Jing Wei Wan

本書特別感謝以下單位的大力協助
Special thanks to the following organizations for their generous support：
法國旅遊發展署台灣辦事處Atout France
普羅旺斯－阿爾卑斯－蔚藍海岸大區旅遊局
Provence-Alpes-Côte d'Azur Tourisme
呂貝宏山區旅遊局Destination Luberon
艾克斯旅遊局Office de Tourisme d'Aix-en-Provence
萊博旅遊局Office de Tourisme des Baux-de-Provence
畢歐旅遊局Office de Tourisme de Biot
埃茲旅遊局Office de Tourisme Eze
尼斯旅遊局Office du Tourisme Métropolitain Nice Côte d'Azur
聖托培旅遊局Saint-Tropez Tourisme

國家圖書館出版品預行編目資料

南法.摩納哥：普羅旺斯,蔚藍海岸/趙思語,李曉萍,墨刻編輯部作.
--初版.--臺北市：墨刻出版股份有限公司出版：英屬蓋曼群島商
家庭傳媒股份有限公司城邦分公司發行, 2024.01
272面；16.8×23公分. -- (New action；82)
ISBN 978-986-289-978-6(平裝)
1.CST: 旅遊 2.CST: 法國 3.CST: 摩納哥
742.89　　　　　112022105

墨刻整合傳媒廣告團隊

提供全方位廣告、數位、影音、代編、出版、行銷等服務
為您創造最佳效益
歡迎與我們聯繫：mook_service@mook.com.tw